BEIJING SHI SHEQU YANGLAO ZHAOGU
ZHUANYEHUA ZIYUAN PEIZHI YANJIU

北京市社区养老照顾专业化资源配置研究

李金娟　著

知识产权出版社
全国百佳图书出版单位

图书在版编目（CIP）数据

北京市社区养老照顾专业化资源配置研究 / 李金娟著 . —北京：知识产权出版社，2019.9
ISBN 978-7-5130-6164-3

Ⅰ . ①北…　Ⅱ . ①李…　Ⅲ . ①养老—社区服务—研究—北京　Ⅳ . ① D669.6

中国版本图书馆 CIP 数据核字（2019）第 203367 号

内容提要

当前，北京市在推进社区养老方面的共识已经形成并迈向规模化发展；与此同时，专业化配置不足成为开展社区照顾的主要障碍，其突出表现是服务单一、专业化人才短缺等。如何促进养老服务业专业化、职业化的发展正在成为学界密切关注的焦点。针对新时代如何优化北京市社区养老专业化资源配置这一议题，本书进行了详细介绍及深入探讨并指出：政府层面需加大政策优惠力度，积极扶持养老服务业发展并加大购买服务力度；院校层面应不断优化课程设置与教材设计，分层培养人才；社区层面应协调各种资源，推动养老服务的社区教育及其评估；企业层面应进行自身品牌建设以及对护理人员进行定期培训等。

责任编辑：曹靖凯　　　　**责任印制**：孙婷婷

北京市社区养老照顾专业化资源配置研究

李金娟　著

出版发行：知识产权出版社有限责任公司	**网　　址**：http://www.ipph.cn
电　　话：010-82004826	http://www.laichushu.com
社　　址：北京市海淀区气象路 50 号院	**邮　　编**：100081
责编电话：010-82000860 转 8763	**责编邮箱**：caojingkai@cnipr.com
发行电话：010-82000860 转 8101	**发行传真**：010-82000893
印　　刷：北京九州迅驰传媒文化有限公司	**经　　销**：各大网上书店、新华书店及相关专业书店
开　　本：720mm × 1000mm　1/16	**印　　张**：13.5
版　　次：2019 年 9 月第 1 版	**印　　次**：2019 年 9 月第 1 次印刷
字　　数：220 千字	**定　　价**：58.00 元

ISBN 978-7-5130-6164-3

前言

PREFACE

回顾北京市社区养老发展的历程，可以看到，随着北京市老龄人口数量的增加以及养老需求的凸显，社区居家养老逐渐进入公众视野并逐渐迈入规模化的发展历程。尤其是近年来，社区居家养老由于其不同于机构养老的独特优势，逐渐成为当下老年人养老模式的一种重要选择；与此同时，社区养老照顾的人才供给与培养也成为一项重要议题。急速增长的老龄化人口以及日益凸显的多元化养老需求对社区养老照顾人才队伍的专业化建设提出了严峻的挑战。紧紧围绕这一时代主题，本书进行了深入阐述。

第一，本书从学理上对养老照顾专业化的概念内涵进行了梳理、解读，从专业、专业化概念以及专业化的分类切入养老照顾专业化的概念分析，深入具体地探讨了社区养老照顾专业化的内涵。本书所指的养老照顾专业化资源主要基于当前老年人的护养需求，指微观层面的养老服务人力资源配置，即养老护理人才的人力资源配置；并在此基础上对社区养老专业化资源建设的系统化发展（如跨学科人才的整合、后台保障机制的协调等）进行了系统分析及论述。这将有助于我们厘清社区养老专业化配置的要素构成进而形成清晰的理论架构。

第二，社区居家养老是一项复杂的系统工程，社区养老照顾专业化的建设优化需要一套完善的协调保障机制。对此，本书也进行了重点论述。一方面，衰老是个体生命中的一个必经和重要的阶段。本书在对策部分提出，个体应从心理层面进行自我调适，学会乐观面对衰老、接纳死亡，对于应对老龄化带来的挑战具有重要意义。另一方面，促进社区养老照顾专业化资源供给与社区老年受众之间的需求对接，需要将政府、专业社会组织、机构企业等多元社会资源整合起来，最终依托社区平台，形成良好的养老资源生态环境，促进养老照顾专业化资源落地。就社区内的专业化配置和养老资源整合而言，在实施护理服务时要达成照护双方的良好互动，不仅照护者需要培训，被照护者及其亲友、社区志愿者等也需了解有关养老服务的多种知识。在此需要指出的是，由于笔者时间、精力以及研究水平的局限，关于这方面的内容还有待在未来进一步详细探讨。

目 录

CONTENTS

|第 5 章|

北京市社区照顾专业化配置的优化策略

|第 6 章|

老有所养的社区示范与展望

第1章 绪论

1.1 研究背景

按照联合国的界定标准，当一个国家或地区60岁及以上老年人口占人口总数的10%，或65岁及以上老年人口占人口总数的7%时，也就意味着这一国家或地区进入了老龄化社会。按照这一标准，我国从20世纪90年代末就已迈入老龄化社会。经过几十年的发展历程，当前我国已经进入人口老龄化快速发展阶段，老龄化形势日益严峻。

中华人民共和国民政部《2017年社会服务发展统计公报》显示，2017年中国60岁及以上老年人口已达24090万人，占总人口的17.3%，在2014年的基础上增加了1.8个百分点，并正以年均800多万人的速度快速增加。照这样的速度发展下去，预计到2020年，老年人口将达到2.65亿人，2025年将突破3亿人。与此同时，不同于发达国家较为缓慢的老龄化进程（如法国用了115年，英国用了80年，美国用了60年[1]），我国只用了18年（1981—1999年）就进入了老龄化社会，是典型的未富先老国家；老年人健康水平较低、“421”❶的家庭模式逐渐增多❷、劳动力急剧减少❸等因素导致人口老龄化的现实更为严峻，快速发展的人口老龄化与未富先老的严峻现实为我国社会经济的发展带来了一定压力与挑战。

就北京市老龄化程度而言，20世纪90年代进入老龄化城市行列以来，北京市作为特大城市，在人口老龄化及其与城市发展关系等方面不断面临更为复杂的挑战、呈现出新的迫切需要解决的问题。2018年10月15日发布的《北京

❶ 4个老人、1对夫妻、1个孩子的家庭结构。

❷ 虽然目前已经放开二胎生育政策，但鉴于城市生育意愿降低等因素对于二胎政策效果的影响，这一现状将会持续数年。

❸ 据人社部预测，我国劳动力人口在2011年达到峰值以来，已连续7年下降，2030—2050年将由8.3亿人缩减至7亿人左右，减少15.7%。

市老龄事业发展和养老体系建设白皮书（2017）》的相关数据显示，截至2017年年底，北京市60岁以上户籍老人已达333.3万人，占到北京市户籍人口总量的24.5%；较之2014年增加了33.3万人，年均增长率为0.63%，老龄化程度进一步加剧。也就是说，每4个人中就可能有1位老人。由此可见，北京市老龄化的严峻形势不可小觑。2019年1月发布的《老年健康蓝皮书：中国老年健康研究报告（2018）》指出，人口老龄化将深刻影响我国经济发展方式转变及产业结构的优化调整方式。北京市作为老龄化程度较为严峻的特大城市，新时期面临更加复杂、艰巨的任务，迫切需要加快养老服务供给侧改革，着力破解制约人才发展的体制机制，加快养老服务人才队伍建设并优化专业化配置，以切实满足首都老龄人群日益多元化的养老需求，提升其获得感、满足感及幸福感。我国是一个人力资源丰富的国家，尤其是北京市作为全国政治、经济及文化的中心，不仅在人力资源的数量及质量上高出全国平均水平，还有着较为丰富的、分布较密的优质教育资源。分析北京市社区养老照顾专业人才数量、结构、素质、效能、培训和人才流失等情况，一方面可以为政府制定养老服务行业人才规划提供较为科学、全面、系统的依据；另一方面对于完善养老服务的劳动力市场、促进社会经济增长以及维护社会稳定也具有长远的战略意义。

社区是城市的基本单元，也是老年人生存与发展的主要空间。社区养老由于具有不同于家庭养老、机构养老的优势，其重要性也日益凸显。当前，北京市在推进社区养老方面的共识已经形成并趋于规模化发展。为有效应对人口老龄化困境，北京市在推进社区养老方面已达成共识：陆续出台了“9064”[1]、加快推进养老服务业发展等相关政策，加速了老年福利向适度普惠型转变、建立了政府服务购买机制、推出了养老机构综合责任险和老年意外险等。尤其是近年来，在《国务院关于加快发展养老服务业的若干意见》《国务院关于促进健康服务业发展的若干意见》《关于开展公办养老机构改革试点工作的通知》等利好政策的推动下，北京市也从顶层设计上不断强化、创新社会化养老服务制度与模

[1] 2008年，北京市民政局提出了构建新型养老服务模式：90%的老年人在社会化服务协助下通过家庭照顾养老，6%的老年人通过政府购买社区照顾服务养老，4%的老年人入住养老服务机构。

式，形成了一系列具有首都特点、首都风格的养老服务政策。以此为背景，北京市社区养老照顾正在迈向新的发展阶段，在专业服务人才的教育培训方面也呈现出新的发展趋势。一方面，一些中高职院校相继开设了老年服务与管理专业，为社会输送了一定数量的养老服务专业人才，促进了养老服务人才队伍的不断壮大。另一方面，北京市对于养老护理员的继续教育培训也在不断走向正轨。例如，北京市继 2014 年 12 月发布地方标准《养老机构社会工作服务规范》对养老机构中的社工资质、工作内容做了规范要求[1]之后，又出台《关于加强养老服务人才队伍建设的意见》针对如何建立健全养老服务人才职业培训体系进行了着重说明。

但是也要看到，虽然北京等地对于养老服务专业人才的重要性已形成基本共识，养老护理员的培训体系建设也正在趋于规范化，然而，一个不争的事实即养老服务专业人才的短缺仍然是制约养老服务业发展的短板，尤其是专业化的养老护理员无论是在数量还是在质量上都与老年人的现实需求存在极大差距。当前，社区照顾供给仍显不足，其突出表现是服务单一、专业化人才短缺等，专业化配置不足成为开展社区照顾的主要障碍。导致这一现象的直接原因在于养老服务专业化资源的匮乏以及专业养老服务人才教育培训的不足。

总之，如何促进养老服务业专业化、职业化的发展正在成为学界密切关注的重要议题。基于上述背景，本书试对北京市社区照顾服务的专业化建设进行系统梳理与探讨，以优化社区养老照顾专业化的建设发展。

1.2 研究价值

养老服务是一项重要的民生事业，养老服务质量关涉到每个老年个体的获得感，以及其家庭成员的生活幸福感。党的十九大报告指出，中国特色社会主义建设已进入新时期，新时代中国社会主要矛盾已经发生变化。这一主要矛盾

[1] 如每 100 名老人应至少配备 1 名社会工作者，对于养老机构专业社工人员的配备标准进行了量化规定等。

在养老服务领域，突出体现为城乡发展不平衡、养老服务质量有待提升等问题。当前，北京市老龄化趋势正呈现出不同于以往的新特点、新态势。

“十三五”时期是我国全面建成小康社会、实现第一个百年奋斗目标的决胜阶段。对于北京市则是落实首都城市战略定位、推动京津冀协同发展、加快建设国际一流和谐宜居之都的关键阶段。“建设一个什么样的首都，怎样建设首都”这一问题日益成为关涉首都发展的战略性问题。人才是发展的第一资源，培养什么样的养老服务人才队伍，以什么样的路径来培养首都养老服务人才，同样是影响北京城市建设及品质的重要因素。

基于此，立足新时代北京市养老服务队伍发展情况，从供给侧审视北京市养老服务人才队伍建设以及人力资源配置存在的问题，是一项具有战略意义的社会工程。

1.2.1 理论层面的研究价值

新时代，新的社会问题不断凸显，北京市作为较早进入老龄化发展阶段的城市，当前老龄化程度高居全国第二，现有 300 多万老年社区居民对于养老照顾的强烈诉求与专业照顾人才队伍发展之间供求不平衡的矛盾逐渐成为新时期的社会热点与难点问题。针对这一问题的学术探讨本身就是源自对于现实社会问题的关注和理论回应。

首先，关于北京市社区养老专业化建设及配置的探讨，在一定程度上丰富了社区养老照顾的理论研究。一方面，“社区照顾”作为一种舶来品，关于社区照顾专业化建设的理论建构有助于进一步在本土化语境中推动社区养老照顾理论的延展与生长；另一方面，社区照顾愿景能否顺畅实现也有赖于支撑其后的专业化建设，这实质上也是一项涉及养老服务业专业人才资源配置的系统工程。作为社区养老照顾的重要环节，从专业化、职业化的视角对其进行讨论显然有助于进一步完善社区照顾的理论研究。

其次，围绕养老服务专业人才的系统研究有利于普及公众形成对于养老服务专业建设的科学认识。专业养老服务人才的培养，需要考虑以什么样的待遇吸引人，以什么样的途径培养人、留住人。无论是就养老服务行业而言，还是就相关的教育培训行业而言，关键在于为一线服务人才提供一个良好的职业发展空间，这应该成为我们的共识。本书以此为基点探讨了现阶段以养老护理员为主要构成的专业养老服务人才的职业教育与职业培训，显然有利于更新大众对于养老服务职业的陈旧观念，提升对养老护理培训重要性的认识，从而有利于在实践中进一步推广与开展多功能的社区照顾。

最后，在当前“互联网+”语境中，基于北京市养老照顾专业化现状的理论梳理及深入剖析，有利于我们清晰认识、科学把握北京市养老照顾人才队伍建设的方向和路径。在此基础上，才能够有效提升老年人身心健康，从而减轻家庭照护负担、减小社会安全隐患，获得良好的社会效益和经济效益。

1.2.2 实践层面的研究价值

首先，从实践层面细化了社区照顾的路线图。社区照顾愿景（后文将具体论述）的实现不仅需要一系列前台要素，还需要与前台要素配套的后台保障机制。本书以北京市养老照顾的专业化配置这一议题为核心，探讨了北京市养老照顾配置、专业化建设路径以及保障机制，从而细化了在北京这一特大城市社区照顾愿景实现的具体路线图。

其次，有助于搞好社区养老服务的规范化和质量评估。随着养老护理培训的规模化发展，社区养老服务的规范化和质量控制的重要性日益凸显，而社区养老服务的规范化和质量控制在一定程度上有赖于社区的专业化配置状况。围绕北京市社区养老照顾的专业化配置现状，本书关于养老服务人才分类及分布、专业化配置、建设路径的梳理与分析，显然有助于首都社区养老服务的进一步规范化和质量评估工作的进一步完善。

最后，助推社区居家养老照顾人才培育的实践开展。养老公共服务领域的供给侧改革创新同样有赖于养老服务领域的人才队伍建设与发展。新时期，北京市社会经济发展进入新常态，养老结构供给侧发展不足尤其是社区养老照顾人才短缺的现实困境迫切需要得到改善。本书基于北京市社区养老照顾人才发展现状进行分析并提出对策建议，在一定程度上有利于从实践层面推进当前养老照顾人才培养工作的进一步开展，进而推动具有首都风格、首都特点的养老照顾人才培养体系的形成。

1.3 理论回顾

近年来，随着老龄化趋势的日益严峻，高级（产权化）养老社区、候鸟式养老模式、以房养老模式逐渐兴起；但不可否认的是，传统家庭养老和社会化养老仍是养老方式保障的两种有机构成形式。其中，社会化养老又可分为机构养老和社区养老，社区养老由于结合了家庭养老与机构养老的优势而正在成为社区服务的重要内容之一。当前，在全球老龄化社会的趋势下，世界各国对于老龄化趋势的到来都很重视，关于社区养老的研究不断升温，集中涌现出大量的研究成果。围绕本书的研究主题，在此将重点回顾国内外关于社区养老照顾以及养老专业化配置与建设方面的内容。

1.3.1 社区养老照顾的概念界定

1.3.1.1 社区的内涵

社区是社会学的基本概念之一，最早由德国社会学家斐迪南・滕尼斯（Ferdinand Tonnies）于 1887 年出版的《社区与社会》(*Gemeinschaft and Gesellschaft*，又译《礼俗社会与法理社会》或《共同体与社会》）一书中提出。在该书中，斐迪南・滕尼斯将社区与社会视为社会结构的两种不同类型，前者指称“由同质人口组成的、具有价值观念一致、关系密切、出入相扶、守望相助的富有人情味的社会群体”；后者则是基于契约关系与理性意志，“由异质人口组成的，具有不同价值观念的重理智、轻人情的社会群体”。在斐迪南・滕尼斯之后，美国的社会学者将斐迪南・滕尼斯提出的 Gemeinschaft 译为英文 Community；20 世纪 30 年代初，中国学者费孝通将英文“ Community”译为“社区”,“社区”一词便由此而来。

此后，由于研究视角及风格的差异，关于社区的界定达 100 多种。一般认为，社区作为人们生活的基本社会单位与共同体，具有地域性、组织结构性和功能性的特点，且涵盖以下基本要素：是一个特定地区内的人口集团；具有特有的自然条件或生态环境；社区成员之间的联系纽带是共同语言、风俗和文化，由此产生共同的结合感和归属感、具有自己的组织和制度；有共同的活动场所和活动中心[2]。

我国关于社区建设发展、社区服务领域的研究起步较晚，20世纪80年代中期，关于社区的研究才从理论开始转向实践发展。以2000年11月19日中共中央办公厅、国务院办公厅转发的《民政部关于在全国推进城市社区建设的意见》为标志，才真正意味着社区相关理论与社区实务建设的密切联结。其中说明了"社区"的内涵："社区是指聚居在一定地域范围内的人们所组成的社会生活共同体。目前城市社区的范围，一般是指经过社区体制改革后作了规模调整的居民委员会辖区。"就现阶段我国城市社区的类型构成而言，主要包括基层自然社区与基层法定社区两种类型：前者涵盖居住生活单元、居住小区与居住区，以及传统的街道、里巷、居民大院等。后者以自然社区为基础，是基层社区和法定社区结合的产物。目前我国学者研究视域中的"社区"多指后一种层面上的基层法定社区。基层法定社区由一系列基本要素构成，社区边界明晰，具有法定的社区组织管理机构，是基层政权组织或基层群众性自制组织的辖区共同体。

社区作为一个具有各种功能的微型社会，反映着城市经济社会发展水平与程度；社区的建设与发展程度是衡量一个城市现代化水平的重要标志。随着社区建设的深入进行，国内理论界、党政机关针对社区建设、发展及治理这一课题给予了密切关注。而社区养老服务作为社区基层治理以及社区服务的有机构成部分，探讨其理论要素及其专业人才分布发展现状、人才建设路径等方面的内容，不仅可以丰富社区研究的相关理论成果，在一定程度上也有利于进一步促进社会治理体制机制的创新。

1.3.1.2 社区养老照顾的概念及类型

英文文献中开始关注社区照顾和居家养老是在20世纪60年代。1963年，英国卫生部颁布了被称为"社区照顾蓝皮书"的《健康及福利：社区照顾的发展计划》，从而开始福利政策的转向，其初衷在于消除院舍化和易使受助者产生依赖性等负面影响。与此同时，这也意味着老龄化问题的重要性开始获得相应重视。从 20 世纪中期的“去机构化”到 70—80 年代社区照顾资源的市场化转向，再到 90 年代以后在老龄化的压力下颁布《社会照顾法》，“社区居家养老服务模式”这一概念也逐渐凸显并随之确立了“社区照顾养老模式”。这一模式的特点在于，老人居住于养老社区，家人、专业护理人员和志愿者都将承担一部分照料责任，社区的完善程度对老人晚年生活的质量有重要影响。在政府的支持下，该模式作为一项社会政策在英国得到了迅速发展，也被西方其他国家进行效仿及改进。

具体来讲，英国的“社区照顾”由“在社区照顾”和“由社区照顾”两部分构成。“在社区照顾”主要鼓励那些长期滞留在医院或大型专业机构中的服务对象回到社区生活，倡导来自社区内较小规模的养老机构的照顾以及由正式和非正式渠道所提供的照顾。突出“在地老化”的地理概念，强调“在医院以外获得的照顾”。“由社区照顾”则主要在于帮助弱势群体走出机构照顾模式，并由地方政府负责安置工作。1981 年英国政府发布《步入高龄化白皮书》指出，社区照顾的实质就是要增加非正式照顾者的责任，主要由地方政府、营利性组织、志愿组织以及非正式的支持网络（家人、朋友、邻里等）为服务对象提供照顾。1987 年，在非体制化、非政府化力量的推动下，为了加强对社区内弱势群体的支持，英国政府在《公众照顾白皮书》中给出了“社区照顾”（也称为“社区照护”）的概念，即“社区照顾是指为那些年长的、有精神疾病的、智力残障的人们提供服务与支持，使他们尽可能独立地生活在他们的家庭或家庭所在的社区。”一般而言，由于在社区居住的老年人大多有着被照顾的需求以及不愿离开熟悉的社区环境的主观意愿，因而社区养老照顾更能体现社区照顾的优势与功能。

基于不同的研究视角，国外学者区分了不同的社区养老照顾类型。例如，美国学者巴利（M. Bayley）也将社区照顾分为“在社区照顾”和“由社区照顾”两种模式并进行了进一步细分[3]。“在社区照顾”（care in the community）是指有照顾需求的老年人需要依托社区的专业机构和受到专业训练的专业人员获得服务，这需要政府或非政府组织在社区建立小型化、专业化的服务机构为老人提供其所需要的服务；“由社区照顾”（care by the community）则指一种非机构式的、非隔离式的由受助者在家中依托家庭成员、政府、社会、志愿者等获得非正式的帮助与服务。美国学者金尼（Kinney）认为，针对老年人的照顾主要指向以下两个层面："日常生活活动"（activities of daily living）和"工具性日常生活活动"（instrumental activities of daily living）。前者是指基本的自我照顾活动，譬如洗澡、穿衣、修饰等；后者则是指更复杂、更高级的自我照顾活动，譬如做饭、洗衣、理财等[4]。在此基础上，美国学者莫罗尼（Moroney）把社区养老照顾划分成工具性服务和情感或认知服务：前者包括传统的照顾服务，譬如对老人身体行动上的帮助，日常生活帮助（做饭、购物、家务），提供药物注射和换药等；后者则包括专业化的由社会支持小组提供的各种辅导和心理治疗等[5]。

相形之下，国内关于社区养老照顾的研究较之国外起步较晚。

1954 年颁布的《中华人民共和国宪法》在现代法律意义上首次对老年人的权益进行了明确规定，即"劳动者在年老、疾病或者丧失劳动能力的时候，有获得物质帮助的权利"。以此为背景，通过对教会、社会团体兴办的教会以及慈善机构进行整顿、改造，北京市在城市建立了社会福利院，将一些缺乏经济保障、生活困难的孤寡老人、"三无"老人收进来，为其提供基本的养老保障，涵盖基本的"吃、穿、住、医、葬"等内容。在农村，北京市则兴建了一批农村敬老院，对农村的孤寡老人和"五保户"进行集中供养和分散供养。20 世纪 60—70 年代，养老服务事业的发展几乎处于停滞状态[6]。

总的来说，在计划经济时期，由于老龄化还没有成为影响广泛的社会问题，大多数老年个体主要依靠家庭为其提供养老照顾，由家庭负责养老是个体生命历程的必经阶段与个人家庭生活的有机构成。以老年群体中的困难人群为目标对象，是此阶段北京养老福利政策的主要特色；而面向这部分人群的养老福利资源比较单一，都由国家来调控、管理，是极为有限的国家干预。直到 20 世纪 80 年代中期，这种具有浓厚救济型色彩的养老服务模式才由于社会力量的介入开始被打破。

理论界关于社区服务的实践始于 20 世纪 80 年代，而直到 90 年代末，学界才开始对社区养老这一研究主题有所关注。何为社区养老？社区养老包括哪些功能要素？学界可谓众说纷纭，没有形成一个统一的定义。在这里，为了进一步明晰我国老龄化语境中社区居家养老的概念，笔者查阅了大量相关文献，以充分厘清学者关于社区养老这一概念的认识与界定。

一种观点认为，作为家庭养老的有效补充，“社区养老是由社区成立养老服务机构，为那些生活不能自理或不能完全自理的老人提供有偿又有效的生活服务，可以说，既是家庭养老的一种变形，也是社会养老的变通。”[7]此类观点侧重于强调社区层面为老年人提供服务的机构养老，认为社区养老是由家庭养老向社会养老逐渐过渡的一个阶段[8, 9]。这是一种狭义的社区养老概念界定与认识。

另一种观点则将社区养老界定为家庭养老与社会养老有机结合的产物。史柏年从社区发展的视角提出：“社区照顾”是由正规服务、社区志愿者及社会支持网络向有照顾需求的老年人提供的一种照顾服务，使其能在熟悉的社区环境而非机构中养老，“以避免不必要的住院与隔离”。这是一种介于家庭养老与机构养老之间的、运用社区资源开展的老年人照顾方式[10]。社区养老服务作为一种有别于家庭养老、机构养老的新兴养老模式，主要体现为一种政府倡导下“以社区组织为依托、利用社区内的资源面向居住区内老年居民提供生活照料、卫生保健、文化娱乐等服务内容的社区服务”[11]。有学者认为，社区养老涵盖社区老年医疗援助系统、社区老年心理援助系统以及街道居委会层面的组织资源与物质资源的老年照顾社区支持系统，这一集合多层面资源的支持系统是建设并完善居家养老模式的重要基础[12]。与前一种观点相比，这里关于社区养老概念的分析倾向于强调社区照顾中政府、社区组织、志愿者等不同层面主体所发挥的系统功能与作用，是一种广义的社区养老概念。

随着我国老龄化形势的发展以及社区养老实践的规模化开展，关于社区养老照顾这一概念的描述与理论分析显然还需深化。笔者认为，为深刻认识、把握社区养老这一概念，有必要对“家庭养老”、社区居家养老的理论内涵予以分析梳理。

1.3.1.3 相关概念区分

（1）家庭养老

“家庭”是以一定的婚姻关系、血缘关系或收养关系组成的，是社会生活的基本单位构成。家庭养老是我国传统农业社会时期的一种主要养老模式，其重要性在当前也不可忽视。个体进入老年阶段，从工作岗位回归到社区、家庭，社会交往活动也随之逐渐减少，此时，家庭内部、邻里之间的交往变得越来越重要。随着社会经济的发展，与子女分居的老年空巢家庭逐渐增多，这也就意味着对于老年人来讲，除子女之外，配偶也是其老年人社会网络中不可忽视的一环。

就此意义上而言，"家庭养老"是指一种由老年人配偶、子女等家庭成员（主要以老年人子女为主）提供养老资源的养老方式和养老保障制度。其侧重点在于，一是老年人养老资源的获得主要来自家庭成员，包括经济赡养、生活照料、精神陪伴等；二是这种"你把我养育，我陪你变老"的世代照料模式在社会化养老发展还不充分的当下，其几千年来的文化积淀与传承使得其在现代社会生产过程中成为一种独特而重要的文化要素，对于个体的生命历程具有独一无二的影响与作用。

在我国五千多年的历史长河中，尊老、敬老、爱老的思想一直以来都是中华民族的传统文化精髓。在以农耕文明为主的自然经济社会，家庭养老作为亲代与子代互惠的产物也是一种重要的养老方式。20 世纪 80 年代以前，我国主要以家庭服务与企事业单位的福利服务相结合的养老服务为主。在当前工业化、城市化进程中，家庭养老虽然不足以应对人口老龄化带来的压力，但其作为具有较长发展历史的传统养老方式仍然具有不可替代的作用，在现代社会依然具有其独特的功能与意义。国外相关经验和国内的实践都证明，社会养老不能替代家庭养老，"在地老化"是最适合老年人的养老方式。

（2）社区居家养老

一般认为，社区养老模式可以分为居家式社区养老、公寓式社区养老和医护型社区养老三种形式，我国目前主要以居家式社区养老为主。本书主要围绕居家式社区养老模式进行探讨。一定程度上，"社区养老"即"居家养老"的延伸与拓展，可谓一种不同于家庭养老的、专业化的社区居家养老模式。它是以家庭养老为主，社区机构养老为辅，在为居家老人提供照料服务方面，以专业化的上门服务为主、以托老所服务为辅，并整合政府、社会及各类企业资源的一种养老模式。那么，所谓社区养老，也即专业化的居家养老，也称为社区居家养老，是由政府牵头，依托社区，依靠专业化服务，以家庭为核心，为居住在家的老年人提供相关养老服务。

不同于主要侧重于强调老年人在家养老的传统家庭养老模式，亦不同于隔离式的、非院舍化的机构养老，社区居家养老的服务主体包括家庭成员、邻居、社区及社区社会组织等，是一种以家庭为核心、以社区为依托、以专业化服务为依靠的为居住在家的老年人提供养老照顾内容的社会化服务。有学者指出，"居家养老"与"家庭养老"之间的区别在于：家庭养老是与农业社会相适应的养老方式，而居家养老是在发达国家拥有了充分发展的社会保障制度的大前提下提出的"回到家庭中去"，实际上是一种居家养老和社会服务相结合的养老模式[13]。

相较于家庭养老与机构养老，社区居家养老模式的优势在于：其集结了家庭养老与机构养老的优势，既能够让老人享受到家人的照顾，又能够让老人在社区获取社区专业化机构和托老所的服务，使老人的人格得到尊重。因而，社区居家养老正在成为一种颇受老人欢迎的养老模式：一方面，许多老人居住在自己家里，同时获得社区服务机构提供的上门服务（如送餐、家政、精神慰藉、上门巡诊等）；另一方面，一些居家老人也能够定期或不定期地前往社区中的服务机构获得其需要的养老服务。❶

总的来说，社区居家养老是一种介于家庭养老和机构养老之间的养老方式，既具有家庭养老在家中养老的特性，又可以利用社区等社会资源辅助养老，其养老的经济负担可以由老年人自身、家庭成员、政府、社会组织以及市场共同承担。如上文所述，社区居家养老结合了家庭养老和机构养老两个层面的优点，既保留了家庭养老的传统形式，契合了老年人不愿走出家门就能享受养老照顾的心理需求特点，还能够整合周围社会资源为老年人提供便利的服务，从而减轻子女照顾老人的压力以及养老院床位不足的压力。而且，最重要的是，社区的五大主要功能中就包括相互支持的功能和社会互助与福利的功能，它指的是

❶ 一些社区开办了老年人餐桌、日托服务，社区卫生服务中心或社区养老服务机构提供康复辅助、慢性病诊疗服务等。

社区在其成员以及其家庭遇到困难且不能靠成员自己来独自解决问题时应当给予帮助。传统社会中，个体获得支持和帮助的首要力量来自其家庭成员、邻里朋友等社区中的初级群体，而社区中的次级群体如国家的有关组织、营利和非营利的健康与福利机构、卫生站或者看护中心、志愿者队伍以及老年人照管中心等则在初级群体无法完全履行其功能时应当提供短暂的或长期的服务。正是在此意义上，社区才能够成为社区，也就是斐迪南·滕尼斯所说的“社区”共同体。

从社区养老照顾概念的演变以及不同学者对其进行的不同界定来看，“社区养老”这一概念也在呈现出多层次性、多特质性的维度化特征。在对前人丰富的研究成果梳理、归纳的基础上，笔者认为，现代意义上的社区养老照顾首先应该是一种综合的、多功能的“全景式”的老年人照顾系统，即针对社区有照顾需求的老年人提供上门护理、日间照料、社区托老、志愿者互助以及智能信息等多功能服务。其次，社区养老照顾还应为老年居民提供使其能够自立并增进其尊严的生活环境。而营造这一生活环境，需要从养老资源整合、层级机制协调以及福利资源与老龄产业的良好互动等方面搞好社区养老这一生态工程建设。在这里，无论是政府还是公众对于社区养老照顾的认识都还需进一步深化和具体化，包括对多功能服务基本要素以及运行机制的了解，以及如何通过社区养老专业化配置与建设推进社区养老服务等。对此，笔者在书中主要部分会进行详细阐释与论证。

1.3.2 国内外关于社区养老照顾的研究

1.3.2.1 国外研究层面

由于西方发达国家进入老龄化社会普遍较早，在“银发浪潮”的冲击下，国外针对社区养老照顾的要素构成、制度保障等内容也已形成一套比较先进的经验体系与理念。国外学者在对各种养老方式进行综合研判与多维比较的基础上，普遍认为社区养老照顾具有不同于其他养老模式的优势与特征。

英国的社区养老服务工作者包括专业服务人员以及非专业的家属、志愿者等。发展社区养老的资金来源有来自政府的财政支持、慈善机构的捐助以及行业协会、社会捐助和企事业团体的大力支持；此外，还包括税收收入等。英国社区养老服务内容多元化，包括生活照料、物质帮助、心理支持、整体关怀等方面。

美国学者布麻津（Bumagin）于1990年出版了著作《协助老年家庭》，提出老年家庭的社区支持优于同伴或子女的照顾[14]；美国学者考科斯（Cox）在1993年出版的《老年社会工作实务的增权取向》中也对养老方式问题进行了专门的探讨和分析[15]。美国的社区养老服务起步较晚，但发展迅速。例如在硬件配备方面，设有养老院、托老所、收容所、暂住处、公营住所等多样化的社区养老服务设施。另外，为弥补公办养老社区数量不足这一问题，由专门服务人员为老年人提供服务的“居家援助式”老年公寓随之成为美国养老服务设施的有效补充[16]。此外，“退休社区”作为老人退休后的一种住房选择，同时为老人提供休闲生活及医疗服务[17]。值得一提的是，美国政府通过社区委员会组织与民间达成了契约合作，通过政府购买服务的方式来发展社区养老服务。

1.3.2.2　国内研究层面

20世纪90年代末，随着我国开始进入老龄化社会以及在此过程中家庭养老功能的日渐衰弱、养老机构数量的缺乏，学者逐渐开始关注社区养老领域并对此进行初步探讨。2008年以来，随着老龄化进程的加快，居家养老服务作为社区服务的主要内容开始提上议事日程，围绕社区养老这一研究主题也涌现出大量的研究文献。在中国知网（CNKI）上以“社区养老”为主题进行精确匹配检索，截至2019年3月1日，共检索到4055篇文章，涉及社区养老服务意义、社区养老服务性质及地位、现状梳理以及对策分析等诸多议题。通过对相关文献资料的整理、甄别与归纳，笔者将其综述如下。

（1）社区养老的价值与功能

我国20多年社区服务的实践经验已经表明，社区养老在很多方面具有家庭养老与机构养老所不具备的优势，国内学者对此也从不同的研究视角进行了研究与论证。

社区养老较之机构养老，由于其可以充分依托老年人原有的物质资源如住房、家具、耐用消费品等开展服务，因而具有投资少、成本低、服务覆盖广、见效快等特点[18—20]。另有学者指出，“社区照顾具有独特的优势，包括减少养老成本、顺应老人心理、充分利用社区闲置资源、提供就业岗位、推动社区发展等”[21]。

从能否满足老年人的现实需求看，“由于社区照顾（涵盖了专业化支持的居家养老）能提供就近居家护理、慢病维护、日托、全托和智能信息等多功能服务，而且成本低，因此更受老年人欢迎”[22]。

上述研究表明，社区养老已经成为我国应对老龄化问题的一个较优选择，从公众到政府已经达成关于社区养老的共识。

（2）社区养老服务地位、性质以及主体

我们知道，社区养老照顾作为社区服务的有机构成，并非唯一的养老方式，其与家庭养老、机构养老共同支撑着社会化养老服务体系的运营。从已有研究来看，学者关于社区养老服务在养老服务体系中的地位、服务性质、制度安排等方面已有不少论述。

关于社区养老在养老服务体系中的地位，有学者认为，“老年照料体系应当是以老年人自助互助为原则，以家庭支助为基础，以社区服务为依托，以国家和政府的法律、法规、政策为保障”[23]；还有学者在研究中提出了完善城市老年社区照顾体系的宏观思路，即应形成以家庭照顾和社区居家照顾为主、机构照顾为辅的相互支撑的养老照护模式[24]。

在关于社区养老服务性质的界定方面，以往研究通常将社区养老服务区分为具有综合功能的广义的社区服务与仅仅涵盖社区福利性、公益性服务的狭义的社区服务。随着社区养老服务实践的深入开展以及相关经验的积累，大多数研究者认为，社区养老服务不仅应向有特殊困难的低收入老年人群提供必要的福利保障，还应为大多数有照顾需求的老年人提供福利服务与市场服务相结合的照顾产品[25，26]。学者的研究在一定程度上推动了我国当前养老服务由补缺型向普惠型的转型与发展。

关于社区养老服务的提供主体，梳理 20 多年来的研究文献可以发现，随着老龄化形势的日益严峻以及社区养老服务福利资源与市场资源的融合发展趋势，学术界针对“由谁提供社区居家养老服务”这一问题进行了深入研究与探讨。有观点认为，应根据具体的社区服务内容，将社区养老服务作为一种产业来经营发展，对具有公益性质的社区老年服务项目以及单纯以提升老年居民生活质量的社区服务，分别按照政府购买第三方服务、市场化运营机制来形成产业化发展思路[27]。有学者则着重从管理、规划、推进及监督等方面对政府在社区居家养老过程中的职能定位作了理论分析与深入研究[28]；有学者基于福利多元主义的视角分析了老年人群对在选择服务提供主体如政府、社区、社会组织以及企业过程中的影响因素，提出应创造形成政府、企业、社区、社会组织、志愿者、家庭及个人等共同参与的多元化养老服务格局[29]。

从上述文献可以看出，学界研究的重心从最开始强调个人缴费的有偿养老正在逐渐转变为强调政府责任的社会化养老的探讨，并开始转向关注政府、企业、社会组织等不同主体在社会化养老服务格局中的角色地位与功能作用。

从已经出台的相关政策文件来看，1993 年，民政部等 14 个部委发布《关于加快发展社区服务业的意见》，首次提出要以社区组织为依托，在 20 世纪末基本建成多种经济成分并存、服务门类齐全、服务质量和管理水平较高的社区服务网络。继此之后，2000 年 2 月 13 日，国务院办公厅印发了《关于加快实现社会福利社会化的意见》，其中明确规定：“在供养方式上坚持以居家为基础、以社区为依托、以社会福利机构养老为补充的发展方向”，首次从政策层面提出居家养老的概念。此后，民政部于 2001 年开始连续 3 年在全国范围内实施“社区老年福利服务星光计划”。以此为背景，在各地试点的基础上，民政部会同国家发展改革委于 2006 年启动实施《“十一五”社区服务体系发展规划》，2013 年国务院印发了《国务院关于加快发展养老服务业的若干意见》，其中提出要形成多元化的养老服务格局，居家养老服务的基础性得到了进一步确认，社区在居家养老服务中的重要地位日益凸显。

由上可见，从 20 世纪 90 年代提出社区服务建设开始，政府层面关于社区养老服务主体的构成的表述也在不断增多。

2008 年，全国老龄工作委员会办公室等发布了《关于全面推进居家养老服务工作的意见》，进一步将居家养老服务政策具体化。该意见对居家养老服务的重要意义、基本任务、保障措施以及发展方向作重要说明。这标志着我国居家养老服务的发展开始趋于制度化、规范化。国务院办公厅在 2011 年印发的《社会养老服务体系建设规划（2011—2015 年）》中指出社区是居家养老服务的重要支撑力量，并强调了“以居家养老服务为导向，以长期照料、护理康复和社区日间照料为重点，分类完善不同养老服务机构和设施的功能，优先解决好需求最迫切的老年群体的养老问题”。关于养老服务发展首次从政策层面作了五年规划，并进一步强调指出：社区养老是居家养老的重要支撑，是社会化养老服务体系的重要构成；此外，文件还从功能、目标任务以及实施措施等方面作了详细论述。《国务院关于加快发展养老服务业的若干意见》的发布则标志着我国养老服务发展进入一个全新的阶段。《国务院关于加快发展养老服务业的若干意见》在前两个文件的基础上更加明晰了建设居家养老网络服务的目标，其中对居家养老服务的提供主体、服务内容有了较之以往文件更为细致的规定。此外，《国务院关于加快发展养老服务业的若干意见》还强调要支持社区建立健全居家养老服务网点，引入社会组织和家政、物业等企业，运用互联网、物联网、电子商务等技术手段形成居家智能服务平台，兴办或运营老年供餐、社区日间照料、老年活动中心等形式多样的养老服务项目。2016 年以来，国家层面分别出台《国务院办公厅关于全面放开养老服务市场提升养老服务质量的若干意见》《关于加快推进养老服务业放管服改革的通知》以及《“十三五”国家老龄事业发展和养老体系建设规划》等，针对养老服务市场发展从流程审批、门槛准入、扩展新型业态方面进行了进一步规制，从而也意味着养老服务机构实现了从规模化建设到标准化、规范化、智慧化的转型发展。

上述政府部门颁布的政策文件在社区养老的服务对象、设施建设、服务项目的内容、运营以及监督管理等方面都有所涉及。但是，关于政府在社区养老中的职责边界以及所承担的职能还没有专门的表述。此外，学者的相关探讨为我们提供了关于社区养老研究的有益思路与科学的方法路径，但是学者从宏观社会政策发展的视角探讨社区养老服务这一主题的研究还相对不足。总之，在社区养老服务专业化配置过程中如何形成市一级协调机制并整合政府、社区、企业与社会资源方面还有待进一步完善与补充，这也是本书要探讨的一个重点内容。

（3）社区养老服务的现状

总体来看，我国社区养老服务于20世纪80年代起步发展至今，已经呈现出规模化的发展趋势，并日益走上规范化、专业化发展的道路。目前学术界关于社区养老现状的梳理大致基于以下两个路径。

第一，运用问卷调查等方法集中对某一地区或区域社区养老状况的调研。1999年，北京市老龄问题研究中心的调查数据表明，专业服务人员与志愿者服务人员等照顾资源在为老年人提供照顾的人员中所占比例很小。针对北京市老龄化现状以及存在的一些问题，学者给予密切关注并探索解决对策[30, 31]。有学者针对北京市老年人社区居家养老服务需求以及典型区域社区居家养老服务建设情况进行了概述与分析[32]。史薇等基于北京市西城区老年人养老服务需求，分析了北京市西城区社区居家养老照护资源的分布状况及存在的问题，并提出对家庭非正式照护人员提供支持、发展社区健康管理服务、优化养老机构空间布局和资源配置等对策建议[33]。

第二，针对社区养老服务的具体服务项目进行个案研究。目前，此类研究主要集中在政府部门的经验总结以及新闻传媒的报道之中。当前，北京正在探索新型社区居家养老模式：截至2016年年底，北京市范围内养老驿站已建成150家，正在逐渐成为“三边四级”❶养老服务体系的重要依托。例如，北京市东城区早在2013年即通过区内民政和医疗卫生部门联手，让5万名80岁以上的老年人足不出户便可享受专人信息跟踪、定期医疗护理服务、送餐服务、读书聊天等多种养老服务。北京市海淀区运用物联网技术，率先试行社区居家养老[34]。在2015年养老助残券“券”变“卡”的基础上，2016年实施“老年人优待卡”向“北京通—养老助残卡”转变及发放工作，实现了集养老补贴额度

❶ 市级指导、区级统筹、街乡落实、社区参与为特色，让老年人在其周边、身边和床边享受便捷的养老服务。

账户、金融借记账户、市政交通一卡通等多功能于一体的养老助残卡功能转换，以对辖区老年人状况进行智能分析和精准管理。截至2017年9月30日，已完成制卡数246万张，发展服务商1.5万家，为老年人提供生活照料、家政服务、康复护理、精神慰藉、老年教育和其他共六大类110项服务。

（4）社区养老面临的困境与对策

在社区养老日益成为社会各界共识及其规模化发展进程加快的同时，也开始不断呈现出一些问题且面临着多重发展困境。基于当前社区层面的养老照顾主要围绕社区、街道平台开展，学者主要从基层社区服务与管理的层面指出社区养老发展的不足：在财力方面，"政府补贴过少，社区资金不足，社区资金来源一般有三种渠道：街道自筹、政府拨款及社会援助。而往往由于筹资能力有限导致为老服务工作并不到位"[35]。在人力方面，突出表现为专业人才的培养还极为有限。一方面，在不考虑学生就业后的岗位流失率的前提下，北京市院校现在培养的相关专业毕业生数量较少[36]；另一方面，社会工作、心理咨询等领域现有专业人才的职业培训还有待加强[37]。

此外，学者还着重分析了现阶段社区养老照顾的如下局限，如内容单一、配套政策不到位，难以满足老年人就近获取照顾的多元需求，社区居委会应成为吸纳各类专业养老资源的平台，却力不从心。居家养老服务商城乡分布不平衡[38]，等等。

围绕以上问题与不足，研究者提出了完善社区养老照顾的对策体系。一要从观念意识上高度重视社区养老这一系统工程；二要坚持社区养老社会化、产业化、专业化的发展路径；三要按照公共财政的要求，将发展社区养老所需要的资金纳入公共财政预算；四要加快专业人才培养力度。有学者指出，社区养老服务应依托社区的人力资源、物力资源、组织资源与财力资源为居家生活的老年人提供生活照料、医疗保健、康复护理、精神慰藉、权益维护、心理健康等养老服务内容[39]；有学者按照现阶段老年人养老照顾的需求，认为社区养老服务内容应是针对有照顾需求的老年人提供的多功能型服务，涵盖上门护理、日间照料、社区托老、志愿者互助以及智能信息等多功能服务，旨在营造一个使居民能够自立并增进其尊严的生活环境[40]。

由以上分析可见，虽然当前在我国尤其是老龄化形势较为严峻的一线城市，社区养老服务工作开展得如火如荼并积累了丰富的实践经验，但由于研究者的眼界以及多重因素制约，大多数研究目前仅限于社区养老现状的单一描述与问题的微观陈述，缺乏系统的理论分析与解释框架，没有深入宏观制度设计层面进行探讨。

1.3.3 国内外关于社区养老照顾专业化人才方面的研究

1.3.3.1 国外研究层面

有学者就如何准确界定英格兰社区照顾从业人员的数量，以及与社区照顾服务传递的关系进行了分析[41]。部分学者从家庭照顾者培训、专业化介入的微观视角来进行研究。Chappell 通过回顾在北美对家庭照顾者支持的各种研究和措施，认为可以通过一方面对老年人直接提供所需照顾直接分担照料者的担子；另一方面通过组织自助小组对家庭照顾者进行培训以为老人提供更好的服务[42]。Yong Deug Kin 和 Ross Liz 则基于英国社区照顾政策和实践的经验，讨论如何在韩国的社区照顾服务中倡导服务使用者介入（Service User Involvement)[43]。

1.3.3.2 国内研究层面

为了厘清社区照顾专业化配置的概念，笔者查阅了相关文献，通过在中国知网分别以“养老护理人才”“养老培训”为主题进行搜索发现，截至 2019 年 3 月 1 日，分别仅有 201 篇和 154 篇学术论文对此进行了相关论述。由此可见，学术界对于养老护理人才队伍的研究还较少，对照当前老龄化背景下养老服务人才供不应求的严峻现实，这方面的研究迫切需要系统化并进一步深化。在对现有研究资料进行梳理、归纳的基础上，笔者综述如下。

从研究主题来看，国内学者关于养老服务专业化资源配置的研究主要聚焦于以下内容：①国外经验的介绍。20 世纪 70—80 年代，英国为了减轻政府包办福利的低效和开支过大等困境，专业化的社区照顾得到了鼓励。与此同时，美国的大学、学院开设了老年学课程的本科、研究生班，研讨班、培训班等也大量涌现；1976 年此类学校已达 1275 所，27% 是大学，29% 是四年制的学院，

33% 是社区大专学院，其余的由函授或职业学校开设[44]。在日本，设有“福祉”专业的院校就有 100 多所。其中具有一定规模的、建于 1875 年的日本东北福祉大学，目前已成为日本培养社会保障和老龄科学人才的摇篮[45]。②关于养老服务人员专业化培养的必要性。在专业人才培养层面，桂世勋认为长久以来家庭式养老模式使得我国缺乏专业的、职业化的养老服务人才，这方面的人才稀缺但就业前景广阔，因此如何培养专业人才是当前社区养老研究的必要课题之一[46]。在现阶段老年人的照顾需求层面，随着高龄化、空巢化的急速发展，“老年空巢综合征”的客观实在性和空巢心理危机的感受与病症目前已不断显现。如何规避并免除老年人尤其是独生子女家庭老年父母精神心理疾患的困扰亟待解决。鉴于此，有学者从老年人的精神心理关怀方面入手，通过融合“社区精神赡养”和“老年精神自养”的方式集中探讨了老年人精神心理方面养老风险的治理对策，并指出服务人员在精神服务方面知识的专业化培养是当前有必要进行的一项重要举措[47]。此外，缪青等则从社区发展的角度强调了从政府到公众都应认识到在社区养老服务方面专业化建设的重要性，而这一建设离不开规模化的职业教育和社区教育。关于社区养老的专业化支持，还有研究者从社会工作作为一门新兴的实践应用操作型学科的学科特征及学科发展角度，介绍了社会工作的专业化方法在机构养老中的运用途径与意义[48]。③关于养老服务人才的职业教育与职业培训。有学者认为，养老服务人员的培养不能仅限于社会短期培训，高校应该设立专门的学科，从高层次对养老服务人才进行培养和输送[49]。有学者分析了我国目前养老服务的人才现状与问题，并提出对策性意见；基于我国老龄化趋势以及养老护理人才培养滞后的现状，有学者重新界定了“女性养老护理人才”的概念，指出“从现代意义上来讲，不能将女性护理员等同于护士，新型女性护理人才还应包括护理专业的培训人员及与之相配套的专业人员”，从性别视角出发针对女性养老护理人才的培养模式与途径做了探讨[50]。有学者基于澳大利亚、美国、日本、德国等国家的养老护理人员培训内容、方式，对国内外养老专科护理人员培训情况进行了初步比较，认为护理界应尽快形成学士、硕士、博士等多层次养老护理人才梯队，以适应不同层次的养老护理需要[51]。除学历教育方面的研究之外，学者还对养老护理员职业培训的教学模块进行了深入研究，为养老护理员职业培训的进一步完善提供科学依据[52]。④关于养老护理员专业化发展的展望。有学者依据实证调查所取得的资料和数据，关于养老护理员专业化发展概况及影响因素进行了揭示与描述，并对影响养老护理员素质的主要因素包括工作薪酬、职业前景、职业培训和考核评价体系等做了论述[53, 54]。

1.3.4 国内关于社区养老照顾研究的不足

（1）关于养老服务人才及其专业化概念的理论认识不足

长期以来社区养老作为一种舶来品，学者多集中于其理论内涵、功能定位等方面的探讨，而养老服务人才的专业化建设问题直到近年来才作为一个议题受到研究者的关注。综观社区养老照顾专业化的相关研究成果，目前国内政策部门和学术界的研究主要集中在宏观的理论探讨与实证研究层面。从目前来看，虽然国内文献已有关于养老护理员专业化培养的文献，但是就深度和广度而言还与国外研究有一定差距，关于养老服务人才的概念、养老护理员与其他专业人才之间的联系与区别需要进一步厘清，这是进一步架构养老服务人才培养体系的良好基石。此外，作为社区照顾专业化支撑的其他领域的专业人才的教育培训也亟待予以关注。

（2）缺乏一种关于养老服务人才培育的融合性研究视野

从目前的研究成果来看，学者关于老年服务人才的培养多单纯集中在长时段的院校培养与短时程的继续教育层面，鲜有立足较为宏观的社会化养老服务制度体系，来对专业人才培养与养老服务制度中其他要素环节的理论关联进行深入分析。

不容我们忽视的是，老年长期照护服务的内容已经从早期的简单生活照顾发展成为生活照顾、医疗护理、康复护理和心理护理全方位的服务体系。由于服务内容广、服务对象特殊，养老服务专业化的呼声愈演愈烈。例如，面对北京市老龄化的新特点、新趋势，如何广泛利用社会资源进行养老服务人才的专业化建设？如何厘清在此过程中政府、社会及企业的责权利边界？此外，在新常态下如何通过养老服务专业人才的培养推动创新社区养老照顾发展以及智慧社区治理，都是值得我们认真研讨的问题，同时这也是在现有文献梳理的基础上本书着重论述的研究内容。

总之，相较于国外研究而言，国内关于社区照顾专业化配置及建设的关注，针对养老服务业的人才培养层面，国家相继出台《家政服务员国家职业标准》(2000)、《养老护理员国家职业标准》(2002)以及《关于印发养老护理员等四个国家职业技能标准的通知》等政策规定，为养老专业人才的培养制定了相关职业技能标准。《国务院关于加快发展养老服务业的若干意见》中特别强调了“养老服务业的人才培养”，提出应进一步完善人才培养和就业政策。同时指出，“教育部、人力资源和社会保障部、民政部都要支持高等院校和中等职业学校增设养老服务相关专业和课程，扩大人才培养规模，加快培养老年医学、康复、护理、营养、心理和社会工作等方面的专门人才，制定优惠政策……加强老年护理人员专业培训，对符合条件的参加养老护理职业培训和职业技能鉴定的从业人员按规定给予相关补贴。”关于社区养老的专业化配置，缪青等学者明确提出社区养老专业化配置的概念并从养老服务人才构成、养老服务人才的教育培训以及教育培训的评估方面对其进行了诠释。但总的来说目前还没有形成较为系统的研究体系。

1.4 研究设计

1.4.1 研究内容

在以往的传统农业社会或者工业化和现代化水平较低的社会阶段，家庭养老一直都是个体所依赖并首要选择的养老方式。老年人由子女来赡养、照料的养老方式随着社会经济的发展变迁，也逐渐有了其他的选择。可以说，工业化与城市化所导致的社会结构的变化、人口流动与家庭居住安排的变化等，为家庭养老的逐渐式微提供了现实的土壤。在此背景下，一方面，老年人的养老需求（经济供养、生活照料、医疗护理、精神慰藉以及社会交往等）很难像以往那样通过家庭资源的获得不出家门就能得以解决；另一方面，由于多重因素影响制约，养老服务的供给侧也较易出现养老资源供给不足及短缺的现象。本书主要基于北京市快速发展的老龄化形势，围绕如何建构社区养老专业化支持资源这一研究主题，在前人研究成果的基础上，描述、分析了北京市社区照顾专业化资源配置的现状及问题，并试图从理论层面提出养老护理服务人才专业化配置及建设的顶层设计路线。具体来讲，本书主要研究内容如下。

第 1 章绪论部分主要介绍了本书的研究背景及意义、研究内容、研究方法以及研究的重点及难点。在此基础上，基于社区养老照顾及其专业化建设等方面内容，对此进行了富有针对性的相关文献资料梳理，以有助于我们从总体上把握社区养老照顾的发展现状、了解当前社区养老照顾专业化资源的主要脉络。此外，在此部分，笔者也介绍了社区照顾、社区服务、人力资源等与研究主题相关的研究理论基础。

第 2 章首先描述了北京市的老龄化现状及需求特点，包括老龄人口基数大、高龄人口增速快，老年抚养系数逐年上升，空巢独居家庭增多、慢性疾患多发，从以经济供养为主向多层面需求转变以及老年教育资源供需失衡等方面内容。其次，笔者总结归纳了北京市当前应对人口老龄化严峻形势的一些重要政策措施，强调了多功能社区照顾作为满足老年人需求主流选项的重要性。最后，据社区养老照顾理论，界定了社区养老专业化资源配置的概念内涵，在此基础上论证了社区照顾专业化配置对于实现多功能社区照顾愿景的重要意义。

第 3 章给出了社区居家养老照顾的供求关系：北京地区社区照顾主要面对的服务对象有 20 万～ 30 万名老人（在家庭支持、家政服务以及机构养老等服务分流后），未来需要 3 万多名养老护理员，亟待从知识结构、能力素质等方面培育专业养老护理人才。养老护理员的规模化培训正是当前社区照顾专业化配置的重要内容。需要强调的是，依据上述北京市居家养老供求关系的分析及篇幅所限，本书所述社区照顾的专业化配置，主要讨论养老护理员的专业化配置与建设（其他领域养老服务人才的专业化建设当另撰文论述）。当前，北京市在推进社区养老方面已经意识到专业化配置的重要意义，例如，鼓励作为养老服务专业化支撑的社会工作者、心理咨询师、信息技术人员等专业人才进入为老服务领域；养老服务专业的学历教育得到一定发展；在岗养老服务人员的职业培训也得以初步开展，但与此同时也存在一些问题。导致问题的深层原因为对多功能社区照顾的认识有待深化，需构建研究、规划、培训的互动平台，以及对养老公共政策间的协调不足等。

第 4 章讨论了提高对养老服务的认识和搭建后台保障机制等问题。首先，应深化专业化的社区照顾是国民健康工程的认识。其次，还应协调社区内外要素，搭建社区照顾专业化配置的后台机制：包括促进养老资源在社区层面的整合；搞好社区外部政策环境、市场环境的优化以及构建研究、规划与培训的互动平台和市一级顶层协调机制，也就是说，专业化的社区照顾需形成多方参与的格局，在厘清各自责任的同时搞好协调。这一协调需落地在研究、规划、培训的互动平台上。互动平台还包括市一级的养老服务协调机制，能够协同民政、卫生、社保等行政资源，并通过行业联盟来协调福利资源和市场资源。

第 5 章讨论了优化社区照顾专业化配置的路径问题。依据社区养老照顾的理论框架以及第 3 章中关于北京市当前社区照顾专业化配置中存在问题的揭示与分析，第 5 章分别从政府层面、院校层面、社区层面以及企业层面提出了完善养老服务人才专业化建设的政策建议。就政府层面而言，既要推进老龄研究并促进研究与老龄产业的合作，也要为养老服务人才的就业招聘、职业环境及发展等方面提供多层面的优惠政策，此外，还应建立、完善相应的资金补贴与政府购买服务制度并逐渐提升社会公众对于养老服务业的认同；就院校层面而言，应从课程设置、教学方法以及校企联动等方面改善养老服务专业的学历教育状况；就社区层面而言，在依托社会组织的专业力量开展社区职业培训的同时，还应重视涉老服务的各种行业协会的专业化介入以提升社区培训效果；就企业层面而言，应从企业人力资源建设、服务质量提升以及福利资源与市场资源的融合方面协调养老服务专业化配置。

第 6 章基于前文论述内容分析了新时代老有所养的社区示范内容，以及社区养老照顾的未来构想：涉及制定并发放社区养老服务流程及指南，加大智能化服务和云平台建设力度，以及基于医养结合搞好社区内养老资源的协调机制等。

总之，社区作为居民生活的共同体，具有一定的同质性与趋同性，是社会有机体中最基本的细胞组织，也是社会的一个现实缩影。在社区养老成为共识的新时代，专业养老护理员的教育与培训以及与此相关的后台机制的形成最终需要在社区落实。

1.4.2 研究的重点及难点

社区养老照顾作为“银发浪潮”的主流应对，从21世纪初的少量学理讨论到后来的政策推进，现已迈向规模化发展。在当前养老护理员培训正在迈向“规模化发展”的前提下，一些问题也随之不断呈现出来。一是从事专业养老护理行业的人才存在较大缺口；二是对于其他领域现有专业人才资源如社会工作者、医护人员、心理咨询师以及营养师的挖掘也有所不足。如何在现阶段优化北京市社区养老的专业化配置是本书的重要研究内容。如下文所述，如何在社区照顾的前台要素基础上通过公共政策的协调、养老资源的整合等后台要素解决这些问题，也是本书的研究难点与创新所在。

第一，基于社区照顾专业化配置的概念、愿景和分析框架，勾勒了其优化发展的具体路线图。专业化的养老服务是发达城市的标志，既要通过规模化的培训、保险和媒体彰显等多种激励手段提升养老服务业从业人员的社会地位；同时也要通过专业学历教育以及职业培训的形式加大对养老服务人才的培训力度，并加强质量控制。

第二，讨论了现阶段社区养老照顾的供求结构，指出在现阶段搞好专业化配置的发展需要在社区一级构建协调机制，包括构建社区协调机制、搞好养老资源的整合等环节。

第三，分析了北京市社区养老照顾专业化配置的现状和问题，指出了专业化照顾服务供给不足的深层原因：须深化认识，构建研究、规划、培训的互动平台，以及搞好养老公共政策的协调。

第四，强调专业化社区照顾的实现须形成多方参与的格局，在厘清政府、社区、企业各自责任的同时应构建研究、规划和培训的互动平台，这既涉及多学科的和养老产业集群的行业协会，也涉及在市一级有关养老公共政策的协调机制。社区照顾的专业化服务搞得好，不仅可以拉动内需扩大就业，还能减少医疗浪费。

1.4.3 理论基础

这里所说的理论基础主要是基于前人的研究成果，在对有关社区养老照顾文献进行梳理之后归纳的一些主要理论思想，本书的理论基础分析详见第 2 章。

1.4.3.1 社区照顾的分析构架

社区照顾最早源于 20 世纪 60 年代英国“去院舍化”“去机构化”的潮流，是工业国家在政府提供的福利不能满足社会对福利需求形势下做出的一种福利政策调整措施。

由于社区中的老年人绝大多数需要由社区提供帮助、照料，而社区照顾中关于老年人的服务也占了很大比重，因而社区照顾理论的产生、演变与老年人群有着密切的关联。社区照顾的宗旨即在于使老人足不出户便可享受到各种服务，让老人在熟悉的社区环境中有尊严地生活、安享晚年。

笔者认为，专业化的社区养老服务人才是社区照顾发展运行不可或缺的重要构成内容，能否搞好专业化配置是衡量社区照顾绩效的一个重要标识。换言之，讨论养老服务的专业化配置，应将其置于社区照顾的理论架构之中来分析。

1.4.3.2 社区参与和社会组织的理论

社区参与和社会组织的理论是现代治理研究中最为活跃也是最为重要的社会文化概念。自下而上的公民参与在社区治理层面的展开，是 20 世纪 90 年代后期的事情。目前，我国正处于社会转型期，日益增多的老年人群以及趋于多元化的养老保障需求，使得政府面对的老龄化形势更加严峻。在这种形势下，社区居民的广泛参与是社区有效治理老龄化困境的良好基础，只有通过社区居民的广泛参与，才能促进养老资源的有效整合，养老服务的专业化建设才能有序进行，社区才会和谐健康发展。

在全球化背景下，社会组织在我国越来越普遍，其作用与功能也越来越凸显。我国学术界对于社会组织的研究始于 20 世纪 90 年代中期对于非政府组织（NGO）或非营利组织（NPO）的关注。目前，对于社会组织的研究正在从性质、特征与作用等转向在现有的制度框架下如何有效推进社会组织的发育等问题。社会组织所开展的“环保”“扶贫”“教育”“培训”等活动，在解决社会问题方面具有独特优势，可以弥补公共服务及社会管理的“市场失灵”和“政府缺位”，形成政府与社会合作治理的结构，从而推动养老服务的专业化建设[55]。

1.4.3.3 “社区工作者”的概念界定

社区工作是指在党和政府的领导下，依靠社区力量，利用社区资源，强化社区功能，解决社区问题，促进社区政治、经济、文化、环境协调和健康发展。关于社区工作者的内涵界定，可谓众说纷纭。

在学术界，已经有学者在对社区概念加以深化的基础上对社区工作者提出不同层面的界定：回顾以往针对社区工作者的研究，不同的学者分别从不同研究视角针对社区工作者进行了探讨。有的学者对社区工作者的专业化发展进行了深层探讨；有的学者从微观层面对社区工作者这一群体的角色定位、功能、工作满意度以及职业归属感等要素进行了分析与实证研究；此外，也有学者基于一个特定而具体的城市样本从社区工作者的队伍结构、发展困境以及如何参与社会治理等方面来进行切入探讨。孙莹从专业性和职业性的角度指出，社区工作者是指在社区工作的社会工作者，他们或受雇于政府机构，或在非营利的社会福利机构（如社区中心），在社区中运用社会工作方法，组织社区居民，动员社区资源，解决社区问题，促进社区进步和发展[56]。有的学者基于学科的专业发展指出，专业的社区工作者，是指以社区和社区居民为案主，通过发动和组织社区居民参与集体行动，确定社区的问题与需求，动员社区资源，争取外力协助，有计划、有步骤地解决或预防社会问题，调整或改善社会关系，减少社会冲突；培养自助、互助及自决的精神，加强社区的凝聚力，培养社区居民的民主参与意识和能力，发掘并培养社区的领导人才，以提高社区的社会福利水平，从而促进社区进步的专业人员。

从政策话语的层面来看，社区工作者的概念通常具有广义和狭义之分。广义的社区工作者是指所有参与社区工作的人员，包括社区党组织和社区居民自治组织成员、职业社区工作者、社区志愿者、社区中介组织成员、社区理论工作者；狭义的社区工作者主要包括社区党组织、居民委员会干部和专职社区工作者。本书所指的社区工作者是狭义的社区工作者，具体按照 2008 年中共北京市委办公厅、北京市人民政府办公厅发布的《北京市社区工作者管理办法（试行)》中的定义，是指在社区党组织、社区居委会和社区服务站专职从事社区管理和服务，并与街道（乡镇）签订服务协议的工作人员。

其中，社区党委是社区各种组织和各项工作的领导核心，在社区建设发展中发挥组织领导作用。社区委员会是居民自我管理、自我教育、自我服务、自我监督的基层群众性自治组织。社区服务站是政府在社区层面设立的公共服务平台，承担政府公共职能。社区工作者，无论是党委成员、居委会成员还是服务站成员，其主要职责都是面向社区居民，为社区居民提供各种服务。

1.4.3.4 治理和公共服务的理论基础

20世纪70年代开始，西方国家的政府行为经历着由统治向治理的转变过程。最早提出“治理”概念的是世界银行，它在1989年首次使用了“治理危机”的说法，自此，“治理”这一概念便频繁出现在政治学、管理学和行政学研究领域里。公共治理理论的出现，主要是在针对运用传统公共管理方法在实际操作中出现的一系列问题进行回应过程中应运而生的。

20世纪80年代以后，公共行政和政府行为的理论经历了由统治向治理的重要转变。就管理的主体而言，治理所看到的管理者是多元的，包括政府、社区、社会组织和公民，强调了参与式管理。而统治所看到的管理是一元的集权式的。所以，治理的过程融合了多种方式，包括政府动员的与市场的、行政命令的与自愿的合作的等。就管理过程中权力运行的向度而言，治理强调的是包括自上而下和自下而上的双向度管理。这一过程包括行政、协商和伙伴关系等多种手段，而统治的权力运行方向是自上而下的，它运用行政命令来制定政策和实施政策，对社会公共事务实行单一向度的管理。

在社区管理创新中引入治理理念，是一种集合多方力量、共同努力、满足居民需求、改善社区环境、优化社区公共服务的新理念。公共服务理论认为，市场和社会的力量可以弥补政府管理成本高、效率低的不足，有利于满足居民需求，增强社会公共服务反应能力。也就是说，针对不同的服务需求，配套相应的供给方式，能有效提高政府公共服务质量。公共服务理论内涵在于，追求公共利益、重视公民权以及人的价值。在推动公共服务型政府的建立等方面具有一定的方法论和创新意义[57]。

公共治理理论认为，市场和社会的力量可以弥补政府管理成本高、效率低的不足，有利于满足居民需求，增强社会公共服务反应能力。针对不同的服务需求，配套相应的供给方式，能有效提高政府公共服务质量。在社区管理创新中引入治理理念，是一种集合多方力量、共同努力、满足居民需求、改善社区环境、优化社区公共管理的社区治理新理念。而社区、社会组织以及社区工作者在其中发挥着至关重要的作用。

1.4.3.5　人力资源的理论基础

“人力资源”一词最早由美国当代著名管理学家彼得·德鲁克（Peter F. Ducker）于1954年在其《管理的实践》一书中首次提出。关于人力资源的概念，可谓众说纷纭，至今没有一个确切的定义。概括起来，有三种代表性观点：一是成年人口观。该理论认为人力资源即16岁以上具有全部劳动能力的人口。二是在岗人口观。这一观点认为人力资源是目前正在从事社会劳动的所有人员。三是人员素质观。此观点将人力看作人员素质综合发挥的作用力，认为人力资源是指人的劳动能力与潜力。一般认为，人力资源是指劳动生产过程中，可以直接投入的体力、智力、心力总和及其形成的基础素质，包括知识、技能、经验、品性与态度等身心素质。作为国民经济资源的一个有机组成部分，其特征体现为生物性、可再生性、能动性、时效性、高增值性、可控性、变化性与不稳定性、开发的连续性、个体的独立性以及内耗性，等等。人力资源本身是一门综合性很强的学科，其发展借鉴了其他诸多相关领域的研究与成果。在不同于传统社会的知识经济时代，“人力资源”已经不再是单纯经济学意义上的人力资本、劳动力的概念，其实质是各种因素的综合作用的产物。理解人力资源的具体内涵，应从不同的理论维度来诠释：第一，从哲学的角度来看，在人本主义思潮的影响下，人不再是机器，不再是管理控制的对象。人成为经济生产过程中最重要的因素，是促使组织蓬勃发展的原动力。以此为背景，人力资源开发开始关注职工的职业理想，并以“促进组织和个人的共同发展”为其基本目标。第二，从社会学的视角来看，社会是由个人集合而成的社会，个人是社会有机体中的细胞，人力资源开发研究应该建立个人与社会之间的坐标体系，从主客体互动的角度建构一个良性运转的场域，从而实现人力资源的最优配置。

现代社会，人力资源的素质越来越成为影响一个国家经济发展和物质财富增长的主要因素。养老服务质量的提升和发展有赖于其专业理论视野、职业技能以及道德素质等的良好构成。养老服务及管理者一方面需要具备机构养老管理和服务的相关理论知识及实务技巧；另一方面还需要从事在稳定的管理或服务岗位并能够将其视为一种职业追求。

1.4.4 主要研究方法

1.4.4.1 文献法

广泛搜集、梳理国内外 20 多年来的研究成果尤其是国内近年来对于社区照顾的研究文献，包括中外社区养老的对比研究，国内不同城市、地区社区养老发展及特征等方面的研究成果，进行归纳与系统分析。本书的写作参阅了国内外有关社区照顾的文献，包括北京市有关社区发展、社区养老照顾、人口老龄化以及社会组织发展的研究文献和调查资料。通过对国内外社区照顾资料的分析和比较并结合实地考察，依据多功能社区照顾的分析构架，结合多功能的社区照顾愿景进而探索北京社区养老照顾专业化资源的配置优化模式。

1.4.4.2 访谈法

为获取真实有效的研究资料，采取深度访谈与焦点团体访谈相结合的研究方法，以进行课题的深入论证。本书的一大特色是进行了跨部门、跨行业的访谈，从多方参与的视角来分析社区养老照顾人才资源专业化建设及配置的特点和政策运行。从公共服务和社区参与的构架来看，访谈内容可以分为三个系列：一是关于涉老服务的行政资源的访谈，包括市民政局、卫生局、老龄办以及街道办事处涉老服务的部门，以了解养老公共政策的协调情况以及政府在养老资源整合过程中的作用。二是关于社区和养老服务组织的访谈系列，包括社区居委会、社区工作站、公益服务组织以及养老服务公司等，以了解社区内养老服务的运行、养老资源的整合以及专业人才的分布与现状等情况。三是关于养老服务专业培训的访谈，包括行业协会、职业学院老年服务专业、养老护理培训学校等，以了解培训以及对社区养老服务的专业支持情况。

1.4.4.3　观察法

为了解社区为老服务的活动、养老服务组织和公司的运营状况，以及养老服务的专业培训状况，采用参与式观察的方法在北京的多家社区居委会、养老服务组织和培训机构进行实地观察。诸如北京市石景山区乐龄老年社会工作机构、万家幸福养老服务公司、乐成养老机构以及北京劳动保障职业学院、北京青年政治学院等，从而为研究获取了第一手资料。

1.4.4.4　内容分析法

在文献查阅的基础上，对现有的政府统计资料（如政府公报和统计报告等）予以梳理、分析，或运用大型学术数据库的相关数据资料来对研究主题进行分析、论证，以获得准确、翔实的研究数据，进而形成科学预测及学术判断。

第 2 章　北京市急速发展的老龄化形势及社区照顾专业化

2.1　北京市老龄化程度与照顾需求特点

北京市自 1990 年进入老龄化城市行列以来，老龄化趋势日益严峻，当前呈现出以下特征：老龄人口基数大，高龄人口增速快；老年抚养系数逐年上升；空巢独居家庭增多，慢性疾患多发；从以经济供养为主向多层面需求转变；老年教育资源供需失衡等。

2.1.1　老龄人口基数大，高龄人口增速快

“相比全国的老龄化趋势，北京市的老龄化现象更加凸显与严峻，60 岁及 65 岁占比分别高出 6 个和 5 个百分点。”❶早在 2014 年，北京市户籍人口中 60 岁以上者已逾 300 万人。❷北京是我国老龄化程度十分严重的城市之一。

由北京市民政局、北京市老龄办发布的统计数据显示，截至 2016 年年底，全市 60 岁及以上户籍老年人口约 329.2 万人，占户籍总人口的 24.1%（见图 2.1），在 2012 年的基础上增长了 3.6 个百分点，远远高于全国 16.7% 的水平，老龄化程度高居全国第二；2012—2016 年，年平均增长为 13.26 万人，将近两倍于 2007—2011 年每年 7.54 万人的增长速度❸，老龄化程度持续加深。另据估算，到 2035 年，北京市老年人口总量将达到约 550 万人，人口老龄化程度位居全国前列。

值得关注的是，北京市 16 个区县中，老龄化程度均已超过 20%。其中，丰台区老龄化最为严重，60 岁及以上老人占比最高达到 29%；老龄化程度最低的

❶ 参见北京市民政局、北京市老龄协会、北京理工大学、中国心理卫生协会妇女健康与发展专业委员会：《北京市老年人口心理健康及需求状况调查研究报告》，2013 年 9 月 6 日。

❷ 参见中央广播新闻网：《北京老年人口已超 300 万 约一半是空巢老人》，2015 年 1 月 26 日。

❸ 根据相关年份《北京市老年人口信息和老龄事业发展报告》统计数据计算得出。

大兴区，其60岁及以上老年人口占比也已达到20.3%（见图2.2）。由图2.2显示的数据可以分析得出，怀柔、延庆、密云等区县老龄人口数量虽少，但从其在区县总人口中的较高占比可以看出，远郊区县的老龄化程度事实上也不容小觑。

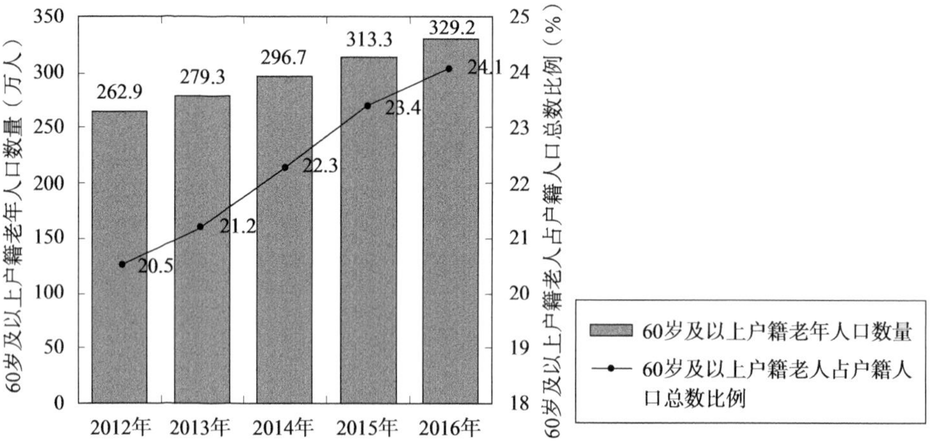

图2.1　2012—2016年北京市户籍老年人口老龄化趋势

数据来源：相关年份《北京市老年人口信息和老龄事业发展状况报告》，北京市民政信息网。

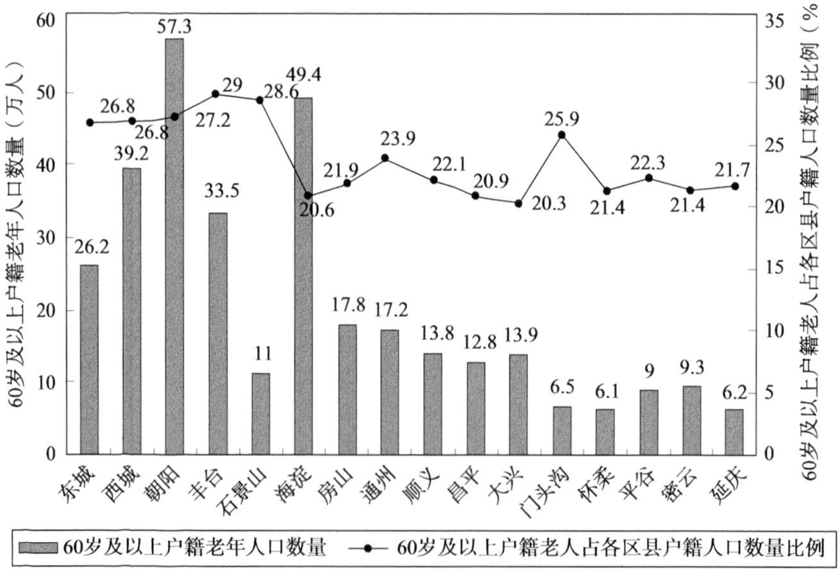

图2.2　2016年北京市各区县60岁及以上户籍老年人口及比例

数据来源：《北京市老龄事业和养老服务发展报告（2016—2017年）》，2017年10月30日。

此外，伴随老龄化进程加快，高龄化集中凸显这一现象尤其值得关注。统计数据显示，2016 年，北京市 70 岁及以上户籍老年人口为 149.2 万人，较之 2015 年增长 2.8 个百分点；从图 2.3 所显示的统计数据来看，65 ～ 69 岁年龄组比例为 21.3%，70 ～ 79 岁年龄组为 27.3%，80 ～ 89 岁组与 90 岁及以上组分别占到了 16.7% 与 1.3%。其中，70 岁及以上老人为户籍老人数量的 45.3%，几乎占到了老年人群的一半。随着现代社会人均寿命的延长以及越来越多的低龄老人进入高龄阶段，高龄化老人数量激增将成为我们应对新时期老龄化困境的一大难题，失能失智老人的长期照护问题尤其需要我们关注。

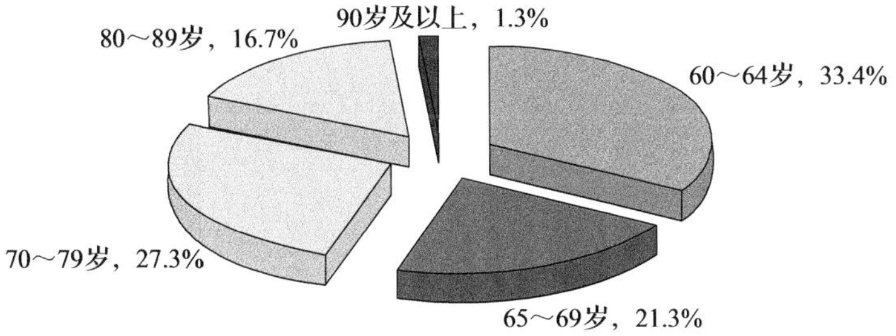

图 2.3　2016 年北京市 60 岁及以上户籍老年人口年龄构成情况

数据来源：《北京市老龄事业和养老服务发展报告（2016—2017 年）》，2017 年 10 月 30 日。

如图 2.4 所示，2016 年，北京市 80 岁及以上户籍老年人口数量占到了户籍老人数量的 18%，较之 2012 年与 2015 年分别增长了 1.8 个、0.1 个百分点。2012 年，北京市 80 岁及以上老年人口为 42.6 万人；截至 2016 年年底，这一数据上升至 59.5 万人，较之 2012 年增长了 0.39 个百分点。也就是说，2012—2016 年，平均每年增加 4 万多的 80 岁老人。其中，16.49 万老年人为失能老人，占到 60 岁及以上老年人口数量的 5%，即每 20 个老人中就有 1 个为失能老人。照此增速推算，到 2024 年，北京市 80 岁及以上高龄老人将增至 100 多万人。高龄人群数量逐年增长，高龄化程度持续走高，由此引发的长期照护问题迫切需要得到社会各界重视。

由此可见，在老龄人口基数大的前提下，北京高龄人口的持续上升为养老照顾工作带来了不小的压力与挑战。全市范围内高龄化、空巢化、缺乏照料的老年人口数量的急速增多，对社区公共服务及配套设施，特别是对社区居家养老需求较多的日间照料服务、托老健康服务、居家上门服务、专业护理机构的人才资源配备及其服务质量等都提出了更多元、更高效、更迫切的服务需求。

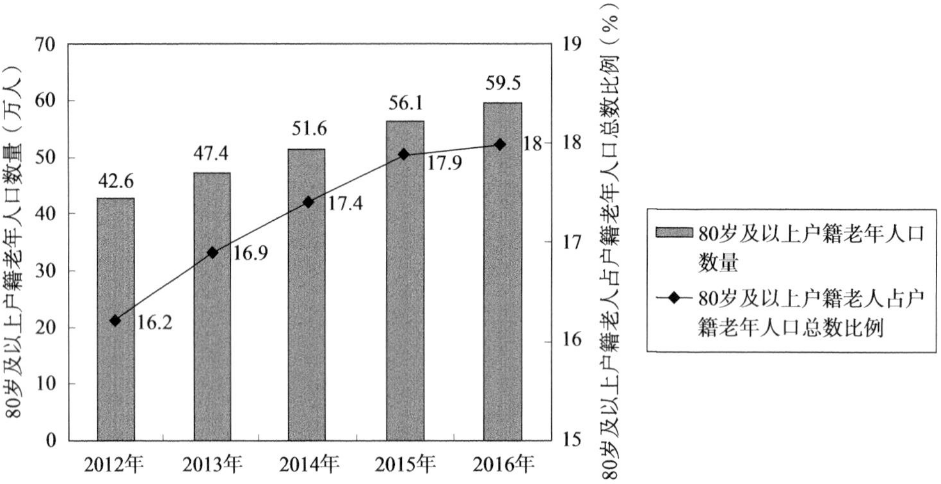

图 2.4 2012—2016 年北京市高龄化人口趋势

数据来源：相关年份《北京市老年人口信息和老龄事业发展状况报告》，北京市民政信息网。

2.1.2 老年抚养系数逐年上升

如图 2.5 所示，2016 年年底，按 15 ～ 59 岁劳动年龄户籍人口抚养 60 岁及以上户籍人口计算，北京市老年抚养系数为 38.1%。也就是说，每百名劳动力需要抚养老年人口 38 人，这意味着劳动力抚养老年人的压力增大。值得注意的是，由于低生育率和平均寿命的增加，未来数年内劳动力人口抚养老年人口的压力将会持续加大。据有关部门预测，我国的老年人口抚养比 2000 年为 15.7%，2025 年将达到 31%，到 2060 年将会达到 61%。由此可见，未来相当长时期内，我国经济社会发展将面临劳动力不足、老龄化人口增多的发展困境。

2.1.3 空巢独居家庭增多，慢性疾患多发

“空巢家庭”是指子女长大成人后从父母家庭中相继分离出去、只剩下老年人独自生活的家庭。目前，“空巢老人”问题已成为全世界普遍面临的老龄化命题。在西方社会，由于注重人的个体性与社会独立性的塑造与发展，“几世同

堂”的现象比较少见，发达国家独居夫妇空巢户达 70% ～ 80%。在我国，由于独生子女生育政策的实行，以及社会经济发展的综合作用，空巢家庭正在呈现出持续增长的趋势：“我国近 2 亿 60 岁以上老人中，‘421’‘821’家庭越来越多，空巢老人占了一半”[58]。

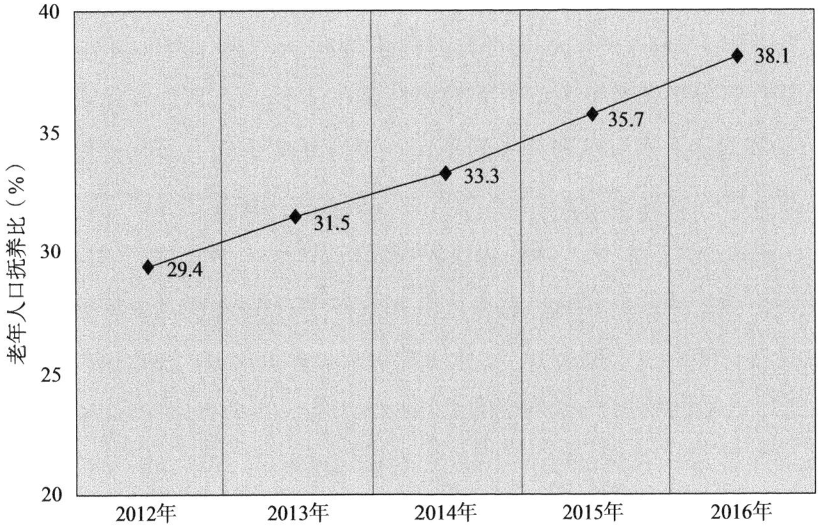

图 2.5　2012—2016 年北京市老年人口抚养比变化状况

数据来源：相关年份《北京市老年人口信息和老龄事业发展状况报告》，北京市民政信息网。

从北京市目前的状况来看，在经济、社会及文化的发展变迁，子女外出求学工作等因素的综合作用下，北京市人口中单人、单亲及空巢家庭正在激增。北京市民政局的一项调查显示，老年人的平均户规模为 2.75 人。其中，1 人户占 9.6%、2 人户占 50.9%、3 人户占 12.6%、4 人户占 13.7%、5 人户占 10.4%、6 人及以上户占 2.8%。调查还表明，近六成的老年人家庭属于纯老年人家庭。❶有 9.45% 的老年人独居，47.52% 的老年人仅与配偶同住，0.8% 的老年人仅与父母同住。❷

❶ 纯老年人家庭是指家庭全部人口的年龄都在 60 周岁以上的家庭，包括独居老年人家庭、夫妇年龄都在 60 周岁以上的老年人家庭以及与父母或其他老年家属同住的老年人家庭（其他老年亲属至少有 1 人年龄为 60 周岁及以上）。

❷ 参见北京市民政局：《居家养老服务体系建设研究——以北京市发展居家养老服务实践为例》，2011 年 6 月 11 日。

需要关注的是，随着生活质量的提升以及医疗卫生保障条件的逐步完善，北京市的“纯老家庭”数量也逐年上升。截至2017年年底，北京市“纯老家庭”人口已达52.14万人，在2010年的基础上增加了7.8万人，占户籍60岁及以上老年人口总数的15.6%。由此可见，老年人尤其是高龄老年人的照护问题就显得尤为迫切。

需要指出的是，由于北京进入老龄化的时间较早，因而另外一个需要引起关注的趋势即北京老年人口各类慢性疾患的多发，尤其是空巢家庭中的老人（主要是独居老人）的患病率和发病率正在持续增多。而一系列慢性病所引发的不同程度的老年残疾现象也随着经济社会发展水平的提升而呈现出增长趋势。例如，在北京一些老龄化、高龄化比较突出的社区，老与残几乎是如影随形的。2012年的一项统计数据表明，北京市老年人口中有14%的老人正处于失能和半失能的状态，60%～70%的老人有慢性病史，人均患有2～3种疾病。60岁及以上老年人慢性病患病率是全部人口的3.2倍，伤残率是全部人口的3.6倍，60岁以上老年人一生中2/3的时间处于带病生存状态。[1]此外，根据2013年北京市海淀区田村路街道针对老年人“养老服务需求”的抽样调查数据进行分析，一多半的老人深受慢性病及各种并发症困扰：42%的老人患有高血压，患有糖尿病、冠心病的老人分别占到16%、17%；有5%的老人罹患脑卒中。与此同时，高达55%的老人表示不清楚自己近期的血压值和血糖值，慢性病的预防及健康保健的重要性由此可见一斑。从上述田村路街道关于老年人需求状况的调查数据可以看到，慢性病正在成为造成老年人经济困难、生活质量下降的重要因素。

2.1.4 从以经济供养为主向多层面需求转变

随着物质生活水平的逐渐提高，北京市老年人的养老需求内容也发生了显著的结构性变化：正在从以经济供养为主转向基于经济保障基础的集日常生活照料、精神慰藉以及个性发展于一体的多方位照护需求。另外，基于经济水平和社会地位的差异，老年人群内部的养老需求也呈现出多层次、多元化

[1] 参见北京市民政局：《北京市养老问题与健康城市建设研究》，2012年3月20日。

的异质性特征。而与此同时，老年人对于养老照顾服务的使用率还处于较低水平。

笔者在调研中发现，北京市老年人养老服务需求量较大，尤其是在上门护理、上门看病、心理、康复治疗及法律援助等方面尤为明显。具体来看，老年人对于健康问题和医疗保健问题的关注程度很高。一项调查表明，希望医护人员能够（在病情许可时）提供上门看病、打针、护理服务的老人，尤其是一些行动不便的老年人，占到被调查老年人的 45.4%。❶ 另外，33.4% 的老人希望由社区提供的固定场所替代社区卫生服务站，并由其为老年人建立健康档案，提供医疗服务。以上数据表明，老年人对于专门针对老年人的医疗护理服务需求较为强烈并希望这一服务逐渐制度化并持续下去。

然而，从实际供需比例对比来看，老年人的这些诉求强烈的需求并未在实践中获得充分释放与满足。例如，北京市东城区早在 2011 年的一项抽样调查就显示，仅有 28.5% 的社区"有上门护理服务"，需要上门护理服务的老年人比例为 24.8%，而使用过这一服务的老年人仅为 2.5%；29.1% 的社区"有上门看病服务"，有 29.5% 的老年人需要这一服务，但仅有 2.3% 的人"用过上门看病服务"；与此类似，虽然北京市东城区 23.3% 的社区提供"康复治疗服务"且有 21.7% 的老年人需要这项服务，但使用过这项服务的老年人仅占 1.9%[59]。而令人担忧的是，这一问题几年来并没有得到有效解决：由北京市朝阳区 2016 年的一项统计数据可见，老年人在这些服务方面的需求率在 16% ～ 33%，实际能提供服务的仅为 1% ～ 2%。

需要引起注意的是，这一状况在高龄老人和失能失智老人人群中表现更为严峻。这是由于，这一群体对于日常生活照料和医疗康复等服务的需求尤其迫切。2006—2010 年，北京市老年人对上门看病、上门护理、康复治疗的需求分别上升了 46.2%、40.4%、28.9%，占到各项需求增长的前三位，尤其是在农村地区需求率分别高达 85.2%、67.1%、55.7%。2013 年在北京核心城区的一项抽样调查就已表明，约半数的被访老年人有上门看病的需求；超过 23% 的老年人表示需要接受上门护理服务，超过 18% 的老年人需要陪同看病服务。然而，目前能够为老年人

❶ 根据 2013 年海淀区田村路街道民政科调研数据。

提供上述服务的社区还不足3%。从失能老人的角度考察，近一半的失能老人急需生活起居照料，综合照料成为老年人最需要的养老服务[60]。而时至今日，社区老年居民的养老需求仍然未能得到充分满足，且伴随老龄化程度的进一步加深，老年人对于生活照料、上门护理等服务的诉求也更为集中、强烈。

一人卧床全家忙。一旦家中有生活不能自理的老人或病人，人们通常是靠家人或保姆来支持，这在学术上称作“非正式社会支援”。不过，非正式支持有两点不足：一是不稳定和不容易持续，无论家人还是保姆一旦有事需要离开，对老人的长期照顾就会变得非常棘手。二是这类支持通常缺乏专业知识和专业人员的指导，护理质量难以提高。有数据表明：在老人的失能期之前还可能经历另一个平均44个月的生活半自理期。这说明，当代老龄化社会所面对的大概率失能现象，是中国社会也是人类社会前所未见的。由此可见，社区照顾的设计应考虑到老年失能期的应对，包括全生命历程、养老服务三阶段以及人到老年所关心的善终问题考量等。

此外，在老龄化程度很高的北京，家庭养老的功能也在不断弱化。第六次人口普查显示，北京市常住人口中共有家庭户668.1万户，家庭户人口为1639.0万人，平均每个家庭户的人口为2.45人，比2000年第五次全国人口普查的2.91人减少了0.46人。显而易见，在北京家庭结构趋于小型化的同时，“也意味着家庭配置资源的弹性减少，抗风险能力降低”[1]。很明显，养老服务单纯依靠非正式的家庭成员支持或者保姆服务，面对当前的快速老龄化浪潮是远远不够的。

相比之下，由专业化支撑的社会组织和服务公司提供的服务（也即多功能社区照顾所涵融的）则属于正式社会支援。由养老护理员来照顾老人包括卧病在床者，除了饮食起居的生活照料，还要熟悉康复护理技术、心理精神安抚知识，包括对营养学知识的了解。此外，还需要了解与护理相关的法律、法规知识。因而现代意义上的居家护理已经迈向专业化了，如国家在2002年已经颁布养老护理员的职业标准，并分为初级、中级、高级和技师四个级别。这为未来能够

[1] 参见北京市民政局：《居家养老服务体系建设研究——以北京市发展居家养老服务实践为例》，2011年6月11日。

有效缓解北京老龄化程度，并更好地满足北京大量中等收入以及一些高收入老人的照顾需求提供了专业支撑。

2.1.5 老年教育资源供需失衡

第二次世界大战以后，随着终身教育作为一种教育思潮的提出及扩展，老年教育也开始成为各国学者关注的焦点。我国学者对于老年教育从不同视角给出了多种定义。一种观点认为，“老年教育是以老年人为主要对象的教育体系，它融普通教育、高等教育与职工教育于一体，是成年教育的一个组成部分，是终身教育的最后阶段”[61]。另一种观点则从社会学维度进行了诠释，即将老年教育视为老龄社会服务的一部分，认为老年教育是人口老龄化背景下老年人再社会化的有效途径，通过对老年人的生活教育和社会教育帮助老年人适应社会环境、提升身心健康水平、实现社会价值、完善精神文化等[62]。老年教育理论的形成与完善，有赖于老年教育实践的具体开展；老年教育实践的运营离不开新时期老年教育理论的指引。

综观北京市各种形态的老年教育组织形式，相较于专业的老年大学而言，社区老年教育是一种非正规的老年教育形式。社区老年学校是开展社区老年教育一种基本的、重要的教学组织形式[63]。有学者在对社区教育❶与老年教育二者概念分析的基础上，提出了老年社区教育的概念：“社区老年教育是在社区范围内开展的，以老年人和准老年人为主体的，旨在满足其教育需求，保障其受教育权利，增强其生存发展能力，推进其社会参与和全面发展，并最终实现老年人和准老年人与家庭、社区和社会和谐发展的为老服务活动”[64]。

笔者认为，社区老年教育是主要面向老年人，以提升老年人生命质量为宗旨的一种教育组织形式，内容上涵盖退休教育、健康教育、休闲教育、知识技能教育以及生命教育等。作为社区教育的有机构成部分，在社区层面对老年群体开展教育与针对流动人口、青少年等群体的社区教育一样有赖于社区教育提

❶ 此处的社区教育，是指“以社区为范围、以社区全体成员为对象、同社区民众利益和社区发展需要紧密相连、旨在建设和发展社区、消除社区的社会问题、全体提高社区成员的素质和生活质量为目的的教育活动综合体”（参见叶忠海：《21世纪初中国社区教育发展研究》，青岛：中国海洋大学出版社，2006）。

供理念指导与技术支撑。北京市作为首善之区，自1984年北京市第一所老年大学——海淀老龄大学成立以来，北京市老年教育经过30多年的发展，基本上建立起市、区县、街镇、居村委的四级老年教育网络并正迈上规模化发展的轨道，且已积累了一定的实践经验并取得了良好的教学成果。

从现状来讲，北京市老年学校的构成较为复杂。就办学性质而言，主要有公办单位、民办公助、公办民助、民办单位等。从办学的组织形式来看，一般涵盖学校教育、社会教育、远程教育和家庭教育等。就办学主体而言，笔者认为，现阶段北京市老年学校主要由以下三类构成：①机关事业单位开办的老年大学及北京广播电视大学系统。此类老年大学一般具有较好的生源与教学资源、场地固定，有相对固定的经费来源，但在办学规模等方面还有待扩展。②市一级、各区（县）老年大学、街镇及社区老年学校。市一级老年大学具有一定规模、面向社会招生，教学设施较好；街镇及社区层面的老年学校则主要以老年人自发组织为主。此类学校主要由社会力量组织办学，经费短缺、场地局限是突出问题。③养老机构、大众媒体、北京老教育工作者总会等机构组织的老年教育活动。作为上述两类形式的补充，由各类社会组织介入参与老年教育活动，是近年来新兴的一种老年教育创新方式。此类教育活动不拘泥于传统老年教育形式，具有一定灵活性，但在师资、稳定性和系统性方面尚有待提升。总之，北京市目前初步形成了由老年大学（学校）、社区学院带头，带动各种社会力量创新老年教育载体的多元化的老年教育格局。

2.1.5.1 老年教育资源丰富、总量有限，覆盖面小

党的十八大以来，我国老年教育事业发展迅速，取得了一定成绩。《2015年民政部社会服务发展统计公报》显示的统计数据表明，截至2015年年底，我国老年学校共计5.3万个、在校学习人员732.8万人，各类老年活动室37.1万个。虽然北京市由于其得天独厚的优势较之其他城市拥有更加优质的教育资源，但是也要看到，北京市老年教育资源总量还较为有限。如表2.1所示，作为老年人参与教育活动的主要阵地，近年来各类老年学校以及老年人活动中心数量变动幅度不大，并没有随着老龄人口的激增而相应增加。一项针对北京市老年教育的调查数据显示，“2013年北京市各类老年学校的教育供给仅覆盖全市户籍

人口的10.7%”[65]；按照2015年北京市户籍人口中60岁及以上老年人口318.1万人❶的数据计算，老年教育供给仅能覆盖户籍人口中老年群体的7.6%，较2013年下降了3.1个百分点。与现阶段老龄人口每年约15万人的增速相比，显然不足以满足日益增加的老年人群的教育需求。由表2.1显示数据可知，2015年度，北京市各类老年学校（包括老年大学、社区老年学校等）共2410所，全年参加学习人数累计23.7万人，也就是说，平均每100个老人中仅有7位老人参加学习活动。综上所述，从目前的情况来看，北京市老年教育服务的覆盖面仍然比较小，活动频次比较低，远不能满足老年人的学习需求。

表2.1 2012—2015年北京市老年学校及在校学习人数变化情况

类别	2012年	2013年	2014年	2015年
各类老年学校（所）	2909	2514	2469	2410
各类老年活动室（个）	6465	7175	6280	6756
在校学习人员（万人）	28.4	25.9	24.4	23.7

数据来源：相关年份《北京市民政事业发展统计公报》。

2.1.5.2 老年教育重心逐步下移，社区基层老年教育有待发展

继《国家中长期教育改革和发展规划纲要（2010—2020年)》提出“要重视老年教育，老年教育应逐渐向社区、乡镇和街道延伸”之后，运用社会力量促进老年教育事业发展逐渐成为政府和社会各界的共识。2017年出台的《国家教育事业发展“十三五”规划》着重强调，应“办好老年教育机构，形成覆盖城乡的继续教育网络”。

我们看到，在国家和市一级为老服务政策的支持下，北京市老年教育事业近年来获得较大发展，尤其是基层（乡、镇、街、村、社区）老年教育学校在老年教育办学机构中占了很大比例。具体表现为：一部分街镇借助区域内老年大学的优势资源开设了分校，如北京市朝阳区麦子店、安贞、将台三个街道依托朝阳区老年大学相继成立了朝阳区老年大学分站；此外，从表2.2可见，北京市城六区老年学校主要由社区老年大学、社区服务中心构成，社区书画、编织等兴趣小组命名的老年学习机构则作为老年教育的补充形式发挥补位功能。

❶ 参见北京市统计局、国家统计局北京调查总队：《北京统计年鉴2016》。

表 2.2　北京市城六区街镇（社区）层面老年学习机构分布情况

区县	老年大学（分校）（个）	社区老年学校、学习站（个）	社区服务中心（个）	兴趣队（个）	合计（个）
东城区	—	13	3	2	18
西城区	2	—	—	—	2
海淀区	1	—	—	—	1
朝阳区	4	15	—	—	19
丰台区	2	1	—	—	3
石景山区	2	—	—	—	2
					45

数据来源：北京市首都老龄之窗。

总之，诚如美国犹太裔人本主义心理学家亚伯拉罕·马斯洛（Abraham Maslow）所指出的那样，人体是一个统一的、有组织的个体，人类的需要是以层次的形式出现的，是一个由低级层次需要逐级向上发展到高级层次的需要体系。老年作为个体生命历程中一个较为特殊的阶段，其照顾需求特征的演变与个体生活的社会文化宏观环境以及个体经济条件、家庭构成、生活背景等方面的具体差异性紧密相关。当前，随着北京市全市范围内老龄化程度的进一步加深，我们应从多学科视角关注老年人需求的多元化构成，并整合能够利用的资源为老年人提供有效供给。

2.2　北京市应对老龄化问题的措施及社区照顾的共识

当前，在社区养老照顾的共识已经形成的前提下，北京市委、市政府高度重视老龄化问题，针对老年人居家养老社会化服务需求，陆续出台了一系列政策优惠措施。

2.2.1　养老保险制度覆盖范围进一步扩大

近年来，北京市不断加快建设覆盖城乡社会保障体系的步伐，目前已经建立了以城镇职工基本养老保险制度、机关事业单位退休制度、城乡居民养老保险制度、城乡无保障老年居民养老保障制度为主要内容的养老保障体系。

北京市政府不断通过政策调整的方式进一步扩大养老保险的受益人群。截至 2016 年年底，从全市职工基本养老保险制度的参保情况来看，参保人员 1546.7 万人，比 2015 年增加 122.4 万人，增长幅度为 8.6%，其中离退休人员 275.4 万人，比上年增加 38.7 万人，增长约 16.3%；从全市城乡居民基本养老保险的参保情况看，全市范围内参加城乡居民养老保险人数共计 215.7 万人，其中，城镇居民 22.6 万人，农民 193.1 万人。北京市一方面通过创立“个人账户 + 基础养老金”的新型农村社会养老保险制度模式每月为参保农民支付基础养老金；另一方面通过统筹城乡居民养老保险制度的实施实现了城乡全体居民养老保险制度全覆盖。

当前，北京市通过创新一系列养老保险政策，从经济保障的层面进一步提升城乡养老保障水平。一方面，为做好农民工群体及城镇非从业居民在不同养老制度框架下的养老保险衔接工作，北京市政府制定了《城乡养老保险制度衔接暂行办法》并于 2014 年 7 月开始实行。另一方面，为统一城乡居民养老保险制度，北京市于 2014 年 8 月推出了新的养老保险政策，从制度模式、缴费标准、养老保险待遇、城乡居民和城镇职工养老保险衔接办法、养老金的正常调整机制、基金管理以及养老保险的收缴和发放等方面对北京市城乡居民养老保险制度予以统一。

总之，北京市政府通过创新养老保险政策，不仅在一定程度上保障了日益增多的老龄人口退休后的经济权益，还促进了老龄化急速发展现实下可持续养老保障体系的建设。

2.2.2 社区居家养老服务体系建设成效显著

北京市政府于 2008 年、2009 年先后出台了《关于加强老年人优待工作办法》与《北京市市民居家养老助残服务“九养”办法》，并于 2010 年通过实施养老（助残）券服务制度，逐渐改变了传统福利供给和递送的模式，一定程度上满足了北京市老年人的居家养老需求。为不断提高社会化养老服务能力，在全面贯彻《中国老龄事业发展“十二五”规划》、深入实施新修订的《中华人民共和国老年人权益保障法》及“九养政策”的基础上，2014 年北京市政府围绕“9064”养老服务模式，继续积极推动养老福利由补缺型向适度普惠型转变，居家养老服务体系的建设与发展取得了一定成就。

首先，基于服务券使用过程中的一些不便，北京市政府不断探索并于 2014 年 7 月 1 日起在北京市海淀区试行居家养老（助残）服务券变卡工作，并已初步实现居家养老（助残）券电子化，即老年人持北京通养老助残卡到签约服务单位消费时，可享受服务费用打折、优先结账等优惠待遇，为老服务更加便捷。

其次，在社区实务的运营上，北京市不断加大社区为老服务的力度，从城乡社区养老餐桌及养老无障碍服务车的配备、城乡社区托老所的建立等方面着手，为老年人提供基本就餐、医疗、出行、应急等方面的便民服务。从社区医疗卫生服务层面而言，全市社区卫生服务机构可为老年居民提供免费体检、家庭医生签约等多项便捷服务内容；从社区养老服务设施设置层面而言，建设力度空前加大，截至 2016 年 9 月的统计数据表明，北京市街道乡镇层面共有 495 处养老助残设施，社区层面则有 3609 处养老助残设施；“养老驿站”共有 108 家，“养老照料中心”共 71 家。[1]

除此之外，北京市还注重智能化信息平台的建设与运营，充分发挥“北京市养老（助残）96156 精神关怀服务热线”的作用，通过疏解老年人的不良情绪促进老年人自身的身心健康水平。

值得一提的是，随着社区养老（专业化的居家养老）作为应对老龄化的有效路径这一共识的达成，为持续有效满足老年人多样化的居家养老服务需求、充分解决“医养结合”问题，北京市人大常委会于 2014 年启动《北京市居家养老服务条例》立法工作并于 2015 年 5 月 1 日起开始实施，以通过立法构建居家养老服务保障体系，完善居家养老制度和体制机制建设。

面对日益严重的老龄化趋势，北京市政府于 2009 年和 2010 年相继出台了关于老年人的“十一条优待政策”和“九养政策”，社区居家养老作为一种

[1] 参见北京市民政局 2016 年负责组织的“北京市居家养老相关服务设施摸底普查”统计数据。

新兴的社会化养老制度模式逐步成为大众的共识，并在各项政策助力下迈上发展轨道。近年来，在国家政策的指导下，北京市陆续出台了一系列有利于养老服务业发展的政策措施。尤其是2013年《国务院关于加快发展养老服务业的若干意见》发布后，北京市政府结合北京市老龄化实际情况也发布了《北京市人民政府关于加快推进养老服务业发展的意见》，强调“新建居住区要根据规划要求和建设标准，配套建设养老服务设施，列入土地出让合同，与住宅同步规划、同步建设、同步验收，由开发商移交给民政部门统一调配使用。老旧小区没有养老服务设施或现有设施不能满足需要的，要限期通过购置、置换、租赁等方式完成达标建设。农村地区养老服务设施要纳入农村公共服务设施统一规划、优先建设。各类具有为老年人服务功能的设施都要向老年人开放”。

2013年以来，鉴于养老服务存在内容单一、供需结构失调等问题，国家层面出台的养老服务政策极为密集，且在落地性与可操作性方面较之以往都有所提升。北京市作为老龄化程度较高的特大城市，也随着经济发展进入新常态，在养老服务政策的制定与实施上进行了相应调整与转型：围绕养老服务供给侧改革这一目标，为首都应对人口老龄化困境奠定了政策基石，推动了北京市社会化养老服务的发展。

值得关注的是，近年来，社区居家照料供给主体开始由过去居（村）委会负责运营的托老所向专业化的分散在社区附近的中小微机构转型。如果说2008年之后，社区养老在政策推动下迈上了规模化发展之路，那么随着2013年以来“老龄产业”概念的提出以及此后各项鼓励养老服务业发展的各项政策、意见的出台，且设置养老机构的门槛开始降低以及养老服务市场逐渐放开，一些面向社区老人的中小型托老所也如雨后春笋般涌现。2013年，《北京市人民政府关于加快推进养老服务业发展的意见》针对新建住宅区与老旧小区的养老服务设施建设分别提出了相关要求，即新建居住区要配套建设养老服务设施并由民政部门统一调配使用，老旧小区则需要通过转让、租赁、购买等方式进行养老服务设施配备。此后不久，北京市于2016年10月出台《北京市民政局关于印发〈社区养老服务驿站设施设计和服务标准（试行）〉的通知》，其特色体现在由政府进行设施建设、由专业团队运营管理，让老人能够在社区享受到专业化的养老服务。

2.2.3 社会化养老服务体系建设力度加大

基于家庭小型化、空巢老人、高龄和失能老人数量的不断增多，以及老年人养老服务需求从经济供养到多方面需求的转变，北京市近年来坚持将养老服务体系作为创新社会管理的重要抓手，围绕“9064”养老服务模式，一方面不断推进老年福利适度普惠制的形成并加快养老机构建设步伐；另一方面开始注重养老服务照顾产品的高品质要求与内容丰富性的拓展。

第一，扩大了老年福利制度覆盖范围。北京市政府在2013年10月发布的《北京市人民政府关于加快推进养老服务业发展的意见》中首次将失独老人纳入政府的福利保障体系。

第二，社会福利机构建设步伐加快。在数量分布上，早在2013年，北京市养老服务机构已有410所，其中政府办211所，社会办199所，投入运营的养老服务机构床位总数达80516张。[1]截至2017年年底，北京市老龄办发布的相关数据显示，北京市16个区县内设立并正常运营的养老机构共有506家，较之2013年增加了约23.4%，运营床位共计10.3万张，年均增长率为7%，增幅明显。在政策支持上，近年来，北京市政府在陆续出台《养老服务设施用地指导意见》《养老机构设立许可办法》《北京市养老机构公建民营实施办法》《北京市养老服务设施专项规划》《关于开展社区养老服务驿站建设的意见》等一系列文件的基础上，进一步加大对养老机构的扶持与规范。2018年11月6日，北京市民政局、北京市财政局、北京市卫生计生委、北京市残联印发《北京市养老机构运营补贴管理办法》并于2019年1月1日起实施。区别于以往只根据老人生活自理能力的认定来发放补助的标准，其中明确将服务质量星级评定、信用状况、医疗服务能力等其他三个维度纳入补贴发放标准体系之中，对养老机构实行差异化补贴。此后不久，北京市民政局联合北京市发展和改革委员会、北京市公安局、北京市财政局、北京市住房和城乡建设委员会等几大部门联合印发《北

[1] 参见北京市民政局：《北京市养老机构指南（2013）》。

京市养老服务机构监管办法（试行）》，针对养老服务政策标准实施、安全运营、财政资金使用、人才培训、市场行为、规划建设、建筑设施、医疗卫生、食品药品、环境卫生、价格收费等情况和老年人权益维护等方面的监管内容进行了规定。

第三，北京市政府积极推动政府购买服务机制的建立与运行，支持社会组织开展为老服务行动，有效发挥了社会组织服务社会、服务老龄群体、服务民生的作用，推动了老年社会福利事业多元化支持网络的日益完善。

基于2000年以来养老机构的急速增长，养老机构的设置标准、准入门槛、运营管理以及服务评估等开始成为政府制定养老服务政策要考量的因素。加之考虑到养老机构床位的高空置率，为落实“十三五”期间老龄事业发展规划的要求，北京市委、市政府从机构标准化建设、养老服务质量提升及市场拓展等方面进行了有益探索。

2013年，《国务院关于加快发展养老服务业的若干意见》以及《关于开展公办养老机构改革试点工作的通知》的陆续发布，将“公办养老机构改制”这一议题提上了议事日程。北京市随之于2015年7月颁布《北京市养老机构公建民营实施办法》针对北京市养老机构公建民营改革提出了具体性的规范。此后，依据《国务院办公厅关于全面放开养老服务市场提升养老服务质量的若干意见》、《关于加快推进养老服务业放管服改革的通知》以及《“十三五”国家老龄事业发展和养老体系建设规划》的要求，北京市于2017年发布《关于全面放开养老服务市场进一步促进养老服务业发展的实施意见》，一是拟从简化审批流程、降低准入门槛、放宽外资准入等方面促进养老服务市场的有效运转；二是强调运用创新理念及技术，大力培育发展小型化、规范化、连锁化、品牌化、专业化的服务机构，发展老年市场新型服务业态；三是优化京津冀养老服务规划布局，“促进养老服务业联动、融合、协调发展”。

第四，“互联网”语境下信息科技手段的应用实践稳步推进。自2012年3月7日北京市人民政府印发《智慧北京行动纲要》，指出智慧北京是首都信息化发展的新形态以来，北京市相继出台《关于在全市推进智慧社区建设的实施意见》《北京市智慧社区指导标准（试行）》等政策文件，推动了北京市智慧社区试点建设工作全面启动。以此为背景，随着北京市老龄化进程的急速发展以及互联网信息技术的创新应用，社区智慧养老作为城市民生事业的重要组成部分，也日益成为居民社区养老服务的重要构成和未来发展趋势。

基于信息化的科技平台，北京市社区服务平台早在2011年便开通了“96156”系列服务热线，以通过电话或者上门的方式为老年人提供心理和精神关怀服务。平台与“寸草春晖心理咨询中心”等35家养老（助残）精神关怀服务定点单位签约合作，依托以心理咨询专家组成的专业团队力量，共为18万余人次提供了心理疏导与精神慰藉服务，“平台运营以来，累计服务389万人次，服务响应率在95%以上”❶。

此外，北京市还启动了主要由“小帮手”电子服务器、“小帮手”社区自助缴费信息机和社区信息发布系统三大项目构成的“小帮手”社区便民服务工程，其未来目标是为全市165万名老年人和重度残疾人提供就医、交通、购物、社交等电子服务功能。❷值得一提的是，便携式的电子服务器通过一键式的方式，能够帮助老人在紧急情况下进行应急呼救、与外界保持互动沟通等服务。目前，北京市已为有需要的老人配备8万余台服务器，已服务11万人次。在2015年养老助残券“券”变“卡”的基础上，2016年实施“老年人优待卡”变“北京通—养老助残卡”工作，将老年人优待卡转换成集多种养老助残服务补贴额度账户、金融借记账户、市政交通一卡通等多功能于一体的养老助残卡，实现对老年人服务情况的智能分析和精准管理。截至2017年9月30日，已完成制卡数246万张，发展服务商1.5万家，为老年人、残疾人提供生活照料、家政服务、康复护理、精神慰藉、老年教育和其他共六大类110项服务，发挥了多种社会服务催化效能，拉动了内需，激活了市场。

尽管北京市委、市政府通过上述努力，一定程度上减缓了人口老龄化带来

❶ 参见北京市民政局：《居家养老服务体系建设研究——以北京市发展居家养老服务实践为例》，2011年6月11日。

❷ 同❶。

的经济社会压力，但是随着北京市老年人养老需求的多元化趋势日益明显，老年人对于建构一个满足其需求的、多功能的社区照顾生态系统的社会需求也在逐渐强化。而这一具体工作的落实显然需要包括社区照顾理论及其专业化配置等在内的一系列理论知识的支撑与指导。

2.2.4 多功能社区照顾：满足老年人照顾需求的主流选项

人到老年最担心什么？不外是行动不便、视听和认知能力衰退，以及有长期照护需求而家庭难以支撑等。在目前全国的 2 亿多老年人中，高龄老人以及失能半失能老年人的数量持续增长，全国重度失能老人已过千万，因而长期护理问题已十分突出。很明显，社会化养老服务的关键环节是如何应对失能、失智老人以及空巢老人的身心问题和长期照护问题。尤其是在当前快速老龄化与未富先老的严峻现实背景下，“421”的家庭结构使得独生子女所面对的养老照顾成为难题。20 世纪 70 年代末人口生育的“急刹车”和独生子女政策遏制了人口的迅猛增长，也加速了人口老龄化的过程。现在失能老人护理大部分还是靠家庭支持，而随着核心家庭的增多、独生子女的父母进入老年空巢，靠子女解决养老和老年护理问题越来越力不从心。2010 年，中国已经有 2.18 亿独生子女，也就是说，中国现在有 2.18 亿的独生子女家庭和 4.36 亿的独生子女父母正在或将要面临由谁来养老的问题。虽然当前政府正在酝酿“单独二胎”的生育政策以缓解老龄化带来的难题，但这并不能够表明人口老龄化对经济、社会发展带来的负面影响在未来能够因此而消除。

应对失能和空巢老年人口，基于“421”家庭的社会结构，单靠家庭已经力不从心。那么，机构养老能否成为养老的主流？ 20 世纪七八十年代，发达国家也曾力推养老院建设，但这些建立在郊外的养老机构不仅亲人探访不方便，生活支出费用高，而且集中照顾的单调环境缺乏邻里氛围，容易使老人觉得被社会遗忘。因此，那种上千张床位的大型养老院模式已不再受到青睐。即便在发达国家，机构养老所提供的床位数量也仅能覆盖老年人口的 6%。

相比之下，社区照顾由于提供了就近护理、日托、全托以及居家照顾等多功能服务，而且成本低，更受老年人欢迎，应是社会化养老的主流。社区照顾发端于20世纪50年代的英国，此后在法国、美国等发达欧美国家得以推广，从而逐渐取代了机构照顾的主导地位，成为老年人日常生活照顾的主流方式[66]。

有关老年需求的多次调查已经表明，大多数老人倾向于就近选择照顾服务，并希望能够提供多样化的照顾产品。2011年《居家养老服务体系建设研究—以北京市发展居家养老服务实践为例》表明，将近一半的老年人希望未来能够在居住地附近配备老年大学与日间照料中心等设施。2013年《北京市老年人口心理健康及需求状况调查研究报告》显示，老年人的精神需求（27.9%）已经仅次于物质需求（29.7%），可见老年人对于精神关怀的需求十分迫切。调查还显示，90%以上的老年人希望社区可以提供心理健康公益讲座、心理健康检查、配备专业心理疏导员、建设“休闲室”等精神关怀服务；其中低龄老人（60～69岁）对社区提供精神关怀的期望最高。

总之，上述情势要求中国在推进社会化养老服务体系时，不能不审慎地选择一条成本低、覆盖广和效益好的道路。而多功能的社区照顾包括老年精神关怀正是选项之一。

笔者对北京社区养老照顾供求结构的初步分析表明，在北京逾300万老年人中约有60万人有照顾服务的需求，面对这一总需求，社区照顾主要面对的老年人有20万～30万人，家庭支持、家政服务以及机构养老的服务板块能覆盖1/2到2/3，但这些板块在未来的增量有限，更多的讨论参见本书第3章关于社区居家养老服务供求关系的分析。

2.3 社区养老照顾及其专业化配置的理论构成

2.3.1 社区养老照顾愿景及要素

本书所指的社区照顾即对需要提供照顾服务的人群尤其是老年人由专业人员为其提供上门护理、日间照料、社区托老、志愿者互助以及智能信息等多功能的专业化服务，以让受照顾者在社区自立、自尊地生活。在这里，理想型的社区照顾系统具备多样化的前台服务产品（见图2.6），具体涵盖以下几方面内容。

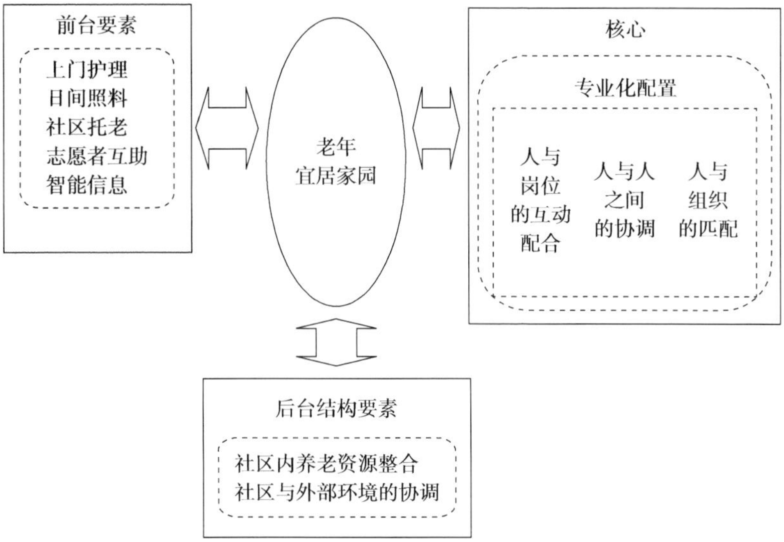

图 2.6　社区养老照顾的理论架构

第一，围绕社区照顾所展开的养老服务体系，是为老年人提供专业化的上门护理、日间照料、社区托老、志愿者互助以及计算机云平台的智能信息等多种服务产品。城市社区所提供的照顾服务不应只考虑低收入老年群体，也要为大量中等收入乃至高收入老年群体提供服务。即面对老年人的长期照护应该是：从家庭支持、社区照顾到机构照顾的适度普惠性的照顾。

第二，社区照顾的目标在于使社区居民和老年人自立、有尊严地生活。社区照顾所提供的产品应当是多方位的。产品既包括对老年对象的生活、营养、心理、社交等服务，也包括对养老照顾者（志愿者和社区工作者）的“喘息服务”等。“喘息服务”是指对从事长期照护的服务者（包括家庭成员）提供一定的心理疏导和干预，以及照顾护理技能方面的指导等。这一帮助会让服务者得到“喘息”机会，在调整工作状态后能够积极地应对护理工作中来自服务对象的负面情绪。

第三，社区照顾的核心即养老服务专业化配置的优化及完善。鉴于人的因素在当前经济社会发展中的重要性以及为老服务的特殊性，养老照顾专业化资源的配置也即养老护理员与职业岗位之间、养老服务人才之间及其与被照顾者之间、养老服务人才与养老服务组织之间的协调匹配与和谐共生格局。

第四，基于老年群体对养生、护理和就医的多样化需求，搞好社区养老还需要整合各种行政的、医疗的和社区组织的资源，并形成福利资源与老龄产业之间的良性互动机制。

这里应当指出的是，社区照顾的发展水平与质量高低有赖于一国或一地区的社会经济发展程度。早在2000年，已有中国学者提出社区养老和居家护理是最适合我国国情的社会化养老战略，并介绍了国外居家护理的准市场机制和社会组织介入的经验[67]。但是由于当时我国社区服务的实践经验积累有所不足，还处于初步发展状态，因而当时大多数学者主要的关注点主要集中于“补缺型”和“救济型”的社区服务福利研究。加之20世纪八九十年代，中国城市的人均GDP多在3000美元以下，因而对于社区照顾这类国外新鲜经验，人们还处于了解信息和拓宽眼界的阶段。

而在今天北京、上海、广州等一线城市的人均GDP已超过1万美元，全国范围内人均GDP已超过3000美元，也即达到中等发达水平以上。随着生活水平的提升与经济收入的提高，人们对老年生活的质量要求以及多样化需求会有更高的标准。也就是说，在全球经济一体化并飞速发展的今天，就老年个体对于专业化养老的市场需求以及对养老的高质量要求方面而言，我国与西方发达国家相比较并无明显差异甚至趋于一致。由此可见，构建社区照顾体系的社会经济基础已经基本具备，而且起点应当是比较高的。

在社区提供多功能照顾服务不仅仅是老年人的事情，而是涉及每个社会成员的重大民生工程和战略工程。尽管北京地区的养老机构提供的床位高于全国1.8%的水平，但是也只能为3%的老人提供床位，因而大量的高龄、空巢、失能半失能老人仍然需要在社区获取多样化的专业照顾服务，而这一个性化服务的提供显然有待于专业养老护理员的规模化发展。

2.3.2 社区照顾专业化配置的内涵

由以上分析可知，多功能社区照顾的架构与铺展需要借助一系列前台产品要素以及后台要件，而专业化的人才资源配置作为其核心环节则在其中扮演着重要角色。那么，如何深刻把握社区照顾专业化配置的本质内涵就尤为关键。基于前文关于社区照顾专业化配置的理论回顾，笔者在此专门对其理论内涵进行解读。

2.3.2.1 专业、专业化的概念与专业化分类

从社会学意义上而言，专业即一种专门职业。作为社会发展到一定阶段出现的产物，专业最早产生于中世纪之后的欧洲。而直到 20 世纪，英国社会学家卡尔·桑德斯（Carr Saunders）与美国生物社会学家威尔逊（Wilson）才首次从社会学的角度对“专业”这一概念进行了界定。卡尔·桑德斯指出：“所谓专业，是指一群人在从事一种需要专门技术的职业，是一种需要特殊智力来培养和完成的职业，其目的在于提供专门性的服务”[68]。在这里，专业是一种需要专门技术的职业，从事这一职业的专业人群需要通过持续的学习获得智力成长与技术提升，从业者能否获得回报并非衡量职业生涯是否成功的主要标准。

此后，关于“专业”的定义层出不穷，但是无论学者从什么样的学科视角出发描述“专业”这一概念，他们都对专业所蕴含的如下共性特征有所揭示：第一，专业是职业发展到一定阶段的特殊职业类型；第二，专业承载了一定的社会功能与社会价值；第三，专业是一种高度复杂的、集中的富有创造性的智慧活动而非重复性的简单劳动；第四，专业人员具有强烈的专业认同感、专业责任与良好的职业道德；第五，专业在从业人员聘用等方面拥有本行业的各种自主权并享有良好的职业声望。

在厘清“专业”这一概念的基础上，我们需要进一步认识“专业化”的理论内涵。一定程度上，“专业化”与“专业”一样，它的出现与社会分工的日趋精细化发展密不可分。也就是说，随着生产要素的高度集中，个人越来越局限于从事某一特殊领域的劳动，由此也对个人已有的专业结构与知识储备量构成一定挑战，专业化现象也随之出现。大部分学者认为，“专业化”是某种特定职业人群通过一定方式逐渐具备各种专业属性从而在特定社会中获得专业地位的过程。英国学者霍伊尔（Hoyle）进一步指出，专业化包括两个方面的过程：一是作为改善地位的专业化；二是作为发展、扩大专业实践中专业知识和改善其专业技巧的专业化[69]。

从霍伊尔关于专业化的描述可以看出，专业化类型既体现为指向社会地位提升的纵向的专业化建设与发展，也体现为以一定职业技能、技术为表征的、横向的专业化类型。据此，笔者基于前人的研究成果针对专业化的类型进行了如下归纳。

从共时性的层面来看，专业化同时也可以指一种既成的发展状态，如有学者所述，专业化包括次级专长、准职业、形成中的职业、出现的专业、成熟的专业等[70]。与之相对应，社会职业也分为专业性职业（如教师、律师等）、半（准）专业性职业（如护士、图书管理员）与半专业性职业（售票员、操作机器的工人等）三类[71]。从共时性的视角对专业化的不同类型进行描述与定性，是我们得以区分专业化、职业化二者的类型与概念的理论基础，同时也为本书中所研究的社区照顾专业化内容提供了宝贵的文献研究资料。

从历时性的层面来看，一方面，根据专业化发展的不同程度，专业化指某种职业成为专业的发展过程。在这方面，基于纵向专业化建设视角，学术界对相关职业群体的专业培训、继续教育等内容也进行了阐释与论证。另一方面，根据专业化发展的不同阶段，专业化也可总结归纳为以下三种类型：传统职业专业化模式、后现代主义专业化模式、基于象征交往主义与冲突理论的专业化模式。这种划分从专业化发展的历时性层面揭示了专业化模式的阶段化内容与特征，为我们把握专业化不同历史时期的内涵提供了有益思路。

随着全球化趋势下信息技术社会的发展，越来越多的职业开始对专业人员的专业化技能有了更高要求，专业化程度的高低也开始成为一种职业是否成熟的重要标识。这里需要强调指出的是，本书所谓的“专业化”，既是一种静态的、关于养老服务人群专业性质以及发展状态的描述，也是一种动态的、具有生长性的、养老服务业者为获得一定资质及社会地位的过程及阶段性展现。在专业化的视域中，养老服务人才为获得社会的认可和支持，更需要不断适应、学习和培训。因此，即便是专业化得到了阶段性的优化配置，但由于人与事、员工与岗位之间的矛盾在养老服务职业发展中始终存在，因而长期来看，员工与岗位的适宜性是暂时的与相对的，而不适宜却是绝对的与持续的，那么社区养老服务方面专业化配置及建设的持续性更应值得重视。

2.3.2.2 专业化配置与养老服务业人力资源的专业化

基于上述“专业化”的内涵，本书所指的养老服务专业化也即从事养老服务业的人力资源的专业化。因而，这里有必要简单介绍一下人力资源及其配置的概念，以进一步认识社区照顾专业化配置的理论内涵。

“人力资源”在广义上是指“在一个国家或地区中，处于劳动年龄、未到劳动年龄和超过劳动年龄但具有劳动能力的人口之和”，狭义上则指“一定时期内组织中的人所拥有的能够被企业所用，且对价值创造起贡献作用的教育、能力、技能、经验、体力等的总称”。对人力资源的配置而言，从现实社会实践中人力资源配置模式以及笔者所掌握的文献资料来看，人力资源配置可以分为宏观和微观两个层次。

宏观层面的人力资源配置是指将社会中所有的人力资源充分合理地运用到社会生产及其经济活动之中，达到充分就业与适当分布，保证社会经济发展对人力资源的需要，以取得最大的社会生产力与管理效果，实现人力资源作用的充分发挥与社会生活的稳定[72]；微观层面的人力资源配置是指一个具体的系统组织内部对人力资源的科学合理配置，如企业、政府机构以及事业单位等[73]。

本书所提到的专业化配置，主要是指微观层面的人力资源配置，即社区养老照顾的人力资源配置。就此而言，主要涉及养老服务专业人才的培养、引进、管理、考核以及评估等具体内容。在这里，从学理上对其概念内涵进行梳理、解读，有助于我们厘清社区养老专业化配置的要素构成并进而形成清晰的理论架构。

2.3.2.3 社区养老专业化配置的界定

在计划经济时期，人力资源与其他产品的管理一样，都是由政府职能部门统筹进行，具有浓厚的集权性与高度统一性；随着市场经济的发展，人力资源配置的主体也逐渐由单一型向多元型转变。这一现象表现在社区居家养老服务领域，即主要体现为由补救性福利模式向普惠性福利模式转变趋势下福利供给主体的日益多元化。通俗来讲，也就是说，随着我国家庭养老功能的逐渐弱化，社会化养老方式开始进入公众视野并依托日托中心、养老机构及社会组织等为有需要的老人提供专业化的照料服务。从现有文献资料来看，目前理论界关于这一概念还没有形成一个共识，同时对其进行系统、深入、全方位论述的文献也还比较少。笔者在此将从以下三个层次对这一概念进行理论解读。

（1）养老服务专业人才及其分类

近年来，随着人口老龄化趋势的发展以及养老服务业的兴起，一些新生事物也不断涌现，与此同时，对这些新生事物也缺乏相应的、专门的理论诠释。关于养老服务专业人才，学界目前并没有规范统一的、学术性的内涵界定。我们认为，养老服务专业人才即专门从事养老服务行业的人才资源总和。在这里，由于理论研究以及推进实务工作的必要，我们需要赋予其一种深层的、更富内涵的理论表述与界定。

首先，养老服务这一概念有广义与狭义之分。从广义上而言，养老服务是指一切为满足老年人特殊需要而提供产品和服务的行业的总称，其外延至少包括家政服务业，医疗护理业，保险业、老年理财业、老年休闲娱乐业、老年用品、老年旅游、老年教育、老年文化体育以及老年心理咨询等行业；从狭义上而言，养老服务则是指为老年人提供家政服务、疾病护理、精神慰藉等生活照顾性质的服务。在此，需要指出的是，本书中所谓的养老服务专业人才，主要基于“养老服务业”的狭义概念来展开论述。

其次，为了清晰界定、把握养老服务专业人才资源的概念内涵，有必要针对“人才资源”这一概念的定义及其与“人力资源”二者之间的差异进行区分与说明。

关于“人才资源”这一概念，一直以来比较笼统、模糊，它属于人力资源的范畴，但是又不等同于人力资源，是人力资源中较为高端、独特的一种资本资源。《辞海》中关于“人才”的描述主要基于三个层面：一是指有才识学问的人、德才兼备的人；二是指才学与才能；三是指人的品貌[74]。从人才学的视角来看，“人才资源”即相比于生产要素中的物质资源，人才资源是一种可再生的、对于社会经济发展具有高增值性的一种独特资源，可以通过持续的教育、培训方式在社会再生产过程中重复使用，一定程度上也是衡量一个社会经济发展程度的重要标志。从教育学的视角来看，“人才资源”既是指经过学校职业教育的学历培养，在德智体诸方面素质得到提高，能够初步适应某种工作的人，同时也指通过继续教育、职业培训的途径获得学历、职称以及职业资格证的人员。根据以上分析内容，“人才资源”主要是指从事某一行业的人力资源中管理能力、研究能力、技术业务能力较强、认知层次较高的那部分人群。

综上所述，笔者认为，所谓养老服务行业的专业人才即指通过学历教育与继续教育的形式获得具有一定资质（包括学历、职称、职业资格证书等）和技术业务能力，形成行业领域完善的知识结构并达到一定职业道德水准的，从事养老服务行业的服务人员以及管理人员。与其他服务产业相区分，养老产业作为一项近年来不断兴起的服务业，由于服务对象主要面向需要照料的老年人这一弱势群体，在专业人才的需求方面有着不同于其他服务行业的典型特征与专业诉求，因而，在人才资源的构成上，也表现出不同于其他服务行业的典型特征。

首先，从老年人的需求侧来看。参照心理学家亚伯拉罕·马斯洛的需求理论，基于生理、安全、社交、尊重的需求和自我实现的需求是每个个体最基本的五大层次需求。穆光宗依据此理论，从生存性需求、发展性需求和价值性需求对老年人的需求进行了规定。生存性需求是指老年人的基本需求如身心健康、安全感等方面的满足；发展性需求即老年人需要在精神情感层面获得心理认可与支持；价值性需求则指老年人实现自我价值的需求。

一方面，从是否能够满足老年人的身心健康并保障其安全而言，鉴于老人在生活照料、用餐、医疗卫生服务、护理服务、家政服务等方面需要获得精细化的专业服务，专业的养老护理员、营养师以及医护人员的专业支持是必不可少的；另一方面，从能否为老人提供心理支持并有助于老人自尊、自立地生活这一层面而言，也需要大量专业的社会工作者以专业的个案社会工作、小组社会工作以及社区社会工作的专业模式为其提供专业支撑。与此同时，由专业的心理咨询师为其提供的心理疏导、精神慰藉服务也是不可或缺的。此外，随着生活质量的提升以及个体寿命的逐年延长，对于一个迈向深度老化的人来说，老龄低龄阶段的健康管理、高龄阶段的长期照护与安宁服务的高水平提供对于老年生命质量的提升都有着重要的意义。

其次，从现阶段养老服务提供的主体来看。主要由以下几类人群从不同层面提供养老服务：一是通过专业职业教育或继续培训的形式进入各类养老机构从事相关工作的养老护理员（家政服务员、护工及具有专业职称的护士）等；二是分布在各个居委会、福利院、医院、老年公寓以及社会组织等服务机构社区服务机构的管理人员；三是各个企业、机构、社会组织中负责养老照顾产品生产、研发及销售的业务人才；四是包括政府民政部门及城市街道办事处、市（区）老龄办、老年协会等机构的兼职者队伍以及由参与互助活动和助人活动的社区居民、单位职工、学校学生等组成的志愿者队伍。需要注意的是，后两类群体由于大多缺乏为老服务的专业培训及专业实践，因而还不能将其视为养老服务业专业人才的一部分。就社区养老服务人才的配置而言，鉴于老年人对于护理、康复、助浴、助行、精神慰藉等方面日益增长的需求，尤其需要将为老年人提供各类照顾养老服务的专业人才通过社区为老服务平台按照一定比例协调起来，以为老年人及时输出优质的照顾服务。

（2）养老服务人才的教育培训及评估

由前文所述可见，养老服务行业人才资源的特殊性集中表现在其对于跨学科、多专业背景人才集群的需求上。也就是说，养老服务业的发展既有赖于护理员、医生、康复师、营养师等医护技术型人才；与此同时，养老服务的高质量供给也离不开心理咨询师、社会工作者、法律工作者等专业人员的协调与介入；除此之外，养老服务业在未来的精细化发展、良好运营也需要吸引一批涉老产品的研发人员及营销人员，以及具有多元知识构成及具有管理经验的机构管理者。现阶段，值得关注的一个趋势是，在大数据浪潮的推动下，社区居家养老服务业的维护与运营也将日益有赖于新媒体技术的应用。为此，互联网信息技术应用人才队伍的建设也是值得我们关注的一个层面。

我们认为，一定层次、规模的人才队伍是养老服务发展必不可少的人力资源支撑，而上述专业人才持续性及规模化供给还有赖于现阶段及未来很长一段时间的院校专业教育及社区职业培训的开展，以及由专家学者、行业协会组织实施的教育评估。本书第 4 章、第 5 章将会对此作重点介绍。

（3）养老服务人才队伍的有序化

如果说政策环境的优化为养老服务专业人才的培育提供了良好的温床，那么养老服务人才的健康培育还需要在实际操作过程中协调好各个要素与环节，也即应做好养老服务专业人才队伍组织的有序化工作。在此过程中，还需要重视养老服务专业人才与岗位之间、人才之间以及专业人才与所属养老服务组织之间的各种联结匹配。

第一，人与岗的互动、配合。养老服务工作岗位涵盖哪些内容、由什么样的工作人员提供服务在为老服务工作中占据重要地位。也就是说，岗位职责及要求与养老服务人才之间的知识、能力、素质之间要达成良好匹配。而实现这一匹配的前提在于进行养老服务工作分析及人才测评工作，并据此确立养老服务专业人才的培养目标与途径。

第二，人与人之间的协调与有机联结。无论是哪种行业的人力资源配置，都是基于一定数量的人员构成才能得以进行，养老服务业也不例外。“人与人的匹配是指在一个组织或一个部门中，具有各种职位类别、专业知识、能力、素质、性格、经验和性别、年龄的人员，从纵向和横向两个方面达成恰当的比例配置，呈现相对稳定的有机联结。”[75]

第三，人与组织的匹配。美国企业家杰克·韦尔奇（Jack Welch）曾说：“用人之道，其精髓就是将合适的人放在合适的位置上，使其长处得以发挥，短处得以克服。这样个人和组织都能得到持续的发展。”一般而言，组织中人力资源配置的优化赖以个人价值观与组织目标的高度统一。“人与组织的匹配是指个人的价值观与组织的价值、文化理念；个人目标与组织目标相一致，彼此有认同感。因此要求组织对自身的价值观及文化特性有清晰的认识。”显然，这需要不断提升养老护理员的社会地位与薪资待遇，使其能够持续获得自我价值的认同感与职业成就感。

基于以上理论分析，笔者认为，所谓社区养老照顾的专业化配置主要是指：结合社区老年人的实际需求，依托政府政策支撑以及院校专业学历教育与社区教育的形式培养各级各类专业养老服务人才的活动，以及各类养老服务组织、机构及企业通过一定的人才开发与激励机制形成养老服务队伍人岗之间、人与人之间以及人与组织之间和谐格局的系统机制与复杂过程。

2.3.3 专业化配置：实现多功能社区养老照顾愿景的核心

养老服务业是为老年人提供生活照顾和护理服务，满足老年人特殊的生活需求和精神需求的服务行业。发展养老服务业是当前解决老年人生活中的实际问题、保持家庭关系和睦稳定、促进老年群体和谐相处以及构建社会主义和谐社会的重要内容[76]。其中，作为从事养老服务业主体的“人”，其作用与功能较之于养老照顾中“物”的因素更加重要。这是由于，人力资源配置问题关系到劳动者如何与生产资料结合与利用从而形成直接的社会生产力，涉及员工如何与岗位相匹配产生现实的经济效益。作为涉及数以亿计老年人群福祉的养老服务质量能否得到提升，其首要因素便在于养老服务供给侧的“软资源”能否提供一套优质服务，增强老年居民生活的获得感、幸福感与满足感。

如图 2.6 所示，多功能社区照顾的理论系统不仅涵盖日间照料、上门护理、短期入托、信息技术服务等前台要素，还包括从社区养老资源整合、社区与外部环境的协调等方面建构后台协调机制。一方面，社区照顾前台服务产品的生产及输出、社区养老后台协调机制的搭建有赖于规模化的、专业化的养老服务人才队伍的形成及壮大；另一方面，专业服务人员专业技术知识能力的应用、自我价值的展现、专业精神的发挥也需要基于社区一级构建的后台结构才能得以实现。正如缪青教授在一篇题为《社区养老照顾势在必行》的文章中指出的那样，“搞好社区养老照顾要有顶层设计，首先要认识到专业化的社区照顾不仅是社会化养老的重心，而且是与医疗卫生体系并行的促进健康和注重养生的照护体系和健康工程”。

因而，笔者认为，系统化的多功能社区照顾的维护与运转归根结底离不开从事养老服务行业人员的专业化与职业化发展。作为老有所养的主流方案的居家养老，是依托专业化社区照顾支持下的居家养老；同样，作为社会化养老支撑的机构养老的发展，也离不开专业化资源的支持网络。

第3章　北京市社区照顾专业化配置现状、存在的问题及原因分析

人才是养老服务事业发展的第一要素。党的十九大报告中强调，中国特色社会主义新时代要优先发展教育事业，支持和规范社会力量兴办教育，完善职业教育和培训体系，深化产教融合、校企合作。而无论是居家养老，还是社区养老与机构养老，人力资源是支撑其长远发展的重要因素。就北京市而言，虽然近年来关于养老服务供给侧结构改革的呼声日益高涨，关于养老护理人才的待遇也较之以往有了一定改善和提升，然而，由于配套机制滞后以及公众理念认知的偏差等多重因素制约，在养老服务专业化资源建设方面还存在各种问题，迫切需要理论研究者进行梳理、回应，以促进养老服务质量提升、进而推进养老服务供给侧改革。本章内容依据对当前北京市社区居家养老供求关系的理论分析，梳理、介绍了北京市目前社区养老的专业化资源配置现状，在此基础上，探讨其中存在的问题以及导致这些问题的深层机制。

3.1　社区照顾的供求关系及养老护理员的专业化诉求

当前，北京市作为老龄化发展较为严峻的特大城市，老年人对于专业化的社区养老照顾服务的需求更为迫切。一方面，在北京市急速发展的老龄化形势下，老年人的经济供养、居家护理以及住院看护已经成为时下比较热门的一个话题，尤其是随着个体化倾向的凸显以及家庭单元细胞的社会功能逐渐式微，老年人的养老护理日益成为影响家庭生活质量的一个迫切需要解决的难题。另一方面，北京市的老龄化程度位于全国前列，同时北京市老年群体的收入以及文化层次相对较高，对生活质量和精神关怀的要求也随之越来越高。那么，在开展社区照顾的专业化配置之前，就很有必要针对北京市社区照顾的供求关系

来进行估算，即对目前在京的约 333.3 万名老年人而言，大概有多少老年人有照顾需求，以及当前北京市社区照顾的供给能力如何？这也是本书展开研究的重要前提。下述内容给出了北京市社区居家养老供求关系分析，并基于此阐释了作为当前养老服务人才中缺口较大的养老护理员专业化发展的必要性。

3.1.1 社区居家养老服务的供求关系

如前所述，按照年均约 20 万人且增速较快的发展趋势，预计到 2025 年年底，北京市 60 岁及以上的户籍老年人口将由 2017 年的 333.3 万人增加到约 490 万人，这一数据估算还没有算常年在北京居住的外地户籍老年人口。那么，这一庞大的老年群体中大约会有多少人有照顾服务的需求？正在从起步阶段迈向发展轨道的北京社区照顾的供给能够为多少有需要的老年人提供服务？对此做出必要的估算，将有助于我们厘清关于养老服务人力资源专业化配置这一课题的分析，并有益于对如何调动社会资源来满足老年群体不断增长的照顾需求的理论探讨。

从北京市居家养老照顾的供求关系来看，社区照顾主要面对的服务对象有 20 万～ 30 万老人（在家庭支持、家政服务以及机构养老等服务分流后），由此推算（按一个护理员照护 8 个老人的低限护理比率），在未来数年，北京市社区的老年服务中心大约需要 3 万名专业化的养老护理员。按照 20% 的概率计算，北京地区有照顾服务需求的老年人有 67 万人左右，大约每 5 个老年人中就有一个老人需要得到照料。面对这一总的照顾需求，除社区照顾以外的家庭支持、家政服务以及机构养老的服务板块能覆盖 1/2 ～ 2/3，但考虑到老年人大多愿意在家养老的情感意愿以及对于大多数老年人入住养老机构高昂的费用，因而这些服务资源支撑在未来的增量有限，且由于劳动力结构的变化以及后工业社会从事家政服务业人员的特征也在不断变迁，家政供给不仅不稳定且数量骤减。

尽管下述估算（见表 3.1）作为探讨尚无全市范围的抽样数据，不过多方面调查数据的链接包括中国台湾地区养老服务方面的数据都有助于厘清现状、提供参考。

表 3.1 北京市社区居家养老供求关系估算

群体需求与供给能力	可能的养老资源和量的估算	未来几年乃至更长时期的供求趋势
养老照顾服务的需求量	67万人左右（随着北京老年人口每年将近20万人的增量，该需求量还会不断上涨）	随着北京老年人口每年将近20万人的增量，需要更多的养老资源
照顾服务（非社区养老部分）的可能供给	覆盖30万～40万人，包括传统的家庭支持、家政服务和机构养老	在一个长时期内供给量增长有限，家政服务供给量不稳定、在缺乏规模化培训的条件下，质量难以提高；而机构养老只能覆盖4%
社区照顾的可能供给	按低限估算，20万～30万人（在家庭、家政等服务分流后且不包括需要照顾的病人）	供给量能够持续增长，在适当投入、规模化培训和多方参与到位的条件下

第一，北京市社区养老照顾直接应对的为20万～30万名老年人，总的需求量约为67万人。

按照低限估算，未包括流动人口中的老年人以及有居家照顾需求的病人，其依据有赖于下述相互交叠的多项数据。

北京市朝阳区的一项调查显示，60～70岁老年群体中有22%的老人需要上门护理，80岁以上的老人服务需求已经上升到30%左右。北京市海淀区的调查数据也显示，老年人对于入户上门护理的需求量在23.7%，80岁以上老年人对上门护理服务的需求量则达到27.6%[34]。北京市西城区的一项抽样调查数据也表明，有26.1%的老年人有照料需求[77]。2013年北京市老年人口心理健康的调查数据也表明，约有32万名老年人（占老年群体的12.63%）的心理健康指数较差，需要进行心理健康教育，必要时进行心理疏导，改善其心理健康状况。

此外，按照中国老龄科学研究中心的数据，全国完全失能老人占老年人口的比例约为6.8%，依据这一比率推算，2020年北京完全失能老年人在26.52万人左右。❶ 值得一提的是，来自中国台湾地区的数据也对此有所印证——中国台湾地区2009年有关“养老服务未来需求”的调查表明，对居家护理“很需要”

❶ 按照2020年北京市约390万名60岁及以上老年户籍人口数量估算。

的老年人（注意是65岁以上）占总数的27.19%，“还算需要”的老人占总数的22.85%；对喘息服务“很需要”的老人占到总数的22.60%，21.12%的老人对此表示“还算需要”。

第二，非社区养老的服务板块——家庭支持、家政服务和机构养老的供给量极为有限，大约可覆盖67万名老年人中的1/2或2/3。

首先，虽然由于后工业社会个体化倾向增强、家庭单元日益原子化，以及“421”家庭结构模式影响，家庭养老的功能日渐削弱，但是从目前来看，传统的家庭照料仍然不失为一种重要的养老模式。与此同时，很多家庭还需要依托机构和社区为老年人提供养老服务，且这一局面在“二胎”人口生育政策起作用之前的很长时期内不会改观。

其次，目前在北京的家政服务员有30万～40万人，其中约有60%的家政人员从事老人和病人的照顾（这一数据来自业内人士的估计），而且“92%为外省人员，且大多是农村妇女”[78]。截至2017年7月，北京养老服务人员供给总量为11000余人，若按照一级护理标准要求的护理人员与老年人数量1∶4的配置比例，养老服务人员缺口超过2万人，年流失率约为40%。❶因此，鉴于服务人员存量的不稳定❷，缺乏定期的培训及服务质量保障，以及随着农村社会经济的改善和城乡一体化的进展，年轻一代进入家政的数量呈递减趋势等因素，家政服务业的质量提升在很大程度上需要借助养老服务业的规范化发展来推动。

再次，机构养老虽然也可以解决少量老年人特别是高龄、特困以及失能和失智老人的问题，但床位数量的不足也是一个不争的事实，即便在发达国家，机构养老的床位也只能覆盖老年人口的6%；且由于地理位置偏僻、收费较高、专业化照顾缺失等因素机构床位空置率也相当高：据2006年的统计数据显示，“全国现有的养老机构设施使用率相当低，大多数老年公寓、养老院、托老所的

❶ 参见：《北京养老服务人员缺口超过两万》，http://www.xinhuanet.com/health/2017-07/21/c_1121354938.htm。

❷ 民政部门的统计数据也印证了这一点：我国养老护理员检定合格人数在持续了为期8年（2009—2016年）的上升趋势之后，于2012—2013年间出现了下降，截至2016年年底，全国养老护理员合格人才共32614人，当年鉴定合格8528人，仅仅相当于总量的1/4。

入住率只有30%～40%”❶；截至2014年年底的一项统计数据则表明，全国各类提供住宿的养老机构床位数量为551.4万张，而入住老人仅为288.7万人，养老院的床位空置率高达40%。❷北京市的统计数据也与此相吻合，《北京养老产业发展报告（2015）》的数据显示，养老床位缺口达5000张以上且机构入住率仅为40%。笔者认为，较低的机构入住率除了缺乏总体规划以及上述价格、位置等因素之外，也与老年人较难改变长久以来形成的生活习惯、对熟人社会与社区共同体的高度精神依赖不无关联。

最后，虽然近年来随着老龄化形势的日益严峻以及养老服务业的升温，一些金融机构也陆续推出一些养老理财金融产品如“以房养老”保险等❸，但是由于大众传统观念的制约以及支付能力、市场变动等条件的影响，这类产品能否成为社区养老的有效补充和支撑还有待未来很长时间的实践检验。

综上所述，社区居家养老仍然是绝大多数老年人首选的、有利于老年人从心理上情感上接受的一种养老模式。

第三，当前北京居家养老和社区护理需要直接应对30多万人的照顾需求，须配备专业养老护理员3万名左右。

对未来中国城市地区养老服务业的市场需求的分析表明，2015年，城市居家养老、社区养老及机构养老需要的基层服务人员的保守数量为473万人，而到2050年则将需要1554万人[79]。

就北京市而言，在养老服务供给板块中剥离了家政服务和机构养老两个板块后，对于社区照顾直接覆盖的20万～30多万老年人来说，按照1∶8的护理比率计算❹，在未来一个阶段，北京市社区的专业养老护理员约需3万名，平均一个社区养老服务中心约需5名护理员（按照2016年6789个社区服务站计算），

❶ 参见:《步入“老龄化社会”的中国，养老机构依然受到冷遇》，http://news.sina.com.cn/o/2006-10-29/142110354062s.shtml。

❷ 参见:《养老机构入住率为何冰火两重天？》，http://www.csgyb.com.cn/local/xinwen/20160530/13305.html。

❸ 指老年人将自己的房产抵押或者出租给银行或者保险公司，从而定期取得一定数额的养老金或者接受老年公寓提供服务的一种养老模式，也称为“倒按揭”，这在美国、新加坡等国较为盛行。

❹ 实际上不少社区养老服务中心的托老所也会入住失能失智老人，其最优护理比率应为1∶3。

且这一数据还会不断增长。除此之外，由于老年人群生理、心理特征较为特殊，未来北京市社区养老服务工作对于社会工作人才、心理咨询人才、医疗康复人才、健康营养人才及法律人才的需求量也比较大。

需要说明的是，鉴于当前北京市老年人尤其是高龄老年人对于养老护理的需求较为迫切且当前北京市养老服务供给的软资源主要体现在养老机构的养老护理层面，故而此处仅以养老机构的人才供给为例来进行说明。

前文已经分析指出，专业化的养老服务人才供给与支撑作为多功能社区照顾的核心环节尤为重要。一个合格的养老护理员需要具备全方位的系统知识，这需要通过院校的学历教育与社区组织实施的多样化职业培训途径才能实现。

现阶段而言，由于养老服务业的从业人员来源较为复杂，在教育背景、职业资历以及工作经验等方面都有所差异；加之在宏观层面，从业人员的专业标准和职业资格认证等方面还缺乏系统的、持续的制度规范；在微观层面，养老服务业从业人员自身的身份认同、薪资待遇、专业成长和职业发展规划等方面还存在各种问题，因而，在社区养老照顾的专业化配置方面，虽然北京市政府已经充分认识到养老服务人才对于应对当前老龄化困境的重要性，但是从整体上来看，北京市养老服务人才资源配置状况还有待进一步完善。重要的是，其中直接介入社区为老人提供服务的还很少。与此同时，为构建机构养老、社区养老、居家养老融合发展的新型养老服务体系，北京市民政局已于 2015 年 5 月制定并下发了《北京市养老照料中心建设三年行动计划（2014—2016 年）》，并提出到 2016 年年底，全市规划建设 208 个街道乡镇养老照料中心，实现老年人口养老服务需求的全覆盖。这对于直接从事养老照护工作的养老护理员从质量和数量上都提出了较高的要求。面对北京市每年 15 万左右的老年人口增长速度，只要有适当的投入、规模化培训以及形成政府、企业和社区多方参与的格局，专业化社区照顾的供给量可以而且能够持续增长。

3.1.2 知识层次与综合能力的完善：养老护理员职业发展的应然诉求

2002 年 2 月 11 日，为实现养老护理服务领域的规范化、专业化发展，国家劳动和社会保障部颁发了《养老护理员国家职业标准》，其中关于养老护理员职业的内涵、服务内容、活动场所以及必备的专业技能与知识水平等方面都进行了详细的规定。一般认为,《养老护理员国家职业标准》的颁布标志着养老护理作为一门专门学问以及养老护理员作为一种新兴职业的开始。

相较于国外发达国家职业化、专业化程度已达到一定水准的养老护理员群体而言，我国养老护理员的知识能力、道德素养等方面的综合素质还有待提升。正如闫青春所说，"养老护理员作为养老护理服务的执行者和管理者，在提高老年人生活质量、增加国民幸福指数、减轻社会经济负担等方面肩负着重要的使命和责任"[80]，养老护理员作为现阶段经济发展新常态下一个特殊的、新兴的职业群体，对于其知识结构、职业道德素养等方面的要求也异于其他服务行业职业人群，这是其为老年人提供高质量的、多元化的专业养老服务的基础准备。在这里，笔者试从专业养老护理员的知识构成以及其应该具有的各种综合能力等方面来对养老护理员的专业性进行定性描述与规制。

3.1.2.1 养老护理员的知识构成

基于前文对社区养老专业化资源研究路向的分析，笔者认为，本书所论述的社区养老服务的专业化，主要体现为不同行业领域专业知识与职业化程度的彰显，这需要借助院校的职业教育路径以及社区、机构的教育培训途径来实现。也就是说，鉴于养老服务业是一个涉及老年人具体吃、穿、住、用、行的行业综合体，养老服务业的发展需要将各个行业有机联结起来，最终得以形成涵盖养老服务各个层面专业知识的"知识树"(层级式知识图)。由于不同领域之间的服务内容跨度较大，这就对专业养老护理人员的知识构成以及养老服务人才教育培训的目标、内容以及方式等提出了更高层次的要求。在这里，笔者针对专业养老护理员应该具有的知识结构从宏观、微观的不同层次进行介绍。

(1)宏观层次

从宏观层面上看，"养老护理"是指为老年人提供各种照料和服务的护理措施，包括生活护理、医疗康复护理和精神慰藉等，是随着人口老龄化，老年人预期寿命增加为提高老年人生活质量而采取的服务措施[81]。因而，作为一名合格的养老护理员，一方面需要在掌握不同性别、不同阶层以及不同年龄阶段老年人的生理、心理特征的基础上为老年人提供契合其基本需求的照护服务；另一方面还要基于同质性较强的老年人群对于照顾服务的不同需求特征提供多形态的、精细化服务，这就需要养老护理员持续、系统地储备老年护理服务知识，建构起养老服务的“知识树”，进而实现养老护理员自我效能[1]的最大化。

（2）微观层次

社区养老服务的专业化，也指养老服务人员养老护理技能的专业化，这一专业化的建设离不开以继续教育、职业培训为主的社区教育。

对于现实生活中的失能老人还有失能病人而言，从其获得社会支持的路径而言，其居家获取照顾的途径一般有两种：一是依靠家人、邻里及保姆提供的获取经济、精神、信息或者生活照料方面的非正式社会支援，较易受其他因素的影响，缺乏制度性保障力度。二是来自具备专业知识的专业养老服务者和社会组织的正式社会支援，具有持续性、系统性、专业性的特点。前者是指技术含量较低的、大众化的、重复性的、一般性服务活动，对于老年人的个性化的特殊需求较少关注；后者是由具有某项专业知识技能或获得专业资格的人员提供的服务，这一类型的服务主要面向具有特殊需求的老年人如半自理、不能自理老年人等，对于服务人员的素质以及照护能力要求相对较高。

一般而言，养老护理员需要掌握更为专业、精准的技能，并且要具备基础护理、精神心理护理、临床护理、基础医学等领域的专业知识为老年人提供助餐、助洁、助急、助浴、助行、助医等全方位的专业服务。其中，以清洁卫生、睡眠照料、膳食照料、排泄照料为主要内容的生活照料和围绕给药、观察、消毒冷热应用、临终关怀的技术护理占据了护理人员专业知识的绝大部分内容。此外，针对部分有需要的老人，还需要养老护理人员对其进行肢体康复、闲暇活动陪伴的康复训练活动以及沟通协调、情绪疏解的心理慰藉等。由此可见，针对老年人尤其是高龄、失能老人的护理服务并非随便一个人就能够胜任，而

[1] “自我效能”是指个体对自己在特定的情境里能够激发动机、调动认知资源以及采取必要的行动来成功完成某一项特定工作的信念（或信心）。

是需要极大的耐心与精湛的技术。这从专业养老护理员与家政服务员二者的对照比较便可见一斑。

在照顾知识的掌握与应用上，家政服务人员大多局限于生活照料方面，对于居家养老的专业化照顾有关心理、康复以及老年人突发事件处理等方面的内容缺乏了解。在涉及身体残疾、老年性痴呆、精神残障且具有慢性病的失能、半失能老人的照料时，家政服务员显然力不从心，这是由于“失能老人的失能级别越高，生活自理能力越差，需要的照料服务种类就越多，照料时间越长，相应的对照料者的能力要求也就越高”❶。相比之下，专业的养老护理人员由于需要融汇多学科的知识内容，需要掌握从社会工作、心理咨询到护理康复等多学科的知识，因而较之家政人员知识面更为宽广，更能够在助医、助浴、助洁、助行、康复及心理疏导等方面为失能失智老人提供多方位的照护。以最简单的扶抱搬移为例，一个行动不能自理的老人从床到轮椅的移动往往需要 2 ～ 3 个常人合力才能实现，而一个掌握了动作要领的护理员则可以巧妙借力用一个简单的动作轻松操作。这不仅可以在移动中保护老人的关节，防止发生脱臼和骨折的意外，还可以使护理员的腰椎免受损伤。此外，“一般家政服务多采用在老年人和家政服务员之间牵线搭桥的中介服务模式，中介公司难以对其服务质量进行监督，服务品质也就难以得到保证”[82]。

由上述内容分析可见，一个具有较高素养及专业知识的养老护理员显然迥异于普通的家政服务员，其应该能够面向有需要的老人提供全包式的生活照顾服务，即涵盖日常照顾、护理保健、精神慰藉等方面的多功能的一站式养老服务。

3.1.2.2 养老护理员的能力要求

在当前急速老龄化、现代化急剧扩张的背景下，除上述对于一名合格的养老护理员在知识储备方面的要求之外，专业化的、合格的养老护理员还应该具有良好的心理素质、高尚的职业伦理道德素养以及从事养老照护工作所必需的吃苦耐劳精神。

具体而言，一个合格的养老护理员不仅要具备爱心、责任心和奉献精神，

---

❶ 参见：《北京失能老人照顾服务需求调查报告及政策建议》，http://www.duba.com/?f=favorites10。

而且要具备良好的评判性思维、临床护理能力、领导能力、人际关系沟通能力，而这些都需要通过持续的、较为系统的职业培训来获得。例如，在全国较早开展养老护理职业培训的天津市鹤童老人护理职业培训学校，其课程表显示：从初级、中级到高级养老护理员，要经过120～180课时不等的专业训练，培训科目包括生活照料、技术护理、康复护理、心理护理等全方位的技能培训和系统的实习见习课程[83]。

（1）心理素质层面

一般来讲，养老护理工作具有不同于其他服务行业的复杂性和艰巨性，因而需要养老护理员具备较强的心理承受性和良好的心理素质。老年人由于身心各方面功能开始衰退，养老护理员需要付出较多的耐心与精力来照料老人；与此同时，由于老年人的身心特殊性，其在思维意识、价值观念、行为方式等方面往往会偏离社会的常态标准，护理员在实务工作中得不到老人、家属尊重的情况屡屡发生；加之缺乏相应的政策法规、法律层面的支持，护理员个人权益往往得不到必要的保障。

（2）道德品质层面

道德素质是人的整体素质中的重要组成部分，是人的能力的重要内容。随着科技的进步和社会的发展，养老服务作为社会的新兴职业之一，社会老龄化的进程对服务人才的道德素质提出了高要求，良好的道德修养已经成为老年服务人才的重要内涵和时代特征。

老年服务业有其特殊性，对从业人员的职业道德提出了更高的要求。第一，在服务方式上，老年服务从业人员执行职务往往是独自进行的，服务人员与老年人经常是“一对一”进行沟通；第二，在服务对象的特点上，老年人特别是高龄老年人，往往身体和心理上出现这样或那样的问题，制约了他们清晰、准确地表达自己的需求和意见，而作为服务间接对象的老年人的家属，很多时候不能亲身感受服务的质量，与服务提供主体间也不能实现有效的信息对称交流。这样的特点决定了老年服务从业人员的道德培养需要有更高的层次——主动性、自觉性、自主性。没有良好的职业道德素养，要实现优良的服务是不可能的。

3.2 社区照顾专业化配置现状

就目前来讲，北京市作为首善之区虽然具有一定的人才资源优势，然而由于养老服务行业整体上而言缺乏一定的吸引力，养老服务配套机制不健全等因素制约，北京市养老服务人才队伍无论是在数量还是在质量上都有待进一步提升，人才总量不足、人才结构不合理以及服务质量偏低等现实状况迫切需要获得改善。即体现在中高端管理人才严重匮乏、专业人才数量不充分、人才的服务能力不足、人才培养和供给能力不充分，以及居家社区与机构养老服务人才结构之间的不平衡、城乡养老服务人才结构之间的不平衡、养老服务人才内部结构不平衡等方面。在此，由于篇幅限制，仅从以下几个层面展开分析论述。

3.2.1 养老机构人才配备失序

养老机构的有效运转有赖于管理者、护理员、后勤保障人员等的协同合作，任何一个环节的缺失都会导致养老机构服务质量难以提升甚至正常运营。在实地调研中发现，北京市不同类型构成的养老机构中，普遍存在工作人员配置不足的问题。

3.2.1.1 从数量分布来看

一方面，高层次管理人才缺位的现状不容忽视。就专业管理人员而言，按照1∶100的管理幅度计算，大约需要10万人的高级管理人员；而按照10∶1的比例推算，则需要上百万名不同层面的专业管理人员。相形之下，养老机构中护理人员的数量则相对较多，尤其是一些民营养老机构，护工类工作人员占到工作人员的绝大多数；另据调查，我国民办养老服务机构管理人员、医护人员、护理人员及后勤人员的配置比例约为3∶2∶9∶3。由此可见，一个显而易见的现象即养老机构中护理人员的数量与质量不成正比，较高层次的管理人员则较为匮乏。另一方面，养老护理人员的数量不足也是不争的事实。养老护理员的数量构成一般与养老机构的星级水平相关。比如最高的五星级养老机构，养老护理员配比可能达到1∶1、1∶2，就是1位养老护理员照料1张床或2张床位的老人，而一星机构的养老护理员配比则可能达到1∶6甚至1∶7，即1名护理员照看6张或7张床位的老人。如果按平均1∶3（按照“十二五”末北京市养老机构12万张床位计算）的比例计算养老护理员，北京市目前养老护理员数量应在3万～4万人。但从目前来看，全市养老机构工作人员有1万余人，而其中有一半人数为养老机构的管理人员、技术人员、工勤人员等，真正从事养老护理工作的养老护理员仅有5000人左右。此外，北京市民政局相关统计资料显示，护理比按照由高到低的顺序排列依次为：丰台区1∶5、朝阳区1∶6、西城区1∶7、海淀区1∶8，入住老年人与护理员的平均比例为7∶1。也就是说，每7个老人只能由1名护理员来照料看护，而这1个护理员对应的7名老人中还可能包括完全不能自理的老人、半自理老人等尤其需要高质量看护的老年群体。由此可见，养老机构护理员数量显然不能满足当前老年人的护理需求，北京市当前养老护理存在较大缺口，如何协调养老机构管理人员、养老护理员之间的数量配比，迫切需要在未来进行深入研究。

3.2.1.2　从性别及年龄结构来看

由于养老院工作人员劳动强度大、社会偏见大、工资待遇低，很难吸引专业技术人员，护理人员大都是从劳务市场招聘，多是外来进京务工者，多数从未接触过护理行业，不但缺乏系统的专业知识，没有行业经验，且性别结构失衡（女性居多）。具体而言，养老护理人员主要以40～50岁的中年女性为主，年龄趋于老化且不利于一些辅助活动的开展。“一般情况下，一个工作团队在年龄构成上，45岁以上占30%，31～45岁占35%，30岁以下占35%。这表明年龄构成基本合理，只有老、中、青比例恰当才有利于科学有效的工作。”[84]参照这一护理团队年龄构成的理想状态，目前机构护理人员大多为四五十岁的下岗女工，性别比例失衡导致男性老年人群护理工作的诸多不便，且由于其年龄偏大、接受新生事物的能力有所下降，主动学习新知识的欲望并不强烈。笔者在调研中发现，从事养老照料行业的工作人员自身年龄普遍较大，专业训练不足，与此同时，需要引起我们高度重视的是，随着下岗潮流的消退以及新生代务工人员大多不愿从事照顾老人这一“伺候人”的工作，养老服务机构护工岗位的缺口正在成为制约机构当前和未来发展的一大障碍因素。

3.2.1.3　从职业发展历程来看

护理人员普遍从业时间较短、职业稳定性较差，流动性大。根据民政部调查数据发现，从业时间不到1年的占14.8%，1～2年的占25.9%，3～5年的占30.6%。其中有正式编制的仅为25.9%，74.1%的为非正式编制。签订劳动合同的占64.9%，没有签订合同的占27.8%。由于机构人员流动性较大、护理人员整体素质偏低，且专职护工文化水平普遍较低，具有初级专业职称者甚至没有职称者所占比例较大，老年护理知识较为缺乏[85]。此外，由于护理员长期处于劳动时间长、劳动强度大、劳动报酬低、超负荷运转以及缺乏规范化的制度支撑，养老服务机构与护理人员之间鲜有劳动合同和社会保障方面的“权、责、利”的约束关系，因而导致养老机构护理人员流失率也一直居高不下。在此需要再次指出的是，养老护理员工资低、劳动强度大、没有社会地位等因素在一定程度上导致了养老护理从业人员数量不足、流失率高的现状。笔者在访谈中发现，目前养老服务人员的平均薪酬为每月3500元，由于生活成本较高，导致养老服务人员的薪酬满意度较低，每年流失率一般都在40%～50%，个别的甚至高达70%。即使是在各项福利待遇较好的英智老年公寓，在140名现有员工中，5年以上的从业者也仅有30人；乐居老年公寓两年来的30名养老护理实习生中只有1人留下继续从事养老服务工作，其他29人中工作时间最长的只在老年公寓工作了7个月。❶对此，笔者认为，一方面，养老护理员在国家职业分类大典中被列为技术工种而非技术职称，缺乏一定的晋升渠道和职业发展机会也使得养老服务人才流失率居高不下。另一方面，调研中部分养老照料中心和养老机构反映：目前养老服务人员各项险金平均约为每月1250元。随着国家劳动保护政策法规的完善和医保、社保改由税务部门征收，养老机构用工成本还在不断提高。在当前的政策环境和社会氛围下，养老护理员以及其他为老服务人员都较为缺乏，难以满足当下的需要，更遑论随着老龄化程度日趋加深而带来的日益拉大的供需缺口。

总之，由于养老护理人员的自我价值长期以来得不到充分彰显，作为一个职业群体应有的职业尊严得不到合理体现。虽然前文所述岗位人群中保姆、护工及老年护理员作为当前社区养老照顾的有力人力资源支撑，目前主要还是由

❶ 据访谈资料整理。

养老护理员来承担老年人的养老护理服务工作；然而长期以来，养老护理员的劳动付出与实际收获并不成正比，这一从事老年照护工作的主力在薪酬待遇水平以及社会参与程度显然还有待改善，养老护理职业的社会地位迫切需要得到社会的广泛认可。笔者认为，需求端的管理是一项系统工程，不仅要关注硬件建设和技术问题，从业人员的数量和素质更应成为关注的重点。硬件和技术建设固然重要，而对从业人员队伍组织建设的考虑和投入更应获得重视。

对照国外发展经验来看，国外关于养老服务人才的培训以及职业发展已经形成一套完善的体系。养老护理员的培训在发达国家已有 100 多年的发展历史，已形成较为完善的养老护理人员培训体系。在国外，从事养老护理的人员必须是经过专业培训、通过考试取得国家承认的资格证书才能上岗。

相形之下，虽然我国从国家层面对此已经有了充分认识，北京市政府也已出台了多项政策文件推进养老服务人才的专业化建设。例如，《北京市居家养老服务条例（草案）》第十八条规定："北京市支持社会资本创办养老服务培训机构，支持高等院校、中等职业学校和职业培训机构及相关从事养老服务的社会组织培养养老服务专业人才。养老服务企业和从事养老服务的社会组织应当对从事养老服务的员工进行培训。从事培训养老服务专业人才和养老护理员的，市和区、县人民政府应当给予培训补贴。"但是，在北京市老年人对于养老服务质量的要求日益精细以及养老护理技术不断升级的同时，也对养老护理员的专业培训工作不断提出新的挑战与期望。因而，如何通过多层面努力以提升养老服务人员的专业水准、提高其薪资待遇并最终改善养老服务人员的社会地位，需要协调社区内外各种因素以为养老服务业者提供动态、平衡的发展环境。本书将在第 4 章、第 5 章对此进行详细深入的阐述与论证。

3.2.2 对现有其他领域专业人才的挖掘有限

笔者认为，养老服务领域的专业人才不仅涉及经过专门培训的专业养老护理员，也包含从事养老服务工作的心理咨询师、社会工作者、营养师以及信息技术工作人员等职业人群。这是由于，养老服务是一个劳动密集型的行业，需要有养老护理员、社会工作者、志愿者、义工甚至心理咨询师、医护人员等服务队伍去做服务管理，做好家访、需求评估、心理情感支持、服务统筹等，需要有助老服务员上门进行家务、助餐、助浴、助医等，需要有专业康复护理人员提供上门指导和培训。

从目前上述这些专业人才在养老服务领域分布的数量及呈现的规模来看，还较为有限，其专业价值在具体工作实践中并没有得到充分的展现。例如，“全国社会养老服务机构中医护人员与其他工作人员的比例仅为 9.14%；社会工作者比例更低，仅为 3.14%”[86]。当前，多数养老机构都没有实现专业护理、心理咨询、法律援助等专业服务人员的覆盖，专业化的养老服务机构更无从谈起。限于篇幅，这里仅从心理咨询、社会工作及医疗护理三方面来说明。

3.2.2.1 心理咨询领域

我们看到，老年阶段是个体所必须经历的一个人生阶段，在这一特殊时期，老年人由于身体的衰弱以及社会地位的丧失，因而对于安全、自尊以及自我价值实现的需求也上升到一个较高层次。另外，由于当前我国正处于经济体制深刻变革、社会结构深刻变动、利益格局深刻调整、思想观念深刻变化的社会转型时期，老年人经济贫困、社会地位下降、家庭代际关系失衡、正当权益受到侵害等问题都集中暴露出来。市场化和城市化的急剧社会变迁不仅使老年群体在家庭、社会中的利益受损，也对老年群体的心理造成了一定的负面影响。

一方面，老年人群作为特殊人群，尤其是在当前空巢老人、失能老人持续增长的形势下，老年人的心理问题也层出不穷；有研究表明，老年人是各类心理问题、障碍或疾病多发的人群[87]。美国学者 Kogan 等发现，约 23% 的老人（65 岁及以上者）有心理障碍[88]。国内研究报道，15.3% 空巢老人存在抑郁症状，敬老院的老人由于感情交流匮乏，其抑郁、焦虑程度尤其严重，且以抑郁为主。另一方面，随着老年阶段生理、精神心理多方面功能的退化，老年人对于精神慰藉的需求比较迫切。

韩振燕等对于南京市老年人社会服务需求的研究、王红对于北京市西城区老年人服务需求的抽样调查都已经表明，老年人对于精神慰藉的需求较大[89]。另据北京市民政局及北京市老龄委对北京市16个区县2800多名60岁以上的老年人在精神需求和心理健康状况的抽样调查数据，“95.1%的老年人期望社区建设供老年人聊天、放松的‘休闲室’；92.8%的老年人愿意帮助其他的老年人；91.2%的老年人希望社区能够提供定期心理检查服务；89.5%的老年人希望社区定期开展心理健康公益讲座；89%的老年人希望社区配备专业的心理疏导员”❶。

尽管早在2011年发布的《中国老龄事业发展“十二五”规划》中，就已阐明了心理健康服务对老年心理关爱的重要性，强调全社会“注重老年精神关怀和心理慰藉，提供疾病预防、心理健康、自我保健及伤害预防、自救等健康指导和心理健康指导服务，重点关注高龄、空巢、患疾等老年人的心理健康状况”，但是从北京市目前社区养老服务实践过程来看，虽然已有社会组织介入社区老年精神心理慰藉服务，但是由于多重因素的相互交叠作用，显然还远远不能满足老年人的现实需求。

从服务提供主体的角度而言，“一些诸如法律援助、聊天解闷、心理慰藉与疏导等服务的提供者多为志愿者，流动性较大，一定程度上也影响了服务供给的连续性和稳定性”[77]。从服务对象的角度而言，在老年人传统观念制约下形成的对于心理卫生知识的认知偏差，也导致了老年人对于这方面服务认可度的降低。即便是有社区心理慰藉中心这样的专业机构，一项关于老年人服务体系的调查显示，92.8%的老年人认为所在社区没有专门的老年人心理服务机构，88.4%的老年人认为所在社区没有老年人心理健康服务组织[90]。一些老年人甚至认为，“有什么问题给居委会打电话就可以好很多，去那种地方（心理咨询中心，笔者注）还以为我有病……”从服务支持网络的角度而言，服务的便利程度不足、政策设计还有待落地等也成为专业化的心理咨询介入社区为老服务的主要障碍因素。

❶ 参见北京市民政局、北京市老龄委、北京理工大学、中国心理卫生协会妇女健康与发展专业委员会：《北京市老年人口心理健康及需求状况调查研究报告》，2013年9月6日。

对此，北京市政府已经意识到制定有效政策、形成有效应对策略的重要性与紧迫性。例如，北京市在2011年出台相关政策，将提升老年人心理健康服务工作统筹到五年计划之中，提出建立市、县（区）、街道、社区四个层级的心理健康服务机构，心理服务团队要包括专业的心理咨询师、志愿者和社区心理助理；并明确指出，落实好这些措施将有效提升心理健康服务体系的发展。又如，北京市于2014年12月10日举行了首届“社区居家养老志愿服务心理辅导员”培训班开班仪式，培训包括老年心理学简述、老年人常见的心理问题、老年人心理问题产生的原因及预防、做好社区居家养老精神关怀工作等课程。相信在不久的将来，通过北京市委、市政府的不懈努力，这一状况会有很大的改观。

3.2.2.2 社会工作领域

梅陈玉婵等认为，老年社会工作是运用特定的知识体系和技巧，帮助老年人增强个人能力并解决其所面临的各种问题的专业服务活动[91]。姜向群等认为，老年社会工作是指老年社会工作机构和老年社会工作者运用社会工作的理论、原则和专业服务方法，充分协助老年人解决生活过程中所遇到的困难，为老年人提供社会保障与社会服务，解决老年人的社会问题，使老年人能够继续参与社会生活，度过一个安乐祥和的晚年[92]。由此可见，作为社区社会工作的三大模式之一，社区照顾有其特定的工作目标及功能；作为一种专业化、职业化的社区社会工作，其工作开展过程需要大量的专业理论及方法，这都要靠专业社会工作者通过协调、调动社区内外的各种资源来达成。目前，从北京市社区社会工作者的分布比例与发展来看，在以下两方面存在不足。

（1）社区社会工作者配备比例失调

民政部颁布的《老年人社会福利机构基本规范》指出，老年人社会福利机构应有1名大专学历以上、社会工作类专业毕业的专职的社会工作人员和专职康复人员。而现阶段北京市政府仅规定每500户应配备1名专职社区服务工作者，对于专门面向老年人提供服务的老年社工岗的设置则还没有明文规定。参照中国香港地区1间长者邻社中心配备2名社工、1间老人院舍1名社工以及1

支家务助理队1.2名社工的社工配备比例数据，北京市在这方面显然还有待改善。在调研中发现，北京市社区社会工作者队伍由于薪资待遇水平较低、职业发展前景不容乐观等因素处于人员流动性强、留不住专业人才的尴尬境地。笔者通过对北京市东城区左安浦园社区以及朝阳区小关社区的调查也发现，两社区60岁及以上老年人口与社区工作者的比例分别为48∶1、59∶1，社区工作人员配置极为不合理，与各社区的人口数量不成比例。并且社区服务中心与居委会两个机构同用一批工作人员，日常工作负荷大，工作者长期处于超工作量运载状态。

（2）专业社会工作者的存量和增量都较为有限

目前，经过政府、高校的持续努力，我国社会工作教育获得了一定发展。据民政部相关负责人统计，自2008年全国社会工作者职业水平考试推广以后，截至2013年，已有12万多人通过了考试，其中社工师3万多人，助理社工师9万多人，预计每年还会有大概2万人通过此考试[93]。鉴于职业水平考试的通过人员大多为在职人员，与每年全国接近1万人的社会工作专业本科毕业生的重合有限，因此，概略来讲，我国每年新增的社会工作专业人才会在3万人左右。

就北京市而言，截至2017年年底，北京市全市社会工作专业人才总量达6.28万人，较2016年增加了2个百分点；其中取得社会工作职业水平证书的人员达26841人，在2016年的基础上增加了1000余人，占全国取证人数的8.22%。❶其中，社区工作者近3.4万人，平均年龄39.1岁，大专以上学历达到90%以上。❷笔者针对社区工作者进行的一项调查表明❸，北京市社区工作者队伍建设还有极大优化空间：性别比例层面，212名被调查者中，女性为169名，占样本总量的79.72%，男性为43名，占总样本的20.28%，性别失衡现象明显。在年龄构成层面，北京市社区工作者队伍总体上呈现“两头小、中间

❶ 参见：《目前全市社会工作人才6.28万人》，http://shb.beijing.gov.cn/2018/0408/9690.shtml。

❷ 参见：《北京社会建设10年小数据》，http://zfxxgk.beijing.gov.cn/110049/ywdt52/2017-12/08/content_b62ccb4870ff4d97a310206625845885.shtml。值得说明的是，鉴于北京市大多数老年人倾向于选择社区居家养老，而社区工作者在其中扮演重要角色，故此处重点以社区工作者人才队伍基本情况为例来进行说明。

❸ 参见李金娟：《北京市社区工作者思想动态调研》，北京市社工委2017年决策咨询课题。

大”的橄榄型结构，即主要以31～40岁的中青年为主，占比高达44%；其次是41～50岁年龄段，占到被调查人群的29.93%；18～25岁年龄段与60岁以上年龄段比例大体相当，分别为2.52%和1.48%。学历构成方面，北京市社区工作者以“本科”学历居多，占比为57.04%；其次是“大专”，占比为35.26%；高中或中专及以下、硕士研究生及以上的社区工作者比例相对较低，分别为5.48%、2.22%。这表明，北京市社区工作者队伍基本上以中青年社工为主要构成，而这部分人群具有强烈的接受再教育再培训的职业发展需求。此外，91.56%的社工表示，在走上社工岗位之前有过其他从业经历，仅有8.44%的被调查者表示社区工作是其首份工作。这也说明，绝大多数社区工作者在走上社工岗位之前，都有过其他行业的从业经历。从一个职业到另一个职业，职业认同形成的时间较为缓慢，加之社区工作者这一职业群体待遇不高、职业发展受限、流动性强等问题突出[94]，作为社区养老过程中资源整合者、政策倡导者、实际操作者的社区工作者，其职业化、专业化程度的提升需要一个较长的过程。

与此同时，由于社会工作作为一门独立学科的地位长期得不到承认以及由此导致的社会工作教育的滞后性发展、社会工作者的职业地位较低等因素的影响，“专业社会工作在我国社会工作中所占的比例还比较小，即从总体上衡量，我国的社会工作还没有达到社会工作专业化的要求，还不是专业化的社会工作。其最显著的问题，反映在从事社会工作的人员方面”[95]。也就是说，虽然我国每年新增3万名社会工作专业人才，但是考虑到每年很高的岗位流失率以及大量毕业生就业时选择继续深造或跳槽，能够在基层社区从事专业社区社会工作的专业几乎凤毛麟角，即便是在基层从事社区工作的社工，其自我认同感也较低，更不用说从事在公众视域中较为边缘化的养老服务工作了。

3.2.2.3 医疗护理领域

在养老照料中心所开展的辐射社区的服务中，老年人及其家人非常关注日常护理、康复、慢性病咨询等医疗护理服务项目。失能、半失能老年人需要在接受生活照料的同时，能够享受到医疗、康复、护理等健康服务。但由于独立设置内设医疗机构成本过大，聘请1位全科大夫、2名专业护士的年薪支出至少在20万元左右；引入社区卫生服务机构合作时，自收自支单位的性质，派生出了到机构内服务人员的工资如何支付等问题，以及与原来机构的关系如何处理等都需协调，这些因素直接造成养老照料中心医疗护理人员严重欠缺，目前各养老照料中心的服务设施主要还是偏重提供日间照料功能，即使是开展医养结合的养老照料中心，其医疗水平也偏低，绝大部分养老照料中心都不具备专职医疗护理人员。养老照料中心这种工作人员组成和配置与国外社区照料中心存在一定差距，尤其体现在医疗护理人员的配置上。

通过以上分析可见，北京市对于从事社区养老照顾工作的现有服务人才的支持力度还较为不足，有待在政府支持下依托社区平台、借助多样化的社区教育途径，为社区养老提供专业化的支撑（详见本书第5章）。

3.2.3 养老服务专业的院校学历教育取得初步成效

就养老服务的专业教育与院校培养而言，主要是指由院校相关专业组织实施的长时段的学历教育，主要以系统性课堂教学形式、校企结合及实训教学的培养模式为养老服务行业输送具有较高专业素质的服务人员、营运管理人员乃至研究人员。其培训时长一般为3年或4年，培训对象以年轻人居多，多为中高等职业院校在校生、高等院校在校生。课程内容较为系统、专业性强，覆盖了老年学、护理、心理、社会工作、慢病维护、营养学和管理学等相关学科知识。

在讨论院校学历教育或者长时程职业培训的同时，有必要了解一下学历教育与社区培训也即短时程培训项目的区别。这是因为，在现阶段，我国城市社区中直接从事居家护理的服务公司和组织还不多，专业服务人员严重短缺，因而单纯依靠院校职业培训还远不能满足社会养老服务巨大而迫切的需求。由此可见，在社区照顾服务起步阶段，在加速发展学历教育用来提供系统性知识与技能训练的同时，还不能忽视社区教育也即短期培训的发展。两者的区别与联系见表3.2。

表 3.2 职业教育与社区培训的比较

类别	职业教育（长时程）	社区培训（短时程）
实施部门	高等学校、职业院校	行业培训组织、NGO、企业、院校短训项目
培养性质	学历教育、专业知识和技能	非学历教育、就业岗位培训、知识普及
培养目标	初、中、高级养老护理员及养老组织和机构的管理人员	半专业的或初级养老护理员、社区服务人员、与养老服务业相关的人员；普及居家护理和健康养生知识、改变社会风气
培养对象	年轻人居多，多为中高等职业院校在校生，高等院校在校生	中老年人居多，社区志愿者、下岗失业人员、与涉老服务相关的人员，职能部门人员、社会组织和企业管理者、医疗系统人员，心理工作者和信息技术人员
课程内容	系统性知识、实用性技能，专业性强；覆盖了老年学、护理、心理、社会工作、慢病维护、营养学和管理学等相关学科知识	选择性的或半专业的学科知识、初级实用技能、初级的老年生理及心理、初级护理方法和营养知识；课程灵活性较大包括拓展眼界和健康知识普及
培养模式	系统性课堂教学； 校企结合，实训教学	适用性和短期课堂教学、知识讲座、社区养老实际事务、在养老服务的项目中学习
培训成本	交纳学费，人均成本高	政策优惠、低收费或免费，人均成本低
培养时长	一般 2 ～ 3 年乃至 4 年	一般 1 ～ 3 个月

由表 3.2 可以看到，长时程的职业培训与短时程的社区培训，在培训性质、目标、培训对象和课程内容上都有不同的侧重。关于短时程的职业培训的讨论，详见后文。

专业教育是有效应对我国养老服务人才匮乏的重要途径之一，从目前来看，北京市在这方面虽然已有一定进展，但是还有待进一步完善。

总体上看，我国关于养老服务专业人才的培养起步较晚。20 世纪 90 年代末，为了适应社会经济的发展需求，大连职业技术学院和长沙民政职业技术学院开设了老年服务与管理专业。2006 年，国务院办公厅转发《关于加快发展养老服务业的意见》指出："要加快培养老年医学、护理学、营养学、心理学、管理学等方面的专业人才，要有计划地在高等院校和中等职业学校增设养老服务相关专业和课程。"此后，一些院校先后设置了老年服务与管理、护理、家政服务以及社区康复专业，以为不断趋于严峻的老龄化社会输送大量专业人才。

在国家层面的相关政策支持下，我国养老服务与管理专业群的建设取得了初步成效。其中一个突出的表现即开设老年服务专业的高等职业院校数量激增，已从2004年前的3所院校增至63所职业院校。就北京市而言，已有北京市青年政治学院、北京市社会管理职业学院、北京劳动保障职业学院三所院校设置了老年服务与管理专业。与此同时，除中国人民大学开始招收老年学以及相关专业的硕士与博士研究生之外，部分院校也开始从本科层次和研究生层次探索建立养老服务专业。但从目前培养的专业人才数量以及市场需求量来看，还远远不能满足社会对养老专业人才的需求。

3.2.4 养老服务职业培训的初步发展

近年来，随着新时期老龄化社会老年群体需求特征的演变以及养老服务信息技术的快速发展，社区养老服务不断呈现出专业化、产业化及规模化的发展诉求与趋势。在此过程中，相较于学历教育形式较为灵活的社区职业培训作为社区建设的基础工程之一以及一种重要的人才培养途径，也是提高养老服务从业人员职业技能、综合能力的重要平台。

社区培训的授课方式非常灵活，从1～2个月的短程课堂教学、数小时的讲座到实务学习等。此外，社区培训还可以利用远程教育的网络技术手段，运用开放式教学和线上评价系统传授具体知识，利用时空、信息、人力等要素实施规模化的培训，为居民提供优质教育资源。就养老服务的职业培训而言，本书是指在政府和行业协会帮助下由行业培训组织、NGO以及院校老年专业等实施的继续教育，也包括养老服务组织和企业内部的形式多样的短期培训。

短时程的职业培训及社区培训多以中老年培训对象为主，其目标是非学历教育、就业岗位培训、知识更新和普及。课程的内容根据社会需求可以相当广泛，包括选择性的或半专业的学科知识、初级实用技能、初级的老年生理及心理、初级护理方法和营养知识、居家养老服务管理和运营等。作为专业人才职业化的重要手段，养老服务职业培训也是学历教育的重要补充，是解决我国当前老龄化背景下养老服务专业人才匮乏的有效路径。

北京市作为老龄化形势较为严峻的城市之一，近年来在为老服务的职业培训方面做了许多有益的尝试与努力，形式趋于多样，并富有一定成效，集中表现在关于短程职业培训及社区培训的有益探索方面。

3.2.4.1 技能型知识培训

这一类型的培训主要根据工作特征对从业人员进行相关培训，通常以半专业的或初级养老护理员、社区工作人员等为培训对象，主要由政府部门、行业协会、涉老企业以及社会组织等组织进行，培训时间较短、也更为灵活。这类培训的优势在于，一方面可以通过对相关从业人员的在职培训为其提供终身教育学习的机会与途径；另一方面企业中具有管理经验及丰富实操技术的专业人员也可以通过这一途径将企业先进的服务理念、管理模式等融汇到培训过程之中，形成企业专业人才与从业人员的深层互动，最终促进企业的照顾服务质量提升和行业发展的标准化、规范性。

在职业技能培训方面，2001 年以来北京市参加培训并通过职业鉴定的初级养老护理员累积达到 7978 名、中级养老护理员 2373 名、高级养老护理员 301 名。2002 年我国出台了《养老护理员国家职业标准》，将养老服务员列入国家劳动职业资格认证范围。目前，养老护理员职业共设初级、中级、高级、技师四个等级。在培训养老护理员方面，北京市养老服务职业技能培训学校功不可没，承担了北京市及相关在京培训机构的属地鉴定工作，该校 2013 年培训鉴定的养老护理员达 1775 名，其中获得资格证书鉴定的初级养老护理员为 977 名、中级养老护理员 702 名、高级养老护理员 96 名。

社会组织和养老服务公司在职业培训上也做了许多工作。例如，东城区助人社工事务所对社区助老员的短期培训、寸草春晖老年心理服务中心所做的关于社区康复人员的技能培训等。

3.2.4.2 专题型技能知识培训及继续教育

这一部分培训的对象为养老服务业各类专业人员如医务工作者、社会工作者、心理工作者、信息技术工作者以及政府职能部门人员、企业管理者等。培训通常采取专家专题讲座的形式，邀请国内外有造诣、有影响的专家进行讲授与交流。

例如，民政系统就经常聘请涉老服务的各类专家对所属系统和老龄办等单位的相关人员进行培训。以居家养老的专职培训为例，其内容包括：发展居家养老服务，破解养老服务难题；当前国内外主流的居家养老服务模式；居家养老服务工作的重要意义、目标任务、工作原则、工作内容和具体要求；居家养老服务机构的设置与建设；服务人员职业道德教育、护理工作性质和工作规范；老年人整体护理和生活照料、家政服务、康复护理、精神慰藉；各地居家养老服务管理工作经验交流及案例分析。

3.2.4.3 普及型知识培训

培训的对象主要是面向普通民众，培训的内容既包括如何让老年人的晚年生活过得更加健康充实、丰富多彩，也包括代际之间如何相处等内容，这类培训往往采取社区大讲堂的方式，面对的对象比较广泛。

例如，北京市东城区助人社工事务所在东城区开展的“传统文化社区大讲堂”项目，重在以传统文化为载体，在年轻人之间宣传尊老、敬老、爱老、孝老的文化传统，从而促进代际和谐；北京市东城区“新乐道社会工作事务所”长期关注阿尔茨海默病的预防，邀请具有医学背景的专家深入社区开展关于阿尔茨海默病相关知识的讲座，并组织社会工作者开展相关的小组活动，培训家中有阿尔茨海默病的老人的家属护理技能及提供精神支持；“北京耆乐融精神养老发展中心”开展的社区教育活动，聘请相关专家与志愿者，为社区老年人进行现代传媒（如音频、视频制作）、居家园艺等。

此外，北京市还通过职业竞赛来培养人才。2008 年以来，北京市已组织 3 届养老护理员职业技能大赛，有 12000 余人次养老护理员报名参赛，通过竞赛培养人才、发现人才、选拔人才，促进了北京市养老护理职业的发展，整体提升了首都养老服务业服务质量和行业形象。在第一届和第二届全国养老护理员职业技能竞赛中，北京市派出的选手均获得了个人和团队进入前三名的好成绩。

总体而言，北京市开展的不同层次的职业培训，不仅提高了为老服务工作者的职业技能与职业伦理，从而有助于提升老年人晚年生活的质量，而且影响着公众对养老服务行业的认知。这种认知的改变，不仅有助于改变社会对养老服务的偏见，而且有助于提升养老服务的工作者的职业声望，激发他们为老服务的工作热情与积极性。

3.3 社区照顾专业化配置存在的问题

所谓专业化配置，如前文所述，即一种关于专业人才的协同安排，强调将人才安排之后的效率或效能。我们认为，社区养老的专业化配置牵涉养老服务人才培养、管理及使用的一系列制度设计。因而，笔者在此将从以下几个层面对其中存在的一些不足予以分析。

3.3.1 老年人自身的教育资源发展不充分

第一，老年教育内容设置主要限于以趣缘为纽带，表现为以书法绘画、合唱、英语、电脑、广场舞等老年群体的显性需求为主的闲暇性教育，信息与科学技术、医药卫生等涉及老年人隐性需求的知识教育活动还鲜有涉及。

第二，从老年教育授课方式来看，虽然如北京市广播电视大学等机构已经具有针对老年人群进行远程教育的现实经验，但由于老年人接受新生事物比较慢，老年教育活动的实施组织总体而言还较为单一：主要以传统的面对面授课、活动教学及自主式体验学习为主，普遍缺乏固定的教材。

第三，从师资力量来看，传统老年大学的专职教师多为从社会上招聘，而街镇、社区层面的师资力量则大多由社区居民与青年学生志愿者组成。整体上而言，还缺乏一支专业的老年教育师资队伍，不利于老年教育的长期系统发展。从经费保障来看，目前北京市老年教育经费的投入还只是处在市、区的层面上，对街镇、社区一级老年教育经费的投入还缺乏明确的政策保障。居委会作为老年教育活动管理的基层单位，在经费申请、活动组织方面困难重重。可以说，大多数老年教育机构的办学经费没有列入教育的财政预算，极大地影响了老年教育的深入开展。

第四，老年教育资源供小于求，分布不均衡。如前所述，随着老龄化形势的严峻化，北京市老年教育事业作为一项惠及民生的公共福利事业，现有老年教育资源还远不能满足老年人日益增长的个性化学习需求。此外，由于公共教育资源的稀缺性以及城乡发展的不均衡，老年教育资源在实际分配中并不均衡。具体表现为：一方面，一些配置较好的老年大学学位普遍紧张而一些民间社会组织运营的老年学校则举步维艰。我们看到，北京市由社会力量办学的老年教育机构占很大比重[96]而“资金投入难保障就是目前老年教育发展的一大瓶颈，社会力量还没有表现出很高的积极性”[65]。这一问题亟待引起社会各界的重视。另一方面，北京市城乡老年教育资源分布还不均衡，具体体现在师资、经费以及教育设施等方面，农村社区老年教育发展滞后，亟待通过城市社区优质老年教育资源带动发展。

3.3.2 院校养老服务专业教育有待完善

3.3.2.1 市场定位过于宽泛，人才培养缺乏分层

现阶段，关于养老服务人才专业教育的一个较为突出的问题即院校分布差异较大。养老服务专业建设和人才培养分布不平衡。

人才培养目标的制定在很大程度上取决于市场对人才的需求，决定着人才培养的方向。笔者在调研中发现，各院校的人才培养目标过于宽泛，缺乏对专业技能及人才层次进行分析。如对专业技能的表述，大部分院校都认为学生应该“具备专业的老年照护、营养、康复、情感慰藉以及老年活动组织与策划、健康管理、老龄产业经营与管理等主要职业能力和从事养老服务实际工作的基本技能”，而在就业方向方面，则强调“面向养老机构、老年人服务的综合性社区服务中心、社区社会工作站、老年产业，从事老年服务机构与老年产业企业管理、老年社会工作”，专业技能的模糊性及就业方向的普适性使得“国内各高校开设的老年专业内容，大多过于宽泛，主观设想培养的人才能够适应各种为老服务机构，培养万能型的养老服务人才”[1]，这成为目前我国养老服务人才培养中比较突出的问题。

[1] 这一观点，转引自全国老龄工作委员会办公室副主任、中国老龄科学研究中心主任吴玉韶于2013年11月23日在“老年服务与管理专业指导委员会暨中国老年服务教育联盟工作会”上的发言。

3.3.2.2 养老服务专业培训教材及培训流程有待改进

无论是老年学还是老年服务都是实务性相当强的专业，因而在传授老年学知识的过程中理论教育与服务实践都是不可或缺的。由此可见，在老年服务与管理专业领域专业教材与培训流程的开发都很重要。目前在培训教材方面还存在一些不足。目前国内医学高等院校没有老年学或老年护理专业[97]，老年学被认为是医学领域中的边缘学科，我国老年护理教育滞后。目前，虽然在许多高等院校已调整课程设置，增设了老年护理学以及相关的人文学科，但专科护士的培养仍是一片空白。

首先，专业教材较为缺乏以及核心课程设置不统一，导致课堂教学随意性大。以北京市青年政治学院为例，老年服务与管理专业有专业课程22门，但真正能够找到合适教材的不多，很多课程都需要教师自编讲义。该校虽然已于2010年开设了老年服务与管理专业，但在教材配备上还主要局限于老年学概论、老年社会工作理论与实务、老年人际沟通技巧等理论基础课程；而相形之下，管理类与偏重于实务操作的课程则没有指定教材。例如，在有关养老机构管理、老年产业经营与管理、老年护理理论与实践的课程方面，尤其是在老年膳食营养以及居家养老护理等实务性较强的课程方面，目前还缺乏适用的培训教材，因而授课使用的教材目前主要由教师自备。值得注意的是，由于教师知识结构、个人价值观念的侧重不同以及现阶段老年服务与管理专业教材设计的滞后，在教材的遴选上又带来了一些问题。例如，教师在进行养老机构管理课程教材的选择时，可供选择的往往是倾向于企业管理的教材居多。这也是有待改善之处。

其次，在培训流程的层面，也需要进一步改进。目前，尽管北京市劳动保障职业学院已经形成涵盖居家照护、机构照护、卫浴护理、营养保健、心理照护等几大技能实训环境和1个老年服务综合性实训系统，但由于现阶段这种以护理服务和心理服务为主的专业实习仍显单一，仍需要拓展学生多方面技能的发展。与此同时，值得关注的是，大部分院校没有开发与养老行业企业技术要求、工作流程、管理规范同步的实训指导方案。因此，在实训内容设置上如何进一步改善老年服务的技能、特别是丰富老年服务经营管理的教学模块，有待进一步开发。

此外，为了弥补专业教师缺乏企业经验的问题，很多院校采取了“走出去，请进来”的教学模式，但现实的困境在于，由于专业教师偏少，一线工作人员流动性又较大，往往导致课堂缺乏稳定性，师生关系松散。

以北京市青年政治学院为例，社会工作教研室共有专任教师4名，主要承担一些理论性较强的概论性的课程，缺乏企业实践成为专业教师教学共同的软肋；而一些专业性、实践性较强的课程，如“老年人护理理论与实践”“推拿与按摩”等，则采取了外聘的方法。但专业成立四年以来，几乎年年都在寻找合适的外聘教师，给日常教学管理工作带来了很大的不便。专任教师数量不足以及缺乏实践经验以及外聘教师队伍的不稳定成为制约教学质量提升的重要瓶颈[36]。

最后，由于缺少规范高效的实践基地，工学结合往往流于形式，造成了资源的极大浪费。对此，一方面要通过培训、交流等方式提升教师专业技能；另一方面还需要与企业建立长期、稳定的合作关系，形成有利于学生专业成长的企业实践基地。

3.3.2.3 招生规模较小，专业师资匮乏

我国自1999年长沙民政职业技术学院和大连职业技术学院两所高职院校首次增设老年服务与管理专业以来，目前全国已有近40余所院校增设了相关专业。但这些学校多以中、高职（专）类学校为主，且设置类型比较单一。从目前的招生规模来看，鉴于大多数院校是近三年内才开始招生，即便按照每届招生40人为标准，年均招生还不足2000人，远远不能满足社会对养老服务专业人才的需求。此外，职业技术院校在培养目标上多以基层管理、中高端服务为主，长期照护基本服务需求体现不足；学生在就业导向上多走向中高端养老机构，愿意从事基层管理工作，不愿意长期从事一线服务工作。学生需求与服务机构人才需求常有错位，学生毕业5年内流失率严重。据第三方和用人方提供的数据发现，毕业生第一年流失率为50%，第二年为70%～80%，第三年为90%以上。❶

❶ 参见新华网:《邹文开：创办中国老年福祉大学　培养养老服务专业人才》，2015年3月12日。

以老年服务与管理专业为例。其是应对我国人口老龄化形势和老年社会福利事业快速发展而开办的一个新型实用专业。然而，这个专业办学十几年，形势并不乐观。总体上看，招生难、就业层次低、待遇低、人才流失严重一直是这个专业办学的突出问题，也是这个专业发展的“瓶颈”。虽然2014年养老服务与管理专业招生总数达1690人，较2013年的1191人提高了141.9%，然而如果不从职业发展生涯、社会地位以及薪资待遇等方面来“拴心留人”，未来很难保障养老服务专业人才队伍规模的发展壮大。

就大学培养老年服务专业人才而言，从老年学、社会工作、心理学到医疗护理等学科，以及与此相关联的各种研究专业——老龄健康管理、营养、康复、教育、医药和建筑等，都具有重要作用。

此外，在现阶段，由于我国城市社区中直接从事居家护理的服务公司和组织还不多，专业服务人员严重短缺，因而单纯依靠院校职业教育还远不能满足社会养老服务巨大而迫切的需求。由此可见，在加速发展学历教育用来提供系统性知识与技能训练的同时，还不能忽视社区教育也即短期培训的发展。在这方面，北京市近年来也取得了诸多成效。

3.3.3 养老服务职业培训有待拓展

3.3.3.1 培训师资流动性大，缺乏持续性

师资是确保培训质量的重要保障。然而，在为老服务人才培训方面，培训师资不足且流动性大是目前各培训机构面临的主要困境。由于没有足够的师资，机构无法满足需求量日益旺盛的社区、养老院为老服务人员的职业培训。而师资的流动性也对机构工作的可持续性造成了不小的影响。一些专业为老服务机构为了充实自己的人才队伍，采取了专兼职相结合的运作模式，但由于为老服务基本属于微利行业，很难保证兼职队伍的稳定性。

以北京市寸草春晖老年心理服务中心为例。这是一家从事老年心理专业服务的民办非营利性质的专业机构，成立于2006年。为了保证服务的专业性，该中心特别注重自身专业团队的建设，其专业团队汇聚了以中国老年学学会老年心理专业委员会为主并整合其他相关专业的著名专家、知名学者，组成了中心

的顾问队伍，并且聘请有专业资质和经验的人士担任中心的心理咨询师及心理辅导师。但真正属于机构自身的专职培训师仅有1名，其他兼职专家能够提供持续服务的寥寥无几。

3.3.3.2　培训经费支持少

经费不足是制约为老服务人才职业培训发展的重要原因之一。上文提到的培训机构师资不足和流动性强的问题，一个很重要的原因就是缺乏足够的资金支持，无法形成稳定的培训团队。就目前北京市开展的职业培训而言，无论是以职业技能知识为主的培训，还是专题型专业知识及继续教育为主的培训，以及普及型知识培训，在经费投入方面存在严重不足，经费上的不足导致了知识培训方面可持续性较差。

以北京市养老服务职业技能培训学校为例，作为重要的为老服务专业培训机构，虽然每年有专项资金用于开展养老护理员的培训与认证工作，但其每年上千人的数量对于日益旺盛的人才需求来说还远远不够。而对那些涉足为老服务的养老服务组织而言，经费问题不仅关乎其开展工作的深度与广度，更关乎其组织的生存与发展。仍以寸草春晖老年心理服务中心为例。其用于养老服务的培训经费，一部分由机构向政府申报项目批准获得，其余部分由社区负责提供。同时，社区还要负责提供场地、桌椅、投影仪等硬件设施。一些志愿服务项目经费无着落，这对项目的持续及扩大服务造成了严重影响。此外，由于中心的工作均定位在公益服务，人少工作量大，工作人员的工资及保险都不能保障，因此，造成工作进展慢，已经可复制的工作模式不能得以推广，间接造成了资源的浪费。

3.3.3.3　培训课程缺乏系统性

就笔者掌握的资料来看，除了专题型讲座以及市养老服务职业技能培训学校有较为系统的培训课程，不少养老服务组织受自身工作性质、任务等因素的影响，在培训课程方面尚不够系统也不够规范，只能满足一时之需，对于为老服务工作的质量提升收效有限。此外，缺乏资金支持、培训对象异质性大以及没有稳定的、经验丰富的师资团队进行课程研发也是造成培训课程不规范、培训内容缺乏针对性的重要原因。

3.3.4 对职业教育和职业培训的绩效评估有待深化

由以上讨论可见，规模化的职业教育和职业培训是改善社区养老专业化配置和提升服务质量的基础条件。回顾前文论述的“社区养老照顾专业化配置”的理论内涵，我们认为，针对养老服务业者的教育培训进行绩效评估也是必不可少的一个环节，这是养老服务人才队伍有序化不可或缺的内容。因而，在加快发展养老服务业和强调规模化培训的同时，还需要重视对职业教育和社区职业培训的绩效评估。

无论是有关院校职业教育还是有关社区职业培训的评估，大体上都涉及培训目标评估、培训效果评估及特色评估三个部分。

就养老服务专业的教学评估而言，需要关注专业的办学方向和制度建设的效果，评估教学工作及人才培养的效果。而特色评估则是了解学校已有优势的影响，是前两部分的补充。

在绩效评估方面，目前存在的不足包括：评价指标相关性不强、专业度不高，评价方法有待进一步优化；而缺乏深入的交叉研究和内部关系的探索，可能导致评价信息的失真[98]。这都需要在未来进一步改进。

3.3.5 养老服务人才资源管理机制不健全

社区养老照顾的专业化是养老服务者职业生涯成长的重要历程，它涉及养老服务人员身份地位的确立，是指个体专业水平提高的过程以及养老服务群体为争取养老服务职业的专业地位而进行努力的过程。这一过程的实现有赖于一套完善的人才资源管理体制。一般而言，人力资源管理机制主要由牵引机制、激励机制、约束监督机制以及竞争淘汰机制构成。就养老服务机构的人力资源管理而言，牵引机制是指引导员工形成正确的职业价值观，将服务理念内化于员工观念世界之中；激励机制则指通过完善员工薪酬体系来进行绩效管理，提升员工工作积极性；在上述内容的基础上，由企业、机构对员工进行服务效果监督与约束，并设置评估考核标准以实现养老服务人员的优胜劣汰。

在这里，西方发达国家已经形成较为成熟、系统的养老服务人才市场配置机制。观照我国当前养老服务人力资源队伍的状况，如前文所述，受职业发展、薪资待遇等因素的影响，社会工作、心理学、养老护理等领域的专业人才工作热情不足、积极性不高，人才流失率居高不下，即便社会对养老服务人才尤其是养老护理员有着很大的需求，养老服务人才流动、配置机制的建立健全仍然有待时日。

3.4 社区照顾专业化配置不足的深层原因分析

3.4.1 公众对养老服务业认识存在偏颇

认知观念是社会不断发展的精神动力，是社会机制得以创新的前提。换言之，只有不断深化公众对于社区养老的认识，促进公众形成对于社区养老照顾专业化培训的理性认识，才能真正推动社会管理体制上的突破与创新。具体如何操作，使得这一理念转换为实践行动，还需要社区的积极参与以及跨部门的互相合作等，本书第 5 章会进行专门论述。

而深化认识的首要环节就在于看到养老照顾专业化培训的重要意义，并由此了解专业化培训的各个要素以及其后台保障机制——这既包括社区一级的管理和协调机制，如养老资源整合等，也包括社区外部的协调机制，如形成多方参与的格局并落地到集研究、规划、培训于一体的互动平台。

同时，对社区养老服务的科学认识不足也表现在智能化信息技术的应用方面。例如，虽然一些学者对于当前针对信息化、智能化的虚拟社区服务信息化模式表现出极大兴趣，但关于这方面的研究目前主要局限于“一键呼救”“安康宝”“平安钟”等围绕老年人健康、安全等紧急事态发生的设备研究上；有学者进一步指出，“围绕如何提供社区信息化服务展开，少有突出老年人的个性化需求。部分涉及居家养老信息化的研究，仅局限于关注老年人的健康和安全方面”[99]。

此外，还要认识到养老服务人才的数量及质量是一定时期内衡量治理能力现代化程度的重要标志。

党的十八届三中全会通过的《中共中央关于全面深化改革若干重大问题的决定》提出“推进国家治理体系和治理能力现代化”的目标，在社会建设方面还提出了“创新社会治理体制”的具体目标。21世纪的中国是不可逆转的老龄社会，当前我国正处于快速老龄化阶段，创新社会治理体制自然绕不开老龄社会这个前提。在一定程度上，创新社会治理体制在本质上其实是创新老龄社会治理体制。养老服务保障作为政府公共服务的一个重要组成部分，创新社区养老照顾的机制也是新常态下对政府公共服务的质量、水平加以考量的主要依据之一。

从城市发展的视角来看，作为公共服务和生活质量的重要构成，养老护理员这一职业化群体以及由其从事的较为专业化的养老服务业是一个趋于老龄化的现代化城市构成中不可或缺的系统要素，尤其是规范化、标准化的养老服务水平正在日益成为衡量一个城市公共治理能力的重要指标。从社区建设与发展的视角来看，由于目前物联网、云计算环境下我国社区建设与服务也正在呈现出新的发展趋势与特点，专业化的养老服务需要集结社区基础信息管理、社区电子商务、社区智慧家居以及社区医疗卫生以及社区家政服务等方面的功能要素，从而也不断彰显出城市社区在大数据环境下应对城市发展问题的治理能力与智慧水平。

3.4.2 公共政策协调性的缺失

3.4.2.1 规划目标与实施细则缺乏衔接影响养老服务发展

现阶段，北京市尚未建立起全市范围内的养老服务专业人才配置体制机制，主要还是依靠市一级政府在辖区范围内配备人力资源，养老服务专业人才整体规划的缺失限制了养老服务专业人才的统一配置，弱化了养老服务专业人才的有序流动。专门负责养老服务人才配置的管理机构处于缺位状态，各类养老服务专业人才管理混乱，缺乏统一有效的管理机制以及相应的退出准入机制。

例如，尽管政策要求养老组织的设立须“有与开展服务相适应的管理人员、专业技术人员和服务人员”[1]，但由于一线服务人员的工资待遇偏低、职业声望不

[1] 参见《养老机构设立许可办法》，2013年7月1日。为更大限度地激发市场活力、调动人的积极性和社会创造力，《养老机构设立许可办法》已于2018年7月18日开始取消。这并不意味着养老服务组织的设立及运营对于管理者、专业技术人员以及服务人员素质及能力的要求有所降低，反之是提出了更高的要求。

高以及缺乏适度的服务补贴等因素，不解决这些配套政策就无法吸引更多的人才进入养老服务组织，专业化的提升也就成了空谈。又如，现有养老机构的床位补贴没有区分护理床位和普通床位。那些护理失能、失智老人的床位在护理费用和技术含量上远比非护理床位高得多，床位补贴不区分档次的做法，会使服务提供者如托老机构和社会组织，基于降低风险和营利的考量，少收甚至拒收失能、失智老人。

3.4.2.2　养老机构结构性矛盾突出

现阶段，一个不可回避的突出问题即养老机构在区域、服务结构上的分布失衡。

（1）郊区机构床位空置现象与城区一床难求现象同时存在

民政部统计数据显示，从地域分布以及入住率来看，北京市400余家养老机构中仅3成多养老机构分布在城区，大多数分布在远郊区县；而与之形成鲜明对比的是，城区平均入住率高于郊区22.9个百分点。从机构床位数量来看，2016年北京市养老机构床位数量在2013年8.7万张的基础上仅增加了不到1万张，即96540张，对于大约30万名需要照顾的老年人[1]而言，机构床位数量还极为有限。

（2）政策落实不到位及配套政策不足

虽然政府投入大量资金用于养老机构的建设，但是仍然不可避免社区养老服务设施不足、机构运营资金缺乏的现实。例如，2014年10月底北京市政协常委会审议通过的《关于推进本市社区和居家养老服务发展的调研报告》显示，“政府大量资金投入机构养老，但机构养老床位目前空置约2万张，社区养老未得到应有重视，政府资金投入未来应向社区和居家养老倾斜”。另据2014年国家统计局北京调查总队发布的抽样调查数据，60.7%的北京市养老机构存在资金紧张或短缺的问题。导致这一现实悖论的一个主要因素即由于养老院大多位于郊区，位置偏远，远离社区及亲人，另外养老院收费并不低廉，因而造成入住率低，服务跟不上，老人不愿意去郊区养老的恶性循环，一定程度上造成了

[1] 这一数据的推算详见本书第3章关于社区居家养老供求关系估算的论述。

资源浪费。[1]可见，未来亟待从政策层面在社区增设医养型、养护型等护理院（机构）并进一步完善政府公共财政政策，为社区居家养老提供切实有力的资助与支持。

（3）养老机构定位不清晰，服务精准化欠缺

当前，北京市养老机构主要可以分为公办养老机构与民营养老机构两大类，其中公办养老机构又可以细分为公建民营、公办民营两种形式。近年来，北京市积极探索适合本市社会经济发展的社会化养老服务模式，鼓励社会力量兴办养老机构，与此同时，推动一部分公办养老机构向民营机构转型发展。在改制过程中，还存在以下需要改善之处：在服务对象层面，一方面，公办养老机构之于城乡“三无”老人、贫困老人基本养老保障的兜底作用不突出；另一方面，入住各大养老机构的老人主要还是以有生活自理能力的居多，面向长期需要照护的失能失智老人提供的服务极为有限。此外，一些具有较高经济收入与消费水平的健康老人，则青睐于“候鸟式旅居养老”等新型养老模式，然而由于相关配套设施与规范标准还没有建立健全，养老机构在这方面还处于缺位状态。在服务收费层面，公办养老机构因其“床位费”“护理费”“膳食费”及其他费用收费标准相对较低而普遍受到大众欢迎；相形之下，一些民办养老机构由于考虑到运营成本等因素则收费水平相对较高，大多数老人不愿入住。然而这也在一定程度上导致了公立养老机构“一床难求”、民营养老机构床位空置率居高不下的供需困境。在服务内容层面，对医养结合的精髓把握不到位。事实上，医养结合的实质在于医疗资源向社区下沉，以“养”为主、以“医”为辅。在近年来“医养结合”热潮的推动下，建设医养机构设施的作用被夸大，无形中忽视了医养资源的有机整合及建立协调机制的作用，对于“医、养、护”的辩证统一关系认识不足。

（4）针对民营养老机构的优惠力度不足

主要体现在：一方面，由于民办养老机构的属性和产权不清晰，受到融资难、收益低、回报周期长等因素的制约，针对民营养老机构的土地划拨政策、

[1] 参见：《北京公立养老院一床难求　郊区偏远条件一般老人犯难》，http://news.hangzhou.com.cn/shxw/content/2014-05/22/content_5294469.htm。

信贷支持政策难以落地。有的养老企业不得不打着养老的口号通过预售会员或“卖房”的方式来回收资金以启动养老项目。另一方面，虽然对于民营养老机构在水、电、气、热等方面有“与居民同价”的政策优惠，但鉴于机构运营成本、人力资源配备的考量，这一政策优惠的作用显然较小，未来还需在现行收费水平上加大优惠力度。

3.4.2.3　从事一线养老服务的社会组织严重短缺

在众多为老服务的企业中，最需要政策扶持的是那些直接从事居家护理、日托和全托服务的社会组织和公司。而恰恰是这方面，由于机制创新不足、优惠政策力度不够，本来就不多的养老服务组织在组织发育、人员培训和服务补贴等方面仍然困难不少，生存艰难。

例如，在北京市西城区展览路街道，目前与街道签约的67家为老服务商主要集中在以“庆丰包子铺”“护国寺小吃店”为代表的餐饮业以及美容美发领域。其中，提供餐饮服务的服务商约占到签约服务商总数的37.3%，提供理发服务的占服务商总数的16.4%；提供家政服务、修脚按摩、家电维修服务的共占到服务商总数的31.3%；12%的服务商包括社区卫生服务站为社区老人提供医疗保健服务（见表3.3）。相比之下，目前在展览路街道还没有直接为老人提供日间照料及全托护理等照顾服务的服务商，亟须在未来引入专业化的护理服务团队。

表3.3　北京市西城区展览路街道“九养”服务商状况　　单位：个

<table>
<tr><th>服务项目</th><th colspan="2">就餐、就近送餐</th><th>理发</th><th>医疗、保健</th><th colspan="2">家政服务、修脚按摩、家电维修</th><th colspan="2">其他（送药服务、健康咨询、医疗器械维修）</th></tr>
<tr><td>签约服务商数量</td><td colspan="2">25</td><td>11</td><td>8</td><td colspan="2">21</td><td colspan="2">2</td></tr>
<tr><td rowspan="3">服务商分布状况</td><td>餐饮公司</td><td>23</td><td rowspan="3">美容美发公司</td><td rowspan="3">社区卫生服务中心</td><td rowspan="2">家政服务公司、按摩中心</td><td rowspan="2">20</td><td rowspan="2">老年生活用品公司</td><td rowspan="2">1</td></tr>
<tr><td>托老所</td><td>1</td></tr>
<tr><td>敬老院</td><td>1</td><td>社区中心自管队伍</td><td>1</td><td>药房</td><td>1</td></tr>
</table>

数据来源：北京市西城区展览路街道为老服务手册。

与此同时，已进入居家护理和全托领域的少数养老组织和服务公司也生存艰难。例如，资金不足是普遍反映的问题。北京市朝阳区寸草春晖养老院立足北京和平家园社区的现状，为社区老人提供就餐、日托、上门护理等多项服务。院长王小龙认为由于成本高、补助少，仅房租支出一项就达 100 万元，此外还有机构员工的成本支出，两项支出已经占到公司所有支出的 80%，因而难以形成品牌的连锁经营。另外，养老院虽然目前 100 张床位已经满员，而一张床的成本在 2000 ～ 2500 元，需要 6 年时间才能收回成本，且还要保证床位满员，否则还要拖延收回成本的时间[100]。

场地限制也是制约养老服务组织发展的一个重要因素。例如，北京松龄爱老家园园长翟长宝说："现在在北京找一个两居室、三居室的房间不难，但是要找到 200 平方米以上、价格地点都合适的地方非常难"。课题组在调研中也观察到，爱老家园虽然经过几年的发展已呈现一定规模，但由于场地因素也曾几经易址。

3.4.3 社区养老资源的碎片化运作

由以上分析可见，社区照顾表现为上门护理、日间照料、托养服务以及志愿者互助等多种专业化的服务，其运作有赖于行政的、医疗的和社会组织等层面的多方参与。现阶段，由于对多功能社区养老的认识滞后、缺乏资源整合的眼界以及政府政策的优惠力度不够等因素，条块之间的冲突、矛盾也即社区内养老资源的碎片化在一定程度上制约了养老服务专业人才的优化配置。例如，虽然北京市已开始实施为城六区符合条件的空巢老年人安装紧急医疗救援呼叫器（"一按灵"）、为有需求且符合条件的老年人（残疾人）配备"小帮手"电子服务器的政策，但在具体操作过程中由于部门协调以及人员配备不足等现实问题制约，虽然硬件设施配备到位但由于没有专业医护人员应答，从而导致这些项目搁置不前，无法及时有效满足老年人的需求。与此同时，"由于老年群体对养生、护理和就医的高需求，从而对服务产品的协调和服务资源的整合提出了高要求，包括福利和市场的协调，行政、医疗和社区资源的整合以及服务标准、长效运行和监管制度的配套等"❶。

❶ 参见缪青：《养老照顾与幸福民生：政府、社区和企业的责任》，2012 首届敬老养老助老社会责任高峰论坛。

笔者认为，社区作为具有地域纽带的社会生活共同体，其扁平化治理或者说“块块管理”是面向社区居民多样化需求的，而社区养老资源的调动很大一部分来自政府职能部门的纵向管理或者说“条条管理”。其典型表现就是，社区养老项目与市民政部门、卫生部门、人力和社会保障部门、社会建设以及残联等都有关联，如何将这些资源在社区一级协调起来，避免福利资源重置与浪费，是社区照顾的重要考量。目前，社区内养老资源的碎片化运作，部分与管理上的条块矛盾相关。以社区老年教育为例。可以说，终身学习型社会的构筑与老龄化社会老年教育事业的发展相辅相成，缺一不可。在当下的新媒体语境中，一方面，为老年人提供享受继续教育的权利，需要借助于现代化的教育设备及手段；另一方面，在现有教育资源紧缺的状况下，拓展老年教育的多样化形式成为一个应然选择，也就是说，老年教育的实施不一定只能拘泥于传统的教学方式。然而，我们发现，尽管互联网的发展使得智慧生活成为可能，但是由于社区服务理念滞后以及管理技术的一定缺位，老年受众享受再教育的需求愿望还不能通过互联网方式充分落地。例如，在社区一级，关于老年群体的教育活动主要集中于老年人自发组织的面对面兴趣小组，对于慕课、网络课堂等新生事物的接受还需要一个较长的过程。与此同时，我们也看到虽然北京市从政策设计层面为老年教育的发展指明了路向与方式，但是在具体操作过程中，老年教育的管理体制存在碎片化的问题，即主管部门尚不明确，有的由老龄委、老干处或民政部门管理，有的则由教育部门管理，由此也导致了管理方式上条块分割、多头管理、权责不清的问题。如前所述，社区照顾表现为上门护理、日间照料、托养服务以及志愿者互助等多种服务，其运作来自行政、医疗和社会组织等方面的多方参与。目前，由于缺乏资源整合的机制，条块之间的矛盾在一定程度上制约了养老资源的合理配置。

此外，在社区一级缺乏专职人员以及协调中心来整合资源也是重要原因。例如，在北京市西城区展览路街道，一方面在社区一级还没有一个协调中心以进行养老资源协调与配置；另一方面，就街道的社区编制而言，目前，街道一共有26个科，社区编制仅有13个。作为西城区面积较大的街道，辖区老年人口也较多，因此，在为老服务的工作中，工作人员往往精力不足，加之缺乏一定的专业指导，对于养老资源的整合力所不及。值得注意的是，笔者在一项关于北京市社区工作者的调研中，通过实地访谈了解到，社区工作者存在一定程度的职业倦怠感以及职业发展的瓶颈问题，对于社区为老服务的工作开展具有一定制约性（见案例3.1）。

案例3.1　社区工作者具有强烈发展诉求

社工W（女，“70后”，负责社区党建工作，2009年通过社招考试进入社区工作）：

2009年朝阳区对外公开招聘社工，我们是作为服务站的第一批工作人员被招聘进来的。服务站是在社区设立的一个窗口，我们当时签的合同是两套合同。当时承诺我们的是，给事业编制，但我们进来后却不是这样的，我们也没有进编，所以有些失落。不管考试也好报其他项目也好，我们一直没有身份。一到系统里，就没有社区工作者这个选项，只能选其他，非常尴尬，好像不被社会认可吧。

培训的话，从我们自身的职业素养、专业知识、技能上，一年至少培训2～3次吧。新人来了，专业技能的培训很少，虽然不是事业编和公务员，可能居民以为我们是公务员。但实际上不是这样。我在这儿工作9年了，也没拿到5000元，可以说把一生中最好的青春年华都放在社区了。能坐在这儿和您聊，当您看到这张面孔的时候，我们其实真的是不能说有多高尚，但真的是有一颗无私奉献的心在里头。

社工Z（男，“80后”，社区副主任）：

保持团队的一个完整的招聘体系，不用等到每年一个固定的时间来招聘，反反复复，流动性很大。累得不行了，我也走，这就是一个恶性循环；另外一个就是刚刚和您说的就是理解和支持，一个是家里的支持，一个就是咱们政策的支持，福利。我是从外面进来的，我们不奢望年终的时候能和大企业一样，就是想心理有一个安慰，让我们认为这一年的付出是值得的。

我这人吧，有一段时间挺不好的，所以说我觉得心理疏导挺好的。说实话，我们心理压力也挺大的。挣不着钱，还老是这样儿……其实有时候挺压抑的。我们要的只是一个理解和支持。说真的，我们这儿缺编缺得厉害，事多，活多，社工每年只招一次，这人走了以后，这活能不能接上，也是挺难的。今年我们要招20多个人，您想到了6月、7月的时候，我们这几个人要顶这20多个人的活。

从外界来讲，别人可能都觉得没那么累，没那么苦。但里边有很多细节的问题，像我们有民调，我们有管环境的。环境这块，1.3平方千米，再加上部队的院，25个门都是我管，办事处网格都得按他们的时间走，我基本上转一圈就一天时间都没了，就没什么时间了，但是我还得去处理网格。办事处近期突击来了四五个表，都压到社区这里来，昨天给我发，下星期一就要，要我跑几十家社会单位，中间我还要忙其他事，这基本是不可能的。

…………

现在我们是晚上值班到8点，周末也有部门人员值班，社区14个人，两人一组轮着来。但是呢，在我们收入里边，我们工资其实只占一小部分，里边有很大一部分是补贴这些，最后组成了我们拿到的这些钱。像我们周末值班，一天是60元，我给您算笔账，我住五环外东坝，如果有条件就开车来，没条件就坐车来，每天在路上消耗的时间费用加吃饭，我这一天基本白搭。其实说实在的，我并不是在乎这个，但是我这一天出来相应地就基本上顾及不到我的孩子、父母甚至我的爷爷奶奶。赶上前段时间我母亲摔了，将近一年的时间，感觉压力挺大的。对于我们这个年龄层的孩子来说，压力挺大的。

社工L（女，“70后”）：

打算今年考中级社工证书，之前考了几次没考过。工资大概是3200元，不会转行，我再过10年就退休了。我觉得这个工作吧，挺有意义的，虽然说你冲在前线，解决的都是基础的问题。但是对我自己来说呢，挺有成就感的。因为我觉得给居民办了一点事。其实事可能都非常小，但是挺关键也很重要。能有多大的事，是吧？就是你给他解决一点生活理念的建设问题，现实生活里的小问题，知冷知热的。

…………

居民和社工之间的冲突：一是整个社会都比较焦虑，有的人借着酒劲来居委会闹事，说车位少、家里暖气不热，各种事却要我们管。社工的身份不被认同。有责任，没权利。所有的事务都下沉到社区，我们又没有执法权。您知道有一个认同感。大家在社会上都有一个分工，我们都不知道我们的职业是什么，我们都没有，不知道往哪儿写，没有归属感。自己到底算什么，居民对你的认同缺乏。他认为你是居委会，他觉得你就得什么都能做。虽然说现在有专门的社工事务所，但居民不会觉得你是专门的社工师。您看像律师事务所，居民一听，哎哟律师，至少有一个大概的框架，起码知道你是干什么的。代理啊、社工师，居民不了解这些是干什么的，社工师是干什么的？但是现在还是以社区的社工为主，但我们做的工作和社会工作学的那个专业偏差太大。所以说对于这个职业的认同是欠缺的。我们没有身份、没有编制，但我们自己对自己很认同，不认同的话坚持不了这么久。现在签的是协议，三年一签，也算稳定。就是没有身份，没有归属感。但是大部分都在坚持，对工作都是干一行爱一行，都是有责任心的。未来吧，最好能给社工单独的编制，让社工的发展变得职业化。再有就是，物价涨得太快了。所以说还是希望能涨工资，以后可能每年涨的都不一样，长期能干下去的。你说干两三年的，刚认识居民，又要走了。不行。

由以上访谈案例可见，社区工作者的惯习既是个人特质的体现，也是社区制度规范、社区文化等的缩影。社区工作者的职业化发展，是一个蕴含“人、群体、制度”的三维系统工程和嵌入社区生活的日常实践过程，也是其思想认知、行为走向生成的现实土壤。因而，立足北京市首都实践促进社区工作者职业化和专业化的发展对于北京市社区养老服务体系的未来构建及发展具有深远意义。

总之，在社区养老的起步阶段就能意识到养老资源碎片化的弊端，并在社区居委会的平台上通过制度创新和社会创新，调动社区内多种养老照顾资源，例如行政的、医疗的、社区志愿者、社会组织以及养老服务公司等，为有照顾需求的老年人提供多样化的产品和服务，不仅会降低社区养老照顾的成本，满足老年群体的多样需求；重要的是，各种资源的相互融合、优化也将有助于我们应对未富先老的老龄化困境。关于如何基于社区一级平台进行养老资源的优化，在本书第 5 章中将进行重点介绍。

第 4 章　深化关于社区照顾专业化配置的认识，搭建后台保障机制

由前文分析可见，多功能社区照顾的运营不仅需要一系列前台要素，还有赖于协调其运转的各种后台要件。需要强调的是，作为多功能社区照顾的核心环节，专业化配置的优化及长效运营也有赖于深化“老年人是国民财富的源泉”这一认识，以及社区养老资源的整合与养老公共政策的优化与协调的后台保障机制。

4.1　高水平的社区养老是一项国民健康工程

4.1.1　慢病与高质量的社区养老

4.1.1.1　慢病对社会经济发展的制约

慢病，也称“慢性病”，即“慢性非传染性疾病”，由一系列疾病构成，包括心血管疾病、癌症、慢性呼吸系统疾病、精神病和糖尿病，其特点为潜伏期长，病程长，导致患者功能衰弱或丧失。由于慢病流行具有造成严重经济损失的巨大潜能，因此连续两年被全球经济论坛列为影响全球经济发展的主要风险之一。

据调查，2003—2010 年，虽然我国的 GDP 从 13.6 万亿元增至 39.8 万亿元，增加了 1.93 倍，但各种慢病的经济负担却增加了 1.97 倍。有数据称，目前全球有 4400 万名失智症患者，其中中国约有 1000 万名。失智症的患病率与年龄相关，65 岁以上人群患病比例是 5% ～ 10%，到 85 岁以上为 30% ～ 50%。现代社会，失能失智症已经不是单纯的个体问题，而已经演变为一种严峻的社会问题。这是由于，失能失智老人往往患有如高血压、糖尿病

等多种慢性病，慢病治疗及其长期护理需要较高的经济支出以及时间成本，不利于社会经济的良性运转与稳定增长。例如，2013 年美国用于失智症护理和药物上的费用高达 2000 亿美元，相当于 GDP 的 1% 左右，成为美国最昂贵的疾病。

作为首都，北京同样面临着慢病的侵扰。2011 年 7 月，世界银行在北京发布《创建健康和谐生活　遏制中国慢病流行》报告指出："慢病已经成为中国头号健康威胁。在每年约 1030 万例由各种因素导致的死亡中，慢病所占比例超过 80%。此外，慢病在疾病负担中所占比重为 68.6%。" 2014 年 9 月，北京市卫生计生委首次发布老年人健康膳食指导口袋书，其中指出：北京市 60 岁以上老人高血压患病率为 74.9%，糖尿病患病率为 23.3%，血脂异常患病率为 59.6%，超重比例和肥胖率分别达到了 43.2% 和 25.4%，可见慢病管理迫在眉睫。

尽管北京市卫生计生委于 2005 年便已开始社区慢病管理工作，并于 2014 年开始加大了老年康复、护理医疗机构的建设力度[1]，基层卫生服务机构基本药物品种、社区卫生服务站的用药报销目录也有所增加，"分级诊疗、科学评估、有序转诊、无缝衔接"的老年医疗连续性服务模式的探索尝试也开始起步，但由于社区基层医疗卫生资源有限、社会组织机构介入存在不同困境以及大众长期以来形成的生活饮食习惯等因素影响，新时期慢病管理仍然任重而道远。

4.1.1.2　有照顾需求的老人对于高质量社区养老的现实诉求

现阶段，由于照料资源的不足，社区慢性病老人、失能和半失能老人的照顾任务主要由家庭成员如配偶、子女或保姆承担，空巢老人仅由社区工作者团队提供基本生活照顾，而没有护理人员或护士提供居家用药指导、情志调护、健康膳食、康复指导，照顾者在照顾过程中难免产生一定的消极情绪，需要及时缓解。尤其是失能老人大多数也是高龄老人，其子女普遍也是 50 ～ 60 岁的中年人，照顾老人的重任对于自身也即将迈入老年或已进入老年阶段的子女而

[1] 截至 2014 年年底，北京市已开设康复医院、护理院和疗养院 18 家，开设康复医学科的医疗机构 145 家，开放床位 2422 张。

言，形成了较大的身心压力。

对居家养老的老年慢性病患者照顾者家庭负担的调查分析发现[101]，83.5%的照顾者认为存在不同程度的家庭负担，其中经济负担为 76.8%、日常生活影响为 52.1%、家庭休闲娱乐影响为 40.1%、家庭内关系影响为 36.6%、家庭对外关系影响为 21.5%、家庭成员身体健康影响为 19.9% 以及家庭成员心理健康影响为 11.8%。可见慢性病老人对家庭照顾者的影响也非常大。缺乏专业指导和相应的支撑系统是目前居家养老、社区协助养老存在的较大问题。

此外，从经济支付能力来看，北京市老年人群已经具备在养生保健链条投资的经济支付能力。一方面，北京市老年人从社会保险获得的收入位于全国前列。参考相关数据可以发现，早在 2012 年，北京市领取城镇职工基本养老保险的离退休人员 210.7 万人，来自社会养老保险的人均月收入 2510 元，高于上海、天津等地区，位居全国第二；同年，领取城乡居民社会养老保险人数 28.01 万人，人均月收入约 450 元，远高于 71.6 元的全国平均水平，全国排名第二，仅次于上海。领取两类养老保险的总人数为 238.7 万人，占全市老年人的 90.8%。全市还有 55.15 万名 55 岁及以上无社会保障城乡居民享受福利养老金待遇，待遇水平每人每月 277 元。另一方面，如本书第 2 章所述，北京市老年人经济收入普遍较高，具有一定的经济基础获取养老服务业提供的各类产品和服务。

由以上分析可见，北京市老年人群已具备在健康链条投资的经济水平与能力，因而从观念上促使政府和公众形成关于专业化社区照顾是与医疗卫生体系并行的照护体系和健康工程的认识就尤为必要。

4.1.2 专业化的社区照顾是一项注重养生的健康工程

深化对专业化社区照顾的认识不仅要看到它是社会化养老的重心，而且是与医疗卫生体系并行的促进健康、注重养生的照护体系和健康工程。搞好社区养老照顾有赖于政府、社区以及企业的多方参与，并且要落地到行业协会、社区一级以及市一级的整合协调机制，其长远目标不外是要从整体上提升社区养老服务的品质和质量。而服务质量整体水平的提升很自然地会反映到国民健康水平的层面。

社区照顾的核心功能就是提供多样化专业照顾的产品以及增进居民的健康知识用以提升健康老龄化的水平。

由此可见，如果从政府到公众都能认识到搞好社区养老照顾是一项国民健康工程，那么在努力实现养老保险和照顾服务广覆盖的同时，将会大大减轻老龄人口猛增对医疗资源的压力。

案例 4.1 ～ 4.3 较好地说明了搞好居家护理和康复服务对健康老龄化的重要意义，可以帮助老年人降低住院率、提高疾病的疗效及缓解和改善慢病。

案例 4.1　出院后的居家短期护理可以降低重复入院率❶

“出院后过渡”的模式始创于仁爱华在美国北卡罗来纳州的一个加盟商，通过给刚出院的患者提供居家服务（项目内容包括护理人员与家庭沟通、定期访视、服药提示、接送就医、做饭、家务等），康复者减少了重复入院的概率，一家医院一年节省了 100 万美元。

据美国卫生及人力服务部报告，有 20% 的医保病人会在 30 天内重复入院。这是因为，当你离开医院回到家中时，症状不一定完全消失，这会使康复者重新适应日常生活变得困难。“出院后过渡”的居家护理服务满足了康复者的多种需求，这一项目的试点使康复者的重复入院率降低了 53%。

案例 4.2　癌症治疗开始重视服务和心理疏导以提高疗效

在过去，我国在癌症治疗中一直存在重技术、轻服务，重数据、轻感受的现象。由于缺乏医患之间的有效沟通，良好的治疗方案常常未能在实践中实施。针对这一问题，2013 年“携手”结肠癌患者支持项目在上海启动，其宗旨是提升对结肠癌患者个体化的管理水平，为广大患者提供更好的治疗、护理方案和心理辅导。❷

❶ 资料源自慈爱嘉养老服务公司：《照护通讯》，2013 年第 5 期。

❷ 参见：《携手结肠癌患者支持项目在沪正式启动》，http://www.sh.xinhuanet.com/2013-10/30/c_132843998.htm。

“携手”项目的要点是从传统的“配合治疗及护理”转向“治疗疾病本身的同时，关注患者生活质量”。2009—2011年，通过对270例癌症患者进行抑郁分析和心理痛苦筛查，结果显示：出现焦虑的患者达122例，发生率为45.19%；有106例患者出现抑郁，发生率为39.26%。由此可见，癌症患者在躯体疾病的同时，还存在着不同程度的心理障碍[102]。“携手”项目一方面指导患者根据个体情况合理用药、规范治疗、正确护理。尤其是项目中的心理辅导部分，旨在缓解患者在治疗过程中的不良反应和负面情绪，帮助其取得理想的治疗效果；另一方面针对医护人员进行全科医生培训，进一步改善医患关系。

案例4.3　慢病可借助中医养生和治疗得到改善

现代人脊柱与骨退变性疾病（颈椎病、腰椎间盘突出症、腰椎管狭窄症、骨质疏松症、骨关节病等）的发病率高达25%以上，50岁以上患有2种以上骨病的人超过50%，60岁以上的高达100%，这些慢病正在成为严重的公共卫生问题。在这方面，中医的养生和治疗对改善腰颈椎病富有成效。

例如，上海中医药大学施杞医师运用中医药疗法治疗的颈腰椎病人已超过15万人次，有效率在90%以上。他认为“95%的颈椎病人，都可以用中医药的方法获得疗效，只有5%已严重压迫脊髓、濒临瘫痪的病人，为了抢时间，必须施行手术”[103]。

由以上案例可以清楚地看到，如果能够认识到搞好居家护理是一项健康工程，通过多功能的社区照顾普及养生和健康知识，也即在预防为主的社区康复项目上进行投资，在健康老龄化链条的前端花钱，而不是一味地“轻预防重治疗”，可以有效降低链条后端的医药费用，减轻养老财政的压力。

由此可见，在健康管理、慢病维护上从“重治疗”转向“重预防”，更新观念是非常重要的。这还可以从下述资讯再次得到印证。我国脑卒中死亡率高于欧美发达国家4～5倍，而导致这一结果的并非是治疗上的差距，而是预防上的差距。据统计，“目前我国高血压患者达2.66亿人，糖尿病患者1.36亿人，血脂异常2亿人，房颤患者800万人，吸烟人群3.5亿，肥胖者7000万人。如此庞大的高危人群队伍中，多数人不仅没有评估过脑卒中风险，对已存在各项危险因素的干预措施也不到位”[104]。

从目前来看，北京市一些社区已经着手进行这方面的探索并呈现初步成效。例如，海淀区田村路社区卫生服务中心根据实际服务资源的承载能力，对应28个社区成立了18个卫生服务团队，利用地区医疗资源优势，与中西医结合医院合作，为老人开展免费体检、通过慢病防控对老年人进行初步的健康管理与慢病维护，基本上实现了医养结合服务的初步发展，初步搭建了养老服务协调机制，即在社区一级、街道一级探索行政、医疗和社区的资源整合。但是与此同时，从北京市的“医养结合”实践来看，还存在诸如多功能产品不足、专业化服务欠缺、服务流程不规范以及智能化服务平台开发不足等多种问题，需要在社区一级整合政府、企业、社会组织以及志愿者的多重力量，为老年人切实构建“预防—援助—护理”照顾机制。

4.1.3 老龄群体的健康是发达城市建设的重要标志

要营造一个使老年人能自立和有尊严生活的社区环境，深化对社区养老及专业化培训的认识和一系列观念更新不可或缺。这是由于，观念的转变直接影响到制度设计和项目开发。这包括要认识到多功能照顾的愿景和社区环境（详见第2章和第3章），包括形成多方参与的格局并落地到构建跨学科的行业联盟和市一级的政策协调机制，以及认识到搞好社区照顾是一项拉动内需的国民健康工程等。而上述一系列观念更新的核心价值支撑在于：要真正认识到老年人是国家健康和财富的源泉之一，老年群体作为社会的主流人群不应当只看作是负担。正是以这一理念为基石，加快养老服务业的政策势在必行，而且这一行业是中国扩大内需和未来发展的重要投资场所。

依据老年人是国家健康和财富的源泉的原理，搞好社区养老服务可以在三个方面缓解养老财政的压力。

一是开源：通过发展养老服务业及其相关的老龄产业链，一方面可以扩大就业，另一方面还能够通过拓展养老消费市场拉动内需。

二是节流：通过多功能的社区养老服务，普及养生和健康知识，实施心理健康干预，降低老年慢性疾病的发病率，减轻医疗财政负担。例如，2013年《北京市老年人口心理健康及需求状况调查研究报告》显示，老年人的精神需求（27.9%）已经仅次于物质需求（29.7%），对老年人进行精神关怀迫在眉睫。

三是搞好养老服务是幸福民生和维护稳定的战略工程：老有所养直接关联到中国人的安全感、幸福感的提升，有助于维系社会稳定。

以上有关搞好社区养老服务以及搞活养老服务业的讨论，特别是将“包袱”转化为“红利”的思想同《国务院关于加快发展养老服务业的若干意见》完全吻合——该文件指出，“积极应对人口老龄化，加快发展养老服务业，不断满足老年人持续增长的养老服务需求，是全面建成小康社会的一项紧迫任务，有利于保障老年人权益，共享改革发展成果，有利于拉动消费、扩大就业，有利于保障和改善民生，促进社会和谐，推进经济社会持续健康发展。”

社区外部政策环境与市场环境的优化，须落地在政府和行业协会的互动平台上，通过集研究、规划、培训和产业发展于一体的资源协调机制来促进社区照顾专业化的建设。在多功能的照顾服务、专业化培训等方面增加投入，可以帮助老年人获取健康管理的知识和健康的生活方式，不仅有助于老年人的身心健康，还能够推动医疗服务与养老服务合作的新模式，促进养老服务与医疗、家政服务、保险、教育、健身、旅游等领域的互动发展。上述措施的整合绩效在于，它们既有助于缓解养老财政的压力，也是老有所养和幸福民生的应有之义。

4.2 促进养老资源在社区层面的整合

基于前文关于社区养老资源整合不足的分析，在厘清社区养老资源整合概念的基础上，应进一步形成社区养老资源整合机制，以为养老服务人员提供职业发展的配套保障与资源支持系统。

4.2.1　社区养老资源整合的内涵

本书所讨论的社区养老资源整合，意指由政府、社区、养老服务组织与企业多方参与，在社区居委会的平台上通过制度创新和社会创新，调动社区内多种养老照顾资源，如行政、医疗以及市场等方面的资源，为有照顾需求的老年人提供多样化的产品和服务，从而提升老年人的生活质量与幸福感。需要强调的是，这里所提及的资源，有别于专业化意义上的养老服务人才资源，是一种由非专业化的行政、医疗以及市场资源构成的综合产物。

在社区养老照顾起步阶段能否具有资源整合的眼界，对于搞好社区养老具有重要意义。在这方面日本的经验值得借鉴：近年来大量社会组织介入社区、老年服务种类增多并涉及政府很多部门，为了提升社区养老服务的效率，日本成立了社区老年综合支援中心来协调行政资源、医疗资源和社区资源。中国香港地区在细化社区照顾的专业支持和技巧的同时，也强调在社区整合各种养老资源。

日本和中国香港地区的经验说明，社区福利资源的整合对于提升照顾品质和降低成本极具重要性，能够有效地促进社区照顾品质的提升。

4.2.2　社区养老资源整合的意义

结合前述多功能社区照顾的愿景，我们知道，社区照顾即是对有照顾需求者特别是老年人，提供上门护理、日间照料、托养服务以及志愿者互助等多种服务，从而营造一个使老年居民能够自立并提升其尊严的社区生活环境。

对于养老资源整合的重要性，英国学者苏珊·特斯特在《老年人社区照顾的跨国比较》中早已有所强调，即“为老年人提供的社区照顾服务十分广泛，涉及的服务机构种类繁多，融资渠道也形式各异；因此服务机构之间必须加强协调和合作，以提供适合需求的服务并避免相互之间的重叠”[66]。

显而易见，应对快速老龄化的挑战，社区养老或者说专业化支持的居家养老是重心。由于我国社区养老尚在起步阶段，面临资金不足、服务单一、专业人员短缺等困难，因而有必要将社区内各种养老资源如医疗、行政及社会组织等方面资源协调使用，在努力满足老人多样化需求的同时缓解养老财政的压力，并为养老服务的专业人才提供良好的工作平台及保障机制。

4.2.3 在社区一级构建养老资源平台的可能性和可行性

如前文所述，如何在社区照顾的起步阶段进行资源整合，已经成为一个重要课题。而无论是基于已有的经验传统与制度环境，还是从养老服务的实践运作来看，一定程度上已为社区养老资源的整合作了良好铺垫。

4.2.3.1 社区居委会建制为养老资源整合提供了平台

第一，社区居委会具有协调社区公共事务的功能。众所周知，居委会不仅是承接治保、计卫等公共事务和公共服务的载体；还是居民互动沟通的一种公共领域，与居民的日常物质生活、精神文化活动息息相关。随着以社区党组织为领导核心、社区居民会议及其常务会为决策平台、社区居委会和社区服务站为执行主体的社区治理结构体系的不断清晰及完善，以及市级层面“三边四级”养老服务体系的建立健全，社区与社会组织合作提供的社区养老驿站、老年活动中心、老年文化站以及照顾服务，在地域与时空上集合了老年照顾所需的多种资源，这一协调功能也将不断进一步开掘。

第二，北京的社区具有资源整合的传统。当我们回溯北京社区建设的过程，不难发现，许多社区在资源整合方面已经做出了诸多有益探索。以和平里街道为例，在街道与所辖范围各单位的合作方面，社区与单位各自提供资金、服务或设施，改善居民生活环境、为社区居民提供无偿或低偿的公共服务。例如，通过朝阳门少年之家提供场地和设备，社区艺术学校的教师无偿为老年人上课，从而将少年之家成功转变为老年人的活动天地。此外，以近年来基层社区治理为背景，北京社区居民自治在街道以及社会组织的协同支持下，也呈现出发展良好的态势（见案例 4.4）。

案例 4.4 “情暖五色土”项目化运营发展良好

“情暖五色土”是北京市东城区某社区的服务品牌，创建于2009年，现有志愿者120人，其中党员98人。“情暖五色土”是以志愿服务为理念，以求知、环保、幸福、和谐、关爱五类需求为服务内容，以“互联网，微生活”为补充平台，通过公益认领，项目化运作的模式开展社区服务。每年组织开展的活动不低于96次，受益居民不低于26000人/次。

2016年1月，社区开启了“公益认领”模式。“公益认领”模式是社区党委、居委会或服务站基于社区及其居民的实际问题和需求，使用社区公益资金或社区服务相关费用，将社区问题或需求转化为若干基本服务内容（活动或项目），在辖区范围内面向社会组织、社区单位和社区居民开放认领申请，并采取项目化方式运作管理的一种社区自治模式。

社区居委会主动鼓励、支持和引导部分居民个体参与其中，不仅促进了社区社会组织的发展，还丰富了社区服务内容，而且逐步形成了居民有序参与社区建设的内生力量。2016年社区共有6支文化团队认领了10个公益项目，分别为舞蹈队、太极队、编织队、京剧队、摄影班和书画班，分别认领了建军节、重阳节包饺子慰问空巢、失独、退伍军人的服务。开展六一宝宝总动员活动，为儿童节编织活动道具；暑期教青少年学习编织、摄影、书画技巧；每月为80岁以上老人编织生日礼物，举办老年生日会；开展摄影比赛、为京剧爱好者举办京剧专场，共服务社区居民千余人次。

“红色求知联盟”项目是以培育成长为理念。社区拥有80米综合阅览室和150平方米的培训室，每年组织社工专业学习、志愿者学习、居民骨干培训30余次；开展创益大赛、技能大赛、知识竞赛等活动4次。

“绿色卫士”项目是以绿色环保为理念，通过公益认领的形式开展，“绿色生活协会”每月月末开展“绿色回收”活动，年平均回收废旧电池9974节、过期药品12998盒；开展垃圾分类积分兑换、旧物交换；月末大清扫等每年能减少垃圾27吨。

“粉色幸福驿站”项目以促进居民幸福为理念，以政府购买为依托，引入社会组织并结合社区内部组织，开展“儿童之家”“宝宝总动员”“我们的节日”“我的假期我做主”等特色项目活动；每月开展幸福家庭沙龙、每个季度举办“百姓剧场”。

“橙色和谐使者”项目以促进和谐为理念，采取多元参与的方式，以六大委员会为主体。居民议事厅解决了体育馆路小学迁入社区问题；由居民决定了社区年度服务方向。阳光卫士志愿服务队定期进行安全巡视检查活动。

“蓝色守护”项目是以社区关爱互助为理念，以居民公益人为主体；“美理使者”可办理3元爱心理发卡；“夕阳天使志愿服务队”为结对帮扶对象提供代购代缴、看望慰问等服务。马大嫂饺子馆认领了老年餐桌服务，巧娣妹编织队每年为200多位高龄老人过生日。

在街道与外部社会资源的关系方面，街道一方面通过“准市场机制”❶委托非营利的社会组织为社区提供服务。由政府提供场地、设施设备，选择社会组织或企业运营，在社区开展养老服务。如北京、上海、宁波等地，开展居家和社区养老公益项目，审定服务对象、培训服务人员、确定服务内容、监督服务质量。另一方面，街道还积极争取社区外的公益性投资，如通过民政部启动的给每个社区提供一定的资金用于建设老年活动室、老年文化室、老年日间照料室等老年服务设施[105]。

4.2.3.2 社区内现有的各种养老服务资源

社区养老资源是照顾服务赖以运行、发展的基础，其有效运行一方面有赖于活动在社区内的社会组织和志愿者网络，另一方面有赖于行政力量（如民政系统和医疗系统）以及市场资源（如养老服务公司和信息技术公司）的支持。

---

❶ 一种介于行政和市场机制之间，即非纯市场，也非纯行政的社会服务活动。这一社区服务运行机制以社会效益优先为目标，主要通过竞争的方式为社区提供无偿与低偿，无偿与有偿相结合的服务项目。

从社区内的养老资源来看，驻地的单位、企业和各类专业人士、志愿者支持网络、各类社会组织、专业机构的介入是社区养老照顾能够有序发展的必不可少的支持力量（见案例 4.5 ～ 4.6）。

案例 4.5　银龄互助协会为老服务工作提升老年居民归属感

北京市东城区前门街道银龄互助协会成立于 2013 年，目前有队员 30 名，平均年龄 63 岁，协会成立的意义主要在于由社区乐于助人的低龄老人对高龄老人提供志愿服务，营造社区老人自助自扶氛围，如生日送祝福、上门理发、心理关怀、代购生活用品、帮助出门沐浴阳光等，使低龄老人服务高龄老人在社区形成良性循环，让老人们有归属感、满足感和幸福感。

该协会搭建了一个低龄老人服务于高龄老人的平台，让社区内热心公益服务的老人能够老有所为、老有所乐，使这些老人找到归属感，能够为他人带来帮助和快乐，并且通过这种方式带动社区内更多的居民参与到服务中来，这样慢慢地形成良性循环，使社区老人能够自己照顾自己。协会自成立至今，不断有新的低龄老人加入以此来实现自己的价值。

银龄互助协会经过几年的探索和发展，由最初的一个居民自发成立的兴趣小组逐步成长为能够自我管理、自我服务的社区社会组织，且拥有属于自己的“银龄”品牌项目，如“老年人自助自扶”社区支持项目、“银龄互助小组”项目、“银龄梦想·微孝前门”项目、“银龄开心自助厨房”项目、“银龄喜乐照”项目、“银龄互助·爱心传递”项目等，先后为社区 150 余位老人提供常年的志愿服务。2013 年“老年人自助自扶”社区支持项目参加东城区公益创投项目展并获得好评；2017 年“银龄互助·爱心传递”项目入围东城区为老服务好项目大赛，结项时受到主办方的高度认可。2019 年策划实施的“银龄笑孝”项目，目前也进展顺利。

银龄互助协会扎根社区多年，策划项目多例，在社区逐步营造了低龄老人服务高龄老人的为老服务氛围。

案例4.6　夕阳天使志愿服务队开展为老服务

北京市东城区龙潭街道夕阳天使志愿服务队成立于2012年10月，队伍的成员主要由社区退休低龄老人以及热心公益的爱心人士构成，通过招募社区志愿者，与社区空巢老人结对子，形成“一对一、多对一”等不同的服务模式，因人、因时、因地制宜地开展志愿帮扶活动。

为进一步推进社区志愿服务的专业化，2016年9月社区开展“夕阳天使互助养老”项目，在社区党建经费的支持下，引进专业为老服务社会组织——福寿百年社区养老服务中心，通过专业的孵化、培育，“夕阳天使”的人数从十余人达到了68人，其中党员14人，逐渐形成基于健康促进的互助养老模式，并摸索出一整套的专业工作方法。

为了让志愿者更好地进入角色，提升志愿者综合能力，更好地为社区老人服务，社区联合福寿百年社区养老服务中心为志愿者提供专业化培训共10次，包括互助养老模式的讲解、项目书的撰写、心理学沟通等。通过专业技能培训，挖掘潜在志愿骨干，为志愿服务队伍建设提供必要支持。

由上述案例分析可见，北京市目前在社区层面的为老服务方面，已经初步形成了由老年人自组织、社区居委会以及专业的社会组织协同参与养老服务的多元化资源服务体系，为当前社区养老的开展提供了现实准备和基础。

从社区福利资源的组成要素来看，一方面有民政、卫生、残联、人力与社会劳动保障等部门管理的福利项目涉及多种养老资源；另一方面有社区所辖范围内的各级各类医院或卫生站、健康养生组织及康复机构等。

从基层医疗卫生机构的构成来看（见表4.1），包括社区卫生服务中心（站）、门诊部以及诊所、卫生所、医务室，村卫生室四个层面。根据北京市卫生计生委信息中心统计数据表明，2004—2018年的10多年来，社区卫生服务中心（站）及门诊部的数量呈现逐年递增的状态。无论是从医院、公共卫生机构以及其他疗养康复机构的分布来看，还是从机构人员及床位数量来看，北京市都是全国城市中医疗资源密度最高的城市，在一些方面已接近发达社会的水平。

表 4.1　北京市 2018 年医疗卫生机构、床位、人员数量

项目	机构数（个）	编制床位（张）	实有床位（张）	卫生人员（人）	卫技人员（人）	执业（助理）医师（人）	注册护士（人）
总计	10986	127845	120557	346255	276969	105732	123158
一、医院	**732**	**117867**	**113576**	**254150**	**207457**	**73905**	**101786**
公立医院	252	91970	86902	204048	171803	60395	85785
民营医院	480	25897	26674	50102	35654	13510	16001
三级医院	116	73947	69312	173814	146746	50894	75056
二级医院	144	27637	27199	50918	39768	13933	18807
一级医院	433	14661	15326	26177	18724	8292	6940
未评医院	39	1622	1739	3241	2219	786	983
综合医院	312	63074	62884	158890	134520	47623	68689
中医医院	215	27941	24746	43498	34594	14070	13935
专科医院	196	26612	25706	51627	38288	12194	19138
护理院	9	240	240	135	55	18	24
二、基层医疗卫生机构	**9996**	**6528**	**4410**	**70802**	**54937**	**26983**	**17792**
社区卫生服务中心（站）	2066	6528	4383	35174	29145	12792	8890
门诊部	1191	—	27	16886	13096	6639	4705
诊所、卫生所、医务室	3907	—	—	15157	12358	7268	4143
村卫生室	2832	—	—	3585	338	284	54

注：1. 本表统计范围包括村卫生室，机构数、人员数包含 15 家驻京部队医院和 4 家武警医院（其中三级 17 家，二级 2 家）。

2. 中医医院包含中医医院、中西医结合医院和民族医院。

数据来源：北京市公共卫生信息中心。

此外，就医养层面养老机构与医疗机构的结合形式而言，一方面，由养老社区独立设置医疗机构的“医养一体化经营”模式获得初步发展。这一医养联合体的优势在于可以利用养老机构的照料优势，在为老年人提供医疗介护的同时兼顾餐饮、家政等服务。另一方面，有的街道结合自身区域优势，整合了区域内的优质医疗资源，下沉到社区为老年居民开展健康服务，也是医养结合养老模式在基层社区的一种发展及创新（见案例 4.7）。

案例 4.7　田村路街道推进“医养结合”的发展和创新

北京市海淀区田村路街道通过以下措施为辖区老人提供了各种便利——以居委会为单位，核实、造册登记“三类老年人”；组织开展居家养老健康管理（医疗）服务社区宣传；组织符合条件的老年人参加免费健康体检；组织大医院专家、社区卫生服务团队以居委会为单位，开展健康教育、义诊咨询和上门服务。促成了医养结合的初步发展，在老年健康管理及慢病维护方面取得了一定进展。

目前，田村路社区卫生服务中心根据实际服务资源的承载能力，对应 28 个社区成立了 18 个卫生服务团队，利用地区医疗资源优势，与中西医结合医院合作，为老人开展免费体检、通过慢病防控进行以下三方面的健康管理：第一，为辖区 60 岁及以上老人开展免费体检与及时跟进服务；第二，利用地区医疗资源优势，与中西医结合医院合作，在保证医疗安全的前提下为部分老人提供上门服务；第三，提升居民健康意识，构建科学健康理念。卫生服务中心目前已培养家庭保健员 18 名，以发挥家庭成员在慢病防治过程中的重要作用。

就社区与社区医院 / 卫生站之间的互动而言，老年人健康档案的建立首先由各社区负责将本社区老年人基本情况进行摸底调查，之后进行汇总并上报相关信息，并协助卫生服务团队开展为老人免费体检、专家义诊及上门护理服务。例如，社区卫生服务团队随专家上门义诊，记录专家医嘱，按照“服务规范”要求提供跟进服务。

就社区与专家团队、志愿者的互动而言，社区居委会也在其中扮演了重要的角色。包括以居委会为单位，制订健康管理（医疗）服务工作计划，统筹安排专家、医护志愿者进入社区的时间、地点，并提前向社区居民公示等。在田村路街道办事处和居委会的积极配合下，首先在田村路社区中心与永金里社区进行远程视频健康管理，从而实现了老人与专家面对面的、“一对一”的会诊、咨询指导。解决了部分老人因行动不便、交通不便、无人陪伴等因素不能就医的难题。

街道充分发挥区域优势，将中西结合医院的优质医疗资源整合到养老服务体系中。在此过程中，街道18个卫生服务团队通过一系列具体工作的实施将行政、医疗及社区资源有效统筹协调起来。例如，基于社区对于老人情况的调查、摸底，卫生服务团队负责为地区老年人进行健康体检、评估，建立老年人《个人健康档案》；为重点服务老年人进行健康评估，提供长期的健康管理、定期随访与及时跟进服务。又如，街道注重发挥社区卫生服务站全科医生的资源优势，与社区卫生服务中心、永定路中西医结合医院通力合作，积极探索无院墙式养老院管理服务模式，为更多的老年人提供健康、预防、治疗、转诊、康复、陪护等全方位的医疗服务。

在专业化的介入方面，街道多次邀请各方面专家到街道办事处、社区卫生服务中心和社区居委会开展健康大课堂和养老服务的讲座；值得一提的是，街道针对健康老人和高危老人的健康管理主要以科普知识的宣传为主，2013年上半年，街道共组织老年人健康教育讲座63次。依托社区医护资源，2012年、2013年上半年分别组织22场、10场社区健康教育宣传活动。

从市场资源的运作来看，养老服务公司、家政公司在养老照顾服务的市场化运行中承担着重要角色，如何培育规范化的养老服务市场和提升服务质量还需要做很多工作，以逐步形成养老照顾与老龄产业的良性互动。

从社区计算机服务与热线咨询等养老服务的条件来看，北京市2011年启动“社区为老服务信息平台建设项目试点工作”，已有“80%的试点项目已经初步建成并开始试运营”[1]。实践表明，这一探索性的创新工作有助于社区老年人数据信息库完善和为老服务信息平台的建设。当前北京市智慧养老信息平台建设虽然还处于探索阶段，但基于4G技术、5G技术的为老服务设施应用也不断呈现出新的发展局面。

我们看到，社区服务平台目前所提供的“96156”热线电话、“小帮手”电子服务器、社区呼叫系统、有线电视网络等技术手段，正在成为养老资源整合

[1] 参见：《全国老龄办副主任闫青春在社区为老服务信息平台建设试点工作会议上的讲话》，http://www.cncaprc.gov.cn/contents/799/172911.html。

的信息化支撑要素。基于计算机平台建立社区老年人口数据库，不仅便于养老照顾的各方参与主体及时了解服务对象的综合情况还能够在养老宏观制度的框架形成过程中提供信息平台——为政府科学、合理的决策提供依据，从政策制度上保障资源的有效整合。

4.2.3.3　社区开展与社会组织及养老服务公司的合作

基于上述社区资源整合的传统和经验，北京的一些社区已开始展开与社会组织、养老服务公司的合作（见案例4.8～4.9）。

案例4.8[106]　养老服务驿站深受老人欢迎

北京市于2016年开始推行社区养老服务驿站。安化楼社区养老服务驿站是东城区龙潭街道于2015年10月建成的规模较大的养老驿站。结合区位优势和硬件设施条件，该驿站辐射周边的安化楼、新家园、夕照寺等社区，服务目前覆盖周边400～600位老人，其中包括290位政策兜底保障的老年人，如特困老年人、低保低收入家庭中的失能老人、失独老人等。其主要是由政府提供场地支持以及硬件配备方面的资金支持，由驿站工作人员为周边老人提供了居家医疗护理、居家医疗健康等方面的服务。不同于提供长期床位住宿服务的传统养老院，安化楼养老驿站里的老人随来随走，驿站只提供临时性的生活服务，属于居家养老的一种创新模式。为了给老人提供更好的服务，安化楼社区养老服务驿站设立了专用电梯，方便坐轮椅的老人来驿站享受服务。从电梯一出来，就是养老驿站的健康区，在健康区设有体检设备，老人每天通过刷身份证，就可以免费做各种身体检查，还可以将结果直接打印出来。驿站设有健康咨询室、理疗室。驿站内的康复大厅完全按照康复医疗中心的标准设计。驿站还设有日间照料室，术后康复期和有短期托管需求的老人都可以预约使用。

案例4.9　乐龄老年社会工作服务中心为老人提供专业化支持

北京市石景山区乐龄老年社会工作服务中心通过结合试点社区情况，为社区老人提供日间照料、上门服务、困难老人手工援助、社区老人互助平台多种方式的专业化支持，以点带面地使更多老人积极投入到社区建设中来。

该服务中心是一家民间公益组织，成立于2006年，前身为乐龄合作社，其成立之初便致力于周边乃至全市社区居家养老服务发展。目前，乐龄老年社会工作服务中心整合公益、政府等各方社会资源，在社区内打造积极助老生态圈，其中包括三个项目模块：专业照护服务、社区老人互助平台与困境老人支持。经过10余年的实践推广，目前该服务中心运营管理9家社区级养老服务驿站与一家街道级养老照料中心，初步形成了模式清晰、可复制的社区为老服务连锁品牌。截至2019年4月，已经发展了70多支老年志愿队伍，开展社区老人互助支持服务，并成功申请城市社区参与治理资源平台和福特基金会社区创新计划，正式启动社区居家养老支持平台项目。该服务中心将“自助—互助—他助”的理念贯穿于服务的三个层次：对于60～75岁的低龄活跃老人，中心通过诸如“微行动，益家园”项目，鼓励他们参与到社区老年互助活动、志愿讲堂活动以及老年再就业项目；对于75～80岁的中龄老人，中心通过进一步细分老年人身体情况，提供相对应的“介护”服务；针对80岁以上、已出现失能失智的高龄老人，中心通过提供失能全托、上门服务、助餐助洁等，为老年群体提供专业照护服务。

中央电视台《夕阳红》栏目曾在一档为《民政主官话养老》的特别节目中报道过，乐龄八角南路驿站在2016年3月入住了一位百岁奶奶。由于其居住单元楼位于老旧小区，楼房没有配备电梯，老人常年卧床不起，儿子已经离世、女儿也已经70多岁，多年没有下过楼。后来来到乐龄后，在护理员的专业照顾下，2个月后，这位奶奶已经能起身坐立半个小时。

又如，北京市丰台区某社区居委会以委托经营的方式与万家幸福养老服务公司合作成立了“松龄爱老家园”；在海淀区民政局、卫生局、区残联等政府资源的支持下，北京慈爱嘉养老服务公司与社区联手启动北京市“社区居家养老服务中心”，为小区百余户老人（残疾人）家庭，提供老年餐桌、康复护理、日间照料、慢病管理等全方位服务。

综上所述，社区养老资源的整合已经具有了现实生长点，为养老资源整合机制的形成提供了现实基础与必要的保障。

4.2.4 社区养老资源整合策略

具有长期照顾功能的社区养老服务对行政、医疗等福利资源与市场资源的整合提出了很高要求（见图 4.1），这也是全球社会应对养老照顾的一个难题。正如英国学者苏珊·特斯特在《老年人社区照顾的跨国比较》一书中对养老资源整合的重要性的描述。

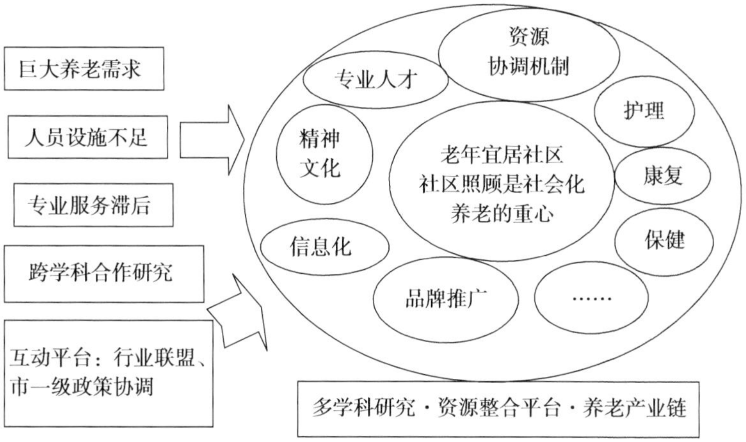

图 4.1　社区养老资源整合关系图

4.2.4.1 通过综合服务中心来协调行政、医疗及学校资源

社区养老的目标之一是在社区形成集上门护理、日间照料、社区托老以及志愿者互助、计算机网络服务于一体的为老服务系统。在未来养老照顾运营中，需要在社区一级协调福利和市场的功能，整合社区内行政、医疗和社会组织的资源。这一协调机制可以经由社区老年服务协调中心（或者称为社区老年综合服务中心）来有序运行。针对如何将行政资源与医疗、学校资源结合起来的问题，社区老年综合服务中心可从以下几方面来操作。

第一，应做好政策与机构之间的对接工作。针对北京医疗机构与医疗制度之间衔接不够的问题，社区老年服务协调中心首先应通过政策来适度引导、借助舆论力量合理宣传，引导老人合理就医，防止对老人的优待政策演变为老人特权。其次，还要做好专科医院与康复机构之间、医护人员与老人及其家庭之间各个层面的协调工作，以让老人充分认识到由医院转介到康复机构进行护理的意义与作用，从而确保下一步工作的顺利开展。

第二，还应做好老龄健康网络支撑管理体系的建设与维护管理。在组织架构层面，应形成“市一级—区一级—社区一级”的老年卫生服务指导中心体系；在服务团队的建设层面，逐渐形成系统的培训标准与培训内容；在技术机构层面，应施行行业协会、大学研究所与社区协同合作的共建模式；在信息服务层面，应实现老人健康信息和疾病信息与社区医疗卫生信息的共享，以便进行老龄健康服务与健康管理。

4.2.4.2 基于项目运作进行资源整合

协调功能实现的一个重要层面是在社区一级的养老服务中心确立协调机制以解决条块矛盾。协调机制的确立需要基于中心项目系统的良性运作来实现。

项目应涵盖三方面的内容，第一是对社区居民照顾需求的评估；第二是协调社区内照料资源——行政、医疗和社会组织——的整合；第三是协调社区照料资源和老龄产业的联结。

关于老年人身心健康与需求的评估项目，可依托政府专项基金支持，引导社区立足老年居民实际需求状况积极申报项目，经由综合服务中心自主、自力协调资源配置。

在福利资源与市场资源的协调层面，一个选项就是立足居民养老需求，依托社会组织如学校、研究所的学术资源，行政单位的行政资源以及企业的市场资源等，以项目制的形式深化、推进政府向社区购买服务的机制，与此同时还要通过从社区外引进公益集团、赞助企业来强化社区获得项目资助的能力。

4.2.4.3 搭建社区为老服务智能化信息平台

近年来，在大数据环境下出现的新的媒体形态，正在以其数字性、虚拟性、超文本性和隐匿性等不同于传统媒体的特征重构人们的日常生活，其中一个突出的表现即新媒体技术的发展和移动智能终端也开始运用到社区为老服务工作中。正如有学者指出的那样，尽管在老年人与传媒的接触过程中传统媒体仍然占据相当大的优势，但随着社会经济的发展，互联网在老年人的生活中扮演起越来越重要的角色。例如，一项关于北京地区老年网民网络媒体接触的研究揭示，“老年网民所占比例虽然偏小，但绝对数量庞大，增长速度加快，同时他们上网需求强烈，发展潜力巨大”[107]。新媒体技术的介入搭建了一个不同于传统社区的新的社区空间。与此同时，智能化信息平台突出的交互性、社会性与自由开放性，为老年人构建了一个开放展示自身利益关切的平台，智能化信息平台等新媒体技术的应用正在成为社区为老服务的一个重要创新，并日益成为社区养老的一个重要平台。

《国务院关于加快发展养老服务业的若干意见》中强调指出，“地方政府要支持企业和机构运用互联网、物联网等技术手段创新居家养老服务模式，发展老年电子商务，建设居家服务网络平台，提供紧急呼叫、家政预约、健康咨询、物品代购、服务缴费等服务项目”。作为具有划时代性意义的传播载体，新媒体作为便民平台在社区为老服务中的应用，不仅可以提升对于老年人生活起居照料的专业化程度；而且有助于提升政府工作效率，进而实现治理能力现代化的不断完善。

国内一些城市的实践也表明，智能化信息平台的搭建可以有针对性地帮助老人解决实际问题，有益于其身心健康。北京等城市在这方面已经开始了有益探索。例如，清华大学清华园社区综合服务平台作为首批“北京市社区服务科技应用示范区”之一，通过社区为老服务信息技术系统的建设，实现了老年人GPS定位系统，“一按灵”应急求助系统，“一键通”为老服务呼叫系统，为老服务短信广播系统，老年人网络家园等功能，为老年人出行、求医带来了极大便利。除此之外，某些电商平台通过“O2O模式”将家庭的供需关系与线上线下服务有机融合，向以家庭为单位的服务对象提供涵盖健康管理、养生休闲等内容的个性化的“一站式”服务。

关于此方面具体有如下建议。

首先，应扩大智能化信息服务平台的应用范围。与传统养老服务方式相比，鉴于新媒体技术平台上的为老服务更加便捷：具有可随身携带、在移动终端使用，人力成本低廉，覆盖人群广等诸多优势。如前所述，北京市目前为老人配备了“小帮手”服务器并已有10万台投入使用，并开通“96156精神关怀”服务热线，但目前来看，显然还不能满足北京日益增长的老龄群体的需求。未来还应逐步建立社区老年人的个体大数据，包括如血压、心率、体温、视力等生理数据；如注意力、记忆力、智力、情绪、人格等心理数据；如消费行为、社交行为、网络行为等社会交往的行为数据。这些数据有利于全面掌握和预测个体的变化和规律。

其次，应通过智能化服务拓展社区养老的丰富性。随着网络的融合和物联网的发展，通过将新一代智能化服务方式延伸至公众日常居住的社区，一方面不仅可以全面、准确、及时记录和处理社区健康管理中的各种信息，为城市管理部门和民政系统提供较为准确的基础数据；另一方面还可以经由云平台信息服务促进社区内养老资源协调机制的运行，进而提供多样化的养老服务产品，从不同层面拓展社区养老服务的照顾内容。例如，可以借助健康管理系统帮助社区工作者收集和规整老年人的健康信息；运用在线安全课堂为社区老年人进行老年资源整合；通过多种智能终端联结老年个体供其随时使用，如手机、电视、微信以及安放在社区服务中心的智能服务台等。

在这方面，北京某些公司已开发了老年智能服务软件。智能服务网络平台包含老年人App、老年人应用性游戏、老年视频资源、老年应用商店、健康档案管理系统等要素。服务平台涵盖了从医疗、养生、心理关爱信息到健康游戏和老年代购等不同内容，其功能是让老年用户和参与者借助平台来学习和查找健康养生知识，满足精神文化类需求。此外，该类平台还可以通过参与者的使用采集到老年人的相应数据，帮助建立老年健康档案，便于社区管理。

最后，应开发“智能养老产品”的社区功能。鉴于当前老一代“智能养老产品”的功能只针对个体用户，社区功能缺失的现状，应从以下几方面逐步完善。第一，应充分发挥老一代智能产品作为一种“健康设备”的多元化、交互化的功能，即借助新媒体实现社区居民包括老年人之间即使足不出户也可在虚拟空间进行交流和互动，而不应仅局限于网络的存储和部分通信功能。第二，重视软件在信息沟通和精神文化服务方面的功能设计。一定程度上，传统的“健康智能设备”只是完成了健康测量的家用化和数据采集，无法提供养老服务更为需要的沟通功能，包括医疗建议、咨询、社会服务等。未来应在社区层面形成由社区工作者参与其中的智能服务和新媒体平台，在社区一级的健康管理方面的信息技术运用还有待加强。第三，还应挖掘社区现有新媒体技术资源在社区继续教育中的重要作用，例如，围绕现有“老年慕课”[1]资源进行照料者与被照料者之间的“面对面”互动。第四，在养老服务人才培训层面，鉴于起步阶段的专业人才短缺，社区培训可以广泛地利用智能化服务平台，利用远程教育的网络技术，实施开放式教学和线上评价来传授养老服务知识，改善服务质量和提高养老服务的职业声望。

北京市第十四届人民代表大会第三次会议于 2015 年 1 月 29 日通过并于 2015 年 5 月 1 日开始实施的《北京市居家养老服务条例》中明确规定，应由街道（乡镇）一级“支持、引导社会力量健全社区服务网点，运用信息网络服务平台开展紧急呼叫、健康咨询、物品代购、服务缴费等适合老年人的服务”。这也就意味着，政府已经开始意识到智能化信息服务平台在居家养老服务中的重要性并开始从立法的高度予以关注。

总之，随着社会经济的发展，时代潮流的推动，城市社区中相当一部分老年人正在衍生出更多元化、更高层次的养老服务需求：他们不再满足于单一的、有限的面对面的互动与交流，更渴望搭上互联网快车通过老年社交网络进行充分的线上线下互动——这也是带动“银发经济”发展、促进养老产业发展的良好契机。在当前大数据浪潮的推动下，未来还应借鉴微信、滴滴等运营模式，拓展“互联网 +”思维在养老服务业发展层面的创新运用。通过养老服务管理信息平台不仅可以实现老年证、老年优待卡、高龄老人津贴、居家养老助残卡等业务的网上办理，还可以基于老年人消费数据信息运用物联网为机构、社区和老年人的居家养老提供综合信息、服务支持，形成老年人线上线下的良好互动。

由于养老资源的整合策略旨在促成行政、福利及市场资源的融合发展，社区养老资源的整合因而成为社区养老运营必不可少的后台机制，也是养老专业化建设的重要保障。

---

[1] 关于“慕课”相关的内容详见本书第 5 章。

4.3 搞好社区与外部环境的协调

搞好社区照顾专业化资源的配置不仅需要在社区（依托老年服务中心）设置专职社工及专项基金用以协调上述功能，还应该通过专家团队的介入、社区外部环境与市场环境的协同来保障其有效运行（见图 4.2）。如果协同工作做不好，就会影响到养老服务质量的提升，不利于专业化照顾工作的运营开展。

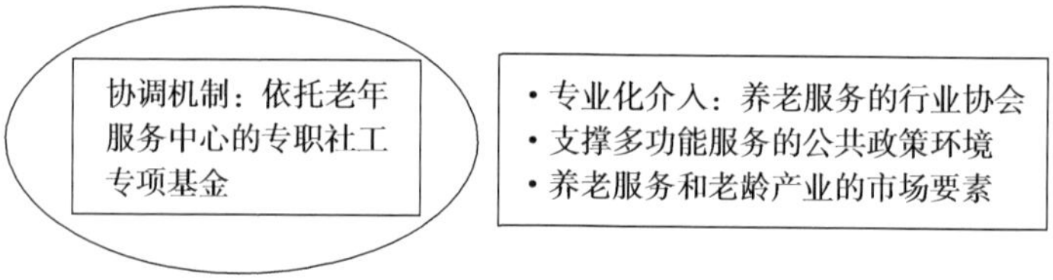

图 4.2　社区老年服务中心协调机制图

4.3.1　专业化介入和养老服务行业协会的指导

提升社区养老照顾的服务水平，除政府投入和居委会的努力之外，还需要行业协会、专家团队的定期介入。从目前来看，关于老年服务的行业协会大致分布在心理、医疗、康复、社会工作以及信息服务等多学科领域，以及与多功能服务相关的养生产品和养老产业集群等领域。值得一提的是，当前关于主流行业协会的讨论主要集中在营利性企业组织构成的行业协会领域；而以非营利性社会服务机构组成的新兴的社会工作行业协会尚未进入主流行业协会研究者的视界[108]。这也从一个侧面说明，一些新兴行业协会在社区养老照顾上的重要角色还有待发挥。例如，交流多学科专业信息和制定养老服务的规范，组织具有较高专业水准的专家团队来为政府和社区规划社区养老提供方案，提供人员培训和专业评估等。

4.3.2　社区外部政策环境的优化

就养老护理专业人才配置的理想形态而言，应该是能按照一定比例与社区有照顾需求的老年人相互匹配并能够持续地通过学历教育、社区培训的形式完善养老护理员的知识构成与综合能力，从而使之能够动态地满足老年人多样化的照顾需求。而要不断趋于达成这一理想配置状态，还需围绕社区养老持续优化社区外部的宏观政策环境。

从改善社区外部的政策环境而言，建议在市一级形成社区养老照顾的专门协调机制，用以协同民政、卫生、社保等职能部门的公共政策和养老资源。

同时，政府部门与社会组织之间应加强沟通和协助机制。

4.3.3 社区外部市场环境的优化

在当前的信息社会，养老服务已经不仅仅是过去传统意义上单纯的人性化福利服务，而是社会化的公益服务与市场化的有偿服务相结合的一种新兴业态。以此为背景，诸如养老护理、养老地产、老龄金融、养老科技等新理念不断涌现，越来越多的企业和组织开始涉足老年服务领域，是养老服务市场化运营的有益探索。

与此同时也要看到，养老服务的市场化运营首先需要从政策层面对老龄市场优质资源进行整合，并从养老服务质量的完善、服务标准的设立、老年消费需求的引导等方面提供政策支持。尤其是作为一种新兴业态，养老服务产业的发展需要由产业主管部门、行业组织以及监管部门等进行协调运作。

如何将以互联网、大数据、智能通信终端为基础的新媒体技术运用到老年消费市场之中，尚有赖于居家养老服务领域运营商的市场定位、产品及市场推广模式以及盈利模式的确立等。在这方面，以信息化养老模式为特征的新疆克拉玛依市的家政服务业网络平台以及由大连市首创的小型家庭养老院模式在市场化运营中颇受老年人欢迎。前者运用信息化管理平台，通过线上线下相结合的方式对社区养老资源的融合实现了全天候、立体化的为老服务体系；后者则由养老护理员开办并与被照顾者同吃同住，家庭氛围较为浓厚，照顾者与被照顾者之间的互动密切，因而获得老年人的青睐。此外，养老服务公司、机构的发展需要从税费优惠、护理补贴以及护理保险制度出台等方面给予政策支持，通过切实步骤让直接从事社区托老、上门护理、日间照料的社区、专业服务公司和社会组织看到盈利空间。这样才能最终改变社会风气，提升养老服务业的社会认同度，从而为专业养老服务人才缔造良好的职业发展空间。

可见，社区外部市场环境的优化不仅需要在更新养老服务理念的同时不断完善养老服务市场规范及标准，还需要在政府引导下为养老服务组织、机构以及企业提供更广阔的生长空间，才能充分发挥市场要素的作用，吸纳多元化的社会力量参与到养老服务事业中。

综上所述，作为社区照顾系统的有机构成，搞好社区内养老资源的整合对于社区内专业化人才资源的配置意义重大；同时，也不能忽略社区外部环境的协同，这是专业化社区养老服务能够有效运行的外在保障。而政策和市场环境的优化又须落地在政府和行业协会的互动平台上，通过集研究、规划、培训和产业发展于一体的资源协调机制来提升社区照顾的质量。

4.4 构建研究、规划和培训的互动平台及市一级顶层协调机制

搭建集研究、规划、培训于一体的互动平台，可以通过以下两个层面来实现：一是发挥养老服务行业联盟的作用，为社区、企业和政府提供多学科知识、服务规范、质量控制和评估等服务；二是搞好市一级层面的有关养老服务的政策协调，能够协同民政、卫生、社保等行政资源，借助行业联盟来协调福利资源和市场资源，推进养老服务业的发展。

4.4.1 充分发挥养老服务行业协会的作用

4.4.1.1 老龄化语境中的行业协会

“行业协会”是指介于政府、企业之间，商品生产者与经营者之间，并为其提供服务、咨询、沟通、监督、公正、自律、协调等功能的一种非营利性的社会中介组织。北京市的行业协会于 1984 年开始起步发展，经过 30 余年的发展历程，行业协会在数量与内容性质上都获得极大发展。尤其是党的十八大以来，行业协会受到了高度的重视，并迎来发展的新机遇。

鉴于老龄事业研究、规划发展的需要以及贯彻《国务院关于养老服务业发

展的若干意见》的要求，北京市于 2015 年 2 月 16 日将社会福利行业协会更名为养老行业协会，这不仅意味着养老服务业的规范化、标准化以及专业化建设的行业管理有了清晰的行业标准，也表征着政府开始将部分关于老龄事业的行政职能下移到行业协会，例如让行业协会参与养老服务业的业务培训、理论研究以及协助政府进行政策研究、制定行业标准及星级评定等方面工作。然而不可否认的是，"行业协会在快速发展的同时，存在人才严重短缺、从业人员专业性不足、老龄化、流动性大等问题"[109]。因此，如何做好养老行业协会的各项细则工作，还需要很长时间。

4.4.1.2　完善行业协会的设置与功能

当前，涉老行业协会的设置反映了应对老龄化的需求和老龄研究的旨趣，也反映了政府与企业的诉求。从涉老服务的行业协会的分布来看，它们涉及社会工作、心理、医疗康复、信息服务、营运管理等多学科，有些还延伸到与多功能照顾相关的上下游养老产业集群，如养老地产、康复器械、食品和建筑等。与此同时，与养老服务相关的其他服务行业、电子信息等新兴行业协会建设也比较滞后，且行业协会的进一步运转还有待建立健全完善的法律规章制度予以保障。以社会工作行业协会为例：在当前的养老服务工作中，社会工作者承担着参与服务计划的制订、评估服务需求、监督服务质量等多项责任[110]；同时，由于社会工作者本身所具有的专业性、职业性，能够较好协调老年人、养老机构及其工作人员之间的关系。但是，从目前来看，"以非营利性社会服务机构组成的新兴的社会工作行业协会尚未进入主流行业协会研究者的视界"❶，这表明，社会工作事业作为一种新兴的服务行业，还没有为公众所熟知，社会工作行业协会的发展还有待拓展。与此同时，同样的问题也表现在心理咨询领域，目前全国范围内有案可查的心理咨询行业协会寥寥无几，仅有上海、深圳、成都、南京等城市成立了心理咨询行业协会。

从行业协会的功能来看，它们应当为社区和企业提供如下服务：

第一，提供业务指导和多学科专业知识如心理、康复、护理、社会工作等，

❶ 参见：《德国通过综合科研计划应对人口老龄化挑战》，http://news.xinhuanet.com/world/2011-12/01/c_111208508.htm。

以及养老服务组织和机构的经营管理等；

第二，制定工作规范、服务标准以及行业准入和退出制度；

第三，提供各种涉老服务的培训，为学校教育、社区教育包括组织和企业内的继续教育提供资讯；

第四，组建跨学科的专家团队，为政府、社区和企业提供咨询、规划、评估等服务。

由于认识不足、资金短缺、跨学科合作的机制不完善等因素，上述协会特别是跨学科的行业联盟的作用没有得到发挥。这样一来，在养老服务领域由于研究、规划和培训之间没有形成互动，大大制约了社区照顾的质量提升。

随着媒体对养老照顾服务的持续关注，在北京地区从街道到社区对发展养老服务业的关注已显著升温，而且一些社区还有较为充裕的资金用于社会服务，但由于缺乏专业人士和行业协会的指导，在规划专业化的居家养老照顾方面还缺乏清晰的路线图。

另外，行业协会特别是跨学科的行业联盟作为枢纽性社会组织的重要构成，既缺乏跨学科合作的制度也缺乏资金（这本应当是政府购买服务的重要项目，目前还很少），难以发挥“组建跨学科的专家团队，为政府、社区和企业提供咨询、规划、评估等服务”的功能。必须加强养老服务专业技术和人才建设领域的科学研究。我国养老服务专业技术研究尚处于起步阶段，需要通过技术引进、国际交流、自主创新等方式带动养老服务专业技术的发展。政府应当加大对社会公益类科研机构和研究项目的投入力度，建立以财政性资金设立的科研机构创新绩效综合评价制度，对养老服务专业技术科研团队给予长期稳定支持。

因此，加快养老服务业的发展需要大大加强行业协会在提供咨询、规划、评估等服务的作用。而要做到这一点，一方面行业联盟需要组建跨学科的专家团队、定期开展国内外学术交流、研讨养老护理的成功经验与各种模式；另一方面政府需要提升购买服务的能力，通过购买行业协会的各种服务来提升社区养老服务的质量。

4.4.2 做好市一级养老公共政策的跨部门协调

4.4.2.1 应协调好跨部门之间的行政资源

在养老服务专业人才队伍建设工作中，民政部门、人力资源和社会保障部门、教育部门、财政部门、税收部门等政府相关部门应发挥其职能作用，按照国务院“三定方案”的基本要求，各司其职、密切配合。

第一，民政部门应与人力资源和社会保障部门协调，就养老服务专业人才的就业、创业优惠政策，职级晋升、岗位提升、职业发展路径体系建设，能力培训及职业鉴定，以及其他养老服务专业人才就业中的疑难问题等进行协商，提出现实可行的制度。总之，政府层面应统筹做好职业标准制定、培训教材和鉴定题库开发，民政职业技能鉴定站和培训基地建设，养老护理员职业技能鉴定管理人员、考评人员、质量督导人员和专家队伍建设，鉴定信息化建设和职业资格证书查询系统建设等各项工作，进一步健全职业技能鉴定管理和质量监督制度，推动鉴定管理科学化、规范化发展。

第二，民政部门应与财政、税收、金融部门协调，就养老服务专业人才队伍建设的财政支持、税收优惠等问题共同会商，在养老服务机构人才聘用财政补贴、人才培养支出的税收优惠、养老服务机构融资等方面给予切实的政策支持。高素质技能型人才的培养仅依靠学校或者培训机构自身很难完成。养老服务行业机构应当与教育培训机构共同参与人才培养。在这个过程中，政府应当发挥统筹协调及引导的作用，统筹经费、统筹资源、统筹信息；协调全局和局部利益、企业和学校双方利益；规划合作方向，监督合作落实，评价合作成效；完善有关的法律法规，明确政府、企业、学校的责、权、利；适当政策倾斜，如减免合作企业的税收、学生带薪实习、政府出资支持教师到企业实践，对校企共建基地进行补偿，创设良好的环境。

第三，民政部门应与教育部门协调，就养老服务专业人才的培养及输送问题形成共识，建立校企合作、产学研相结合的人才培养机制，以教育促行业发展、以行业需求带动教育改革，实现“双赢”。

由此可见，在市一级做好养老政策协调，不仅能从宏观层面为社区内养老资源提供政策指导；在微观层面也可直接促进专业化配置。

4.4.2.2 搞好政府与行业协会之间的协调

目前，一些新兴的行业协会如养老服务业的行业联盟比较缺乏政府层面的扶持。而如上所述，这类行业联盟搞得好可以有效促进研究、规划和培训的互动，利用专业优势来组织跨学科的合作、组建专家团队，为政府、社区和企业提供咨询、规划、评估等多种专业支持。

因而政府购买服务的能力提升，一个重要方面是拓宽购买服务的范围，加大对养老服务行业联盟的政策支持，包括在协会中购买服务岗位、购买协会有关规划和质量评估的项目，购买养老服务的培训项目等。这样才能更好地应对养老服务业专业化和规范化的迫切需求。

4.4.2.3 为政府、社区、企业的合作提供平台

搞活市一级养老服务的协调还在于，能够协同民政、卫生、社保等行政资源，并通过行业联盟、社会组织来协调福利资源和市场资源，促进政府、社区及企业之间的合作。

例如，长期护理保险制作为重要的老年社会福利，其试行和实施没有市一级的跨部门、跨行业的统筹协调是难以展开的。不过，从德国、日本以及中国台湾地区的经验来看，长期护理保险的有效运行和广覆盖率除个人缴费外，应更多地带有社会保险和大众福利的性质。

又如，各级政府优先保证对养老服务专业人才发展的投入，确保养老服务技术人才建设支出增长幅度高于财政经常性收入增长幅度。进一步加大养老服务技术人才发展资金投入力度，保障人才发展项目的实施。鼓励和支持养老机构和养老服务行业协会建立养老服务专业人才发展基金。在重大建设和科研项目经费中，应安排部分经费用于养老服务技术人才培训。

在养老政策的协调方面，国外的经验值得关注。例如，2011 年德国政府首次专门就老龄化问题制订跨学科研究计划，准备到 2016 年为该计划的实施投入 4 亿多欧元，约合 40 多亿元人民币。这项计划涉及的课题既有社会科学，也有旨在改善老年人生活的通信、交通、建筑方面的新研究，以及培训、卫生保健等方面的技术问题。德国教育和科研部认为，不仅要妥善应对人口老龄化的挑

战，还应善于利用老龄化的机遇，更好地发挥老年就业者的作用，并促进企业界和教育界为老有所为找到更好的解决方案。

综上所述，社区养老照顾的专业化配置不仅有赖于公众在思维观念上对其形成科学认知，还需借助于保障其有效运行的后台协调性要件。与此同时，在当前社会化力量参与养老服务事业建设的态势下，更加需要政府、院校、社区及企业等主体在养老服务专业化配置及建设中形成专业化配置的合力。

第 5 章　北京市社区照顾专业化配置的优化策略

老龄化时代，“当你老了，如何养老？”“如何拥有一种有尊严的老年生活？”此类问题不断拷问着每一个人的内心。笔者认为，在当前家庭养老模式不断式微、机构养老不足以解决老年照料问题的趋势下，社区层面如何构建养老服务的专业资源网络的重要性将日益凸显。回答好“老有所养”的时代问题，不仅需要老年个体及其家庭成员生活理念的更新，也需要政府、院校、企业及社会等多方主体的协同推动，等等。

如前文所述，社区养老照顾专业化配置的有序运作有赖于人员与岗位的相互匹配、互洽，人与人之间的有机联结以及人与不同组织之间的有效匹配。只有达成上述三者之间的有效对接，才能实现养老服务人力资源在社区层面的优化组合并切实满足当前新时代首都社区老年居民的养老需求。如何更好地实现这三个层次内容之间的匹配与联结，笔者认为，除政府层面的积极参与、各种优惠政策支持之外，还需要依托更广泛的、多元化的社会力量如行业协会、社会组织以及企业等不同主体来介入养老服务实践。以下分析更为具体、深入地揭示了社区养老服务专业化配置的优化路线。

5.1　观念层面

生、老、病、死是个体生命周期不可避免要遭遇的必然事件，也应该成为每个人的必修课。变老和死亡一样，是生活中的禁忌区。人们谈老色变，是源于对死亡的恐惧。衰老的过程是缓慢的，衰老的过程也不仅仅是个体身心层面发生变化的过程，也是一个社会过程。也就是说，衰老的程度很大程度上与社会文化的影响息息相关。“当我们年老、体弱、不能照顾自己的时候，是什么使生活值得过下去？”美国医生阿图 · 葛文德（Atul Gawande）不止一次在其著作

《最好的告别》（*Being Mortal*）中抛出这一看似简单却又意蕴深刻的问题。笔者认为，学会乐观面对衰老、接纳死亡，从心理层面进行自我调适具有重要的现实意义。

关于如何延缓衰老、修养身心，我国传统文化如儒家、道家以及佛家思想中多有不同系统论述。譬如，以“仁”为核心的儒家学说主张“仁德者得其寿”；儒家关照人的现实格局与实践生活，孔子说：“朝闻道，夕死可矣”（《论语·里仁》），也就是说，在生命还存在的状态下尽力而活，便死而无憾了。以“道”为核心范畴的道家对于“长生不老”“羽化成仙”境界的神往，无不表征着道教思想中对于“生而无疆”的向往。“庄子妻死，鼓盆而歌”，肉体的死亡是其归之于道与自然的归宿和对现实生命的超越。道家告诉我们，对于死亡不必畏惧，死亡是人的必然归宿，是对道的回归，生命回归本真是值得高兴的一件事。佛家则强调众生万物在佛性层面的平等性，“天地与我同根，万物与我一体”，认为人体是由色、受、想、行、识五蕴构成的。

但是总的来说，传统社会的生死观着力点还在于优生，注重“生”的内容及过程，对于优生层面的关注远胜于对优死的论述。在这里，奥地利哲学家让·埃默里［原名汉斯·迈耶（Hans Mayer）］关于衰老和死亡的论述让人耳目一新。埃默里被誉为“大屠杀亚文化中的圣人”，其独特而富有传奇色彩的个人经历体现在《罪与罚的彼岸：一个被施暴者的克难尝试》（1966）、《变老的哲学：反抗与放弃》（1968）和《独自迈向生命的尽头》（1976）三部曲中。他关于死亡的经验书写被德国哲学家、社会学家西奥多·阿多诺（Theodor Wiesengrund Adorno）评论为“以令人惊讶的方式表达了这些事物在经验的石层中引起的变化”；他对于衰老与存在的思考及经典描述主要体现在《变老的哲学：反抗与放弃》（1968）一书中。此书由《此在与时间的消逝》《变成自己的陌生人》《他人的目光》《不再理解世界》以及《与死共生》五篇短文构成，围绕衰老和死亡两大主题，作者以马塞尔·普鲁斯特（Marcel Proust）、西蒙娜·德·波伏娃（Simone de Beauvoir）、让－保罗·萨特（Jean Paul Sartre）等的口吻完成了其极富真知灼见的论述。这为我们揭开了个体变老过程中时隐时现的神秘面纱，有助于当前老龄化社会背景下公众从自我层面认识“衰老”现象的发生，理解衰老发生的心理、社会机制，进而缓解老龄压力，提升生活质量、实现对美好生活的向往。

具体而言，关键要引导公众合理认知衰老及死亡。现代社会，经济发展水平不断提升、医疗技术飞速发展，生活质量逐步提高的同时，人均寿命也在逐年提升。与此同时，关于衰老的话题也开始绵延不绝。衰老意味着容貌的衰颓、力量的减弱、能力低下、行动迟缓等，为此人人惧怕变老，人人都想永葆青春，却很少有人能够正视并理性思考衰老这一现象。一方面，我们在谈老色变的同时，对于如何“养生”“保健”等则始终保持着高度热忱。另一方面，消费主义不断侵蚀，资本大力融合扩张，个体对于身体衰老迹象的抵触以及对于死亡的忌讳也被商家敏锐地捕捉到并利用大众的这一消费情结，打着“抗衰老”的旗号将形形色色的化妆品、保健品通过各种渠道推送到大众眼前。

何为衰老、如何正视衰老，需要我们从文化理念层面对公众进行引导。如果说爱尔兰诗人威廉·巴特勒·叶芝（William Butler Yeats）以“老”为主题的诗歌是尼采悲剧美学的映射，通过诗歌来为我们展示了一条变老的尊严之路，那么让·埃默里的这本《变老的哲学：反抗与放弃》则是从细节处落笔，为我们勾勒了人之暮年该如何体面地变老、适老的心理蓝图，具有很强的心理建设意义及丰厚的人文关怀精神。对协调社会关系及引导社会价值观等方面起着向导作用。

总之，公众关于衰老的看法以及由此导向的行动路径，不仅体现个人或文化共同体的生命观、价值观，也是社会文化生态发展脉络的折射。关注当下大众尤其是老年群体对于自身认知的走向，引导其朝积极健康的方向发展，是重塑生命价值观、推进大众文化建设的重要着力点。此外，将大众尤其是痴迷于保健品的老年人从虚幻的商品口号的过度消费中解放出来，既是推进健康老龄化、积极老龄化的必要措施，也是专业化的养老照顾资源能够落地发挥作用的不可或缺的保障。

5.2 政府层面

近年来，国家及北京市政府高屋建瓴，为社区养老的发展不断提供良好战略机遇及发展动力。例如，2019 年政府工作报告中提出，要大力发展养老服务尤其是社区养老服务业，对在社区提供日间照料、康复护理、助餐助行等服务的机构给予税费减免、资金支持、水电气热价格优惠等扶持，等等。2019 年 4 月发布的《国务院办公厅关于推进养老服务发展的意见》中提出 6 个方面共 28 条具体政策措施，以持续完善居家为基础、社区为依托、机构为补充、医养相结合的养老服务体系，确保到 2022 年在保障人人享有基本养老服务的基础上，有效满足老年人多样化、多层次养老服务需求，老年人及其子女获得感、幸福感、安全感显著提高。同时指出，除了要深化放管服改革、建立养老服务综合监管制度，做好养老服务领域信息公开和政策指引等七项措施之外，还重点强调了要拓展养老服务投融资渠道、扩大养老服务就业创业等方面。主要包括建立完善养老护理员职业技能等级认定和教育培训制度，大力推进养老服务业吸纳就业，建立养老服务褒扬机制三项措施。此外，其中还强调要建立健全长期照护服务体系、促进养老服务高质量发展。主要包括提升医养结合服务能力，推动居家、社区和机构养老融合发展，持续开展养老院服务质量建设专项行动，实施“互联网 + 养老”行动，完善老年人关爱服务体系，大力发展老年教育六项措施。可以说，新时代，我国社区养老照顾的发展正在迈上规模化发展的新征程。与此同时，北京市政府也进一步强调构建“三边四级”养老服务体系的重要性以及发展社区养老服务驿站的现实紧迫性。如何推进构建社区养老服务的 2.0 版，从政府层面来看，未来还需要进一步明晰以下层面内容。

5.2.1 厘清街道—社区之间的权、责、利关系

一方面，在社区多元化发展格局下，居民需求与利益主体日益多元化，传统以行政手段为主的工作方式已经难以适应新时代社区的发展要求；另一方面，如前文所述，社区养老的发展需要在社区层面建构起专业化养老资源的生产及发展机制，因而明晰现阶段社区治理多方主体之间的责、权、利关系就很有必要。

一是街道层面。政府应通过宏观指导和具体支持社区建设，为基层群众自

治提供良好的环境和条件。关键是要处理好基层政府与居委会的关系。明确二者在实践工作中各自的工作范围与职能，着力改变居委会的工作围着街道转的局面，进一步突出居委会的自治功能，既要防止居委会自治的无序发展和“行政化”，也要防止街道办事处的缺位、越位与错位的问题。

二是社区层面。要避免“三块牌子一个门，当家做主一个人”的格局，这种“你中有我、我中有你”党政社不分的情况与当前社区工作发展的需求极其不相适应。根据《中华人民共和国城市居民委员会组织法》第2条规定，居民委员会是居民自我管理、自我教育、自我服务的基层群众性自治组织。它既不是社会团体也不是经济组织，而是我国城市基层的群众性自治组织，负责引导社区居民的自我管理、自我服务及自我教育等。为此，社区居委会除了要协调好与社区党组织以及社区服务站的关系，还要处理好居委会与业委会以及物业等组织的关系。

总之，要凸显社区工作自治功能和服务属性，对社区建设“三驾马车”（社区党委、社区居委会和社区服务站）的功能进行细分，突出“社区治理的核心在于人”这一基本理念，使社区建设回归到服务居民和群众自治上来。

5.2.2 推进老龄研究并促进与老龄产业的合作

由于种种原因，我国老年学研究起步较晚。“20世纪80年代以前，除少数老年医学研究外，中国几乎不存在真正意义上的老年学研究，后因中国老龄化程度领先于其他许多发展中国家，才逐步引发更多学者关注。”[111]我们知道，养老服务事业的发展需要老年学研究和跨学科研究的引领。“就政府而言，高质量的公共政策离不开高水平的老龄研究，应当在大学和科研机构建立一批老年研究中心，帮助搭建养老服务的行业联盟，在多学科研究和老龄产业开发的结合上下功夫。”[112]

一方面，老年学作为一门独立的学科，并不是孤立发展的，它与心理学、社会工作、医学康复、哲学以及教育学等学科有着千丝万缕的密切联系。例如，在挪威，针对特殊老年人的临终关怀服务由注册护士、内科医生、营养师、手工师、音乐家、社会工作者、牧师和法律顾问组成多学科的合作小组来进行。

尤其是随着目前老龄化进程以及社会结构转型的加快，开展跨学科研究对于应对北京市老龄化危机具有举足轻重的意义。

另一方面，研究者们虽然比较关注老龄化过程中社会文化的影响作用，然而如何在传统的研究范式基础之上，结合老龄化的议题，结合多学科知识并转向交叉研究的问题并未解决。当生命科学、公共卫生医学等学科知识逐步运用在老年人及其健康方面之际，我们需要从多学科和交叉学科视角，包括生物、心理、社会的分析框架，来进行社会、文化和行为领域的研究。例如，可以将心理学与老年医学相结合，开展对高血压、糖尿病、帕金森病等慢性疾病的医学和心理学相结合的治疗研究；此外，还可以通过将心理学与神经学相联结，研究认知老化和老年痴呆症的心理机制和生理机制等。

作为中国社会政策的重要领域，养老服务是中国扩大内需和未来发展的重要投资场所，老龄研究还应该加强如何把“包袱”转化为“红利”的讨论。

5.2.3 多层面提供政策支持

一个国家或地区选择何种养老模式，在很大程度上受制于该国或地区的经济发展规模水平、家庭类型结构以及文化环境等多重因素的综合作用。近年来，随着经济、社会的发展以及近年来北京老龄人群养老需求的日益多样化，政府主导、社会参与、市场运作相结合的方式也逐渐成为我国养老服务运作模式的应然要求。与此同时，也就对现阶段养老公共政策之间的协调提出了更高要求。搞好社区照顾服务须加大政策优惠力度，包括从有照顾需求的老年人、养老服务机构运营、工作人员招聘等方面给予政策支持及保障，针对规划目标与实施细则的衔接以及长期护理保障制度的推进等方面提供多层面的政策支持网络等。

5.2.3.1 对从事养老护理的人员和养老机构应给予更大的政策支持

（1）就社区养老服务的对象而言

在接送老人到中心、实施护理及托养服务时如何规避风险都亟待制度保障。例如，北京市出台的“老年人意外伤害保险”，即一种对在京生活的老年人实施的一项福利保障措施。该意外保险的年度保险费每份 17 元，保险期限为一年。

参保的老人在年龄上“上不封顶”。

（2）就养老服务人员而言

针对当前养老护理人员短缺的现状，应协调人力资源保障、财政、教育等部门共同研究人力资源储备、培训和激励机制，从用工机制、待遇保障、职业培训、学科建设等方面支持鼓励，提升专业化水平。为改变社会风气和提升养老服务的职业声望，针对青少年志愿服务者可以通过志愿服务累计积分为服务人员提供考学、减免学费以及就业机会等方面的优惠；针对从事养老护理行业的中青年骨干以及管理人员，应为其提供定期专业培训以及一定的职业发展空间，同时对一线护理服务可以按服务小时予以补贴；针对“40、50”人群则可为其提供养老、医疗等方面的保障措施，一定程度上免除其后顾之忧。在此基础上，还应参照职业资格等级、工作年限、工作绩效给予养老护理员以一定岗位津贴与工龄补贴，建立起制度化的激励机制。例如，为了让养老护理员成为体面的职业，2014 年 8 月 1 日，广州市 2014 年积分入户工作启动，养老护理员首次进入入册职业工种，有利于其持续性从事养老服务业。

值得强调的是，随着“大众创业、万众创新”这一理念的日益深入人心，有必要通过政策引导，鼓励养老服务专业大学生围绕养老服务业尝试进行各种形式的创业活动。目前，鉴于开设养老院的门槛仍然较高，加之缺乏相关就业创业政策的优惠支持，资金短缺仍然是大学生开办养老院的一大障碍。在养老服务业已经成为一种新业态的现阶段，可以通过多种渠道引入社会资金，探索鼓励具有一定资质的养老服务专业大学生申请创投资金开办小型养老院，允许融资和风险投资进入，为有创业热情的大学生提供有力的资金支持。

（3）就养老服务机构而言

应通过民政、财政、教育、人保、公安消防以及法律机构等部门之间的有机协调为养老机构的发展运营提供空间，例如，在用地、税费、床位补贴以及行业运营管理的人才培养、风险预防及评估等方面给予政策倾斜。对于直接从事养老护理、康复、心理关怀的组织，无论是营利还是非营利组织，在用电、用水、用气、用热，以及通信费用等方面可考虑参照居民生活类价格执行。此外，关于民间资本投资养老服务业在营业税、所得税等方面的税收减免政策也应不断细化。例如，机构床位费应分档次给予补贴，对于那些护理失能、失智老人的护理床位应给予更高的补贴，以防止一些机构因追逐营利、规避风险而拒收失能老人。

需要注意的是，由于当前一系列利好政策的推动，在养老服务市场内部也涌现出大量在规模以及服务质量上参差不齐的养老机构，因而搞好养老机构数量与质量发展的结构性平衡也显得格外重要。考虑到未来北京市有照顾需求的老人数量的大规模增加，一方面，在现有养老机构之外，还应通过养老照料中心、小型微型养老机构如家庭式养老机构、亲情式养老机构的设置来促进养老机构的多样化与纵深化分布格局的形成，从而利于养老服务的专业化发展；另一方面，还应形成针对有特殊照护需求的老年痴呆患者、精神病患者以及残疾老人等特殊群体的养老照护机制，形成集“临终关怀”“虐老干预”“丧亲辅导”以及包括为照护人员提供喘息服务等更专业化的、系统的老年服务模式，推动专业化养老服务的纵深化发展。

5.2.3.2 做好规划目标与实施细则之间的衔接

笔者认为，在各种养老服务优惠政策陆续出台的同时，如何进一步促使这些政策真正落实为具有可操作性的具体方案，还需进一步做好养老服务规划目标与实施细则之间的各种衔接工作，这是从宏观的政府公共政策渗透到具体微观的养老照护工作之中的重要步骤。因而还需要政府进一步进行相关细则调整，持续改善优化养老服务业的发展环境。

5.2.3.3 推进长期护理保障制度的实施

关于老年人的护理保障，继2012年修订的《中华人民共和国老年人权益法》中提出了“老年人监护和长期护理的保障制度”这一概念之后，目前一些城市已经进行了初步探索。例如，2013年上海市已在基于前期对于老年护理需求进行评估、制定费用结算措施的前提下推出“老年护理保障计划”并在6个街镇进行试点。明确规定对于达到80岁以上，居住在家或在养老机构，经过评估因为疾病、生理功能衰退而达到轻度、中度、重度护理需求等级或患有慢性疾病的独居老人，给予“老年护理费用专项”。

2014年，青岛市参照日本“长期护理保险”的制度设计，试行长期医疗护理保险制度[1]，即符合条件的老年居民投入一定护理保险费任选一种护理模式，由机构、社区为由于年老、疾病等原因导致生活不能自理的参保老人提供医养照护服务。

北京市作为全国政治、经济、文化的中心以及老龄化形势较为严峻的特大城市，长期护理保障制度的建立显然更加迫切。

（1）改善医疗资源与照护资源管理中的职能分割状况

由卫生部门管理与医疗相关的服务而由民政部门主管以老年人为主要服务对象的长期照护服务，这种针对医疗资源与照护资源分别进行管理存在一定局限性：一方面，使得老年人在医疗资源有限的情形下不得不过早离开熟悉的社区住进养老机构从而加重了老年人的经济负担；另一方面，由于社区缺乏高质量的医护服务，关于老年人健康维护、慢病管理等方面的服务工作也不利于开展，极易造成医疗资源的浪费。鉴于我国尤其是北京市未来一段时间内失能老人将会持续增多，迫切需要在社区配置专业化的医疗护理资源，而仅靠目前民政部门对养老照顾资源的调配，显然无法满足老年人持续增长的需求。因此在这一情形下，有必要对于社区照护资源以及医疗资源进行整合、调配。

当前，针对老年护理服务的刚性社会需求，一方面应在老年人数量多、需求大的地区建立社区老年护理院，主要面向一些没有自理能力的高龄、空巢及失能老人；与此同时，还应推进医师多试点执业、社区的医疗机构和养老照料中心对包括健康情况、诊断记录、治疗方案、用药情况、过敏史等内容的无障碍共享。另一方面，可参照上海等地经验，实施高龄老人医疗护理保障计划试点，不断完善老年护理筹资、评估、支付、服务等体系，逐步扩大老年人常用药品和医疗康复项目的基本医疗保险支付范围，减轻老年人的医疗康复负担，进而建立完善符合北京市实际的老年人长期护理保障制度。此外，如何发挥商业保险在养老保障中的作用，支持保险机构拓展企业年金、职业年金等补充养老保险业务，还有待进一步研究。

---

[1] 包括“家护（在家护理）”“医护（在医院护理）”“老护（在有医疗资质的养老院护理）”3种模式。

（2）借鉴国外的主要经验

长期照护（Long-term Care，LTC）由来自日常生活方面的照料与医疗方面的护理有机构成；二者相互联系、相互交叉，都是“Health Care”的一部分[113]。在加拿大，上述“长期照护”中的日常生活照料以及医疗护理通常在组织管理上由同一部门主管，即均由“Ministry of Health and Long-term Care”主管。

20 世纪 80 年代，随着老龄化的急速发展以及用于老年人医疗及长期照护服务方面财政支出的迅速增长，许多欧洲国家纷纷调整了养老政策。随后，瑞典、丹麦、荷兰、英国等欧洲国家都相继通过各种小范围的试点，探索建立了在家庭和社区为有需要的老年人提供高质量服务的居家养老照顾模式，并在此基础上基于减低成本、提高服务质量的考量建立了长期照护体系。例如，不再鼓励兴建更多的养老院，而是转向支持发展和扩充各种不同的居住形式；将提供长期照护服务的责任更多地转移到地方政府，使服务更加贴近需要它们的人等。

5.2.4 建立、完善相应的资金补贴与政府购买服务制度

作为一种介于公共产品与私人产品之间的准公共产品，养老服务产品的生产、提供迫切需要通过政府购买服务的形式将社会上各种形式的社会组织吸纳进来，从资金、人力资源、信息、场地等方面给予其生存和发展的各种支持。笔者认为，应通过完善养老服务资金补贴制度、不断创新政府购买服务的形式来拓展养老服务的内容，以逐步提升养老服务从业人员的社会地位与待遇。

5.2.4.1 建构养老护理员资金补贴制度

在养老护理人员的补贴层面，《国务院关于加快发展养老服务业的若干意见》中除指出应支持高等院校和中等职业学校增设养老服务相关专业和课程，扩大人才培养规模之外，还重点强调了应制定优惠政策加强老年护理人员专业培训，对符合条件的参加养老护理职业培训和职业技能鉴定的从业人员按规定给予相关补贴。对此，政府应建立相应的资金补贴制度并拓展购买服务范围，减少养老服务专业人才的流失率。

在这方面，国内一些省市已经做出了初步尝试。2013 年 8 月，浙江省玉环县向持有资格证书的养老护理员发放特殊岗位津贴，所有符合领取补贴资格的

养老护理人员，凭高、中、初级国家养老护理职业资格证书，每人每月分别可领取 500 元、350 元和 200 元不等的特殊岗位津贴。这在一定程度上留住了一部分人员。上海市金山区也从以下四个层面致力于养老服务行业薪酬体系的完善：一是护理证书补贴，即对持有护理证书的机构养老护理员、居家养老服务人员按级给予技能补贴；二是中高职入学补贴，对于本区户籍就读养老护理、社会工作以及医疗康复的人员分别给予中专 3000 元、大专及以上 5000 元的入学奖励补贴；三是专技人员入职补贴，即针对编外劳动年龄段的机构养老护理员给予一定补贴；四是缴金补贴，养老机构应采用员工制方式用工，鼓励养老机构、企业用好灵活就业政策并为其缴金。

与此同时，北京的一些民营养老院也在尝试通过提高薪资待遇的途径以挽留人才，然而由于目前养老服务专业人才的欠缺以及人才培养的滞后，能够真正实现“拴心留人”还有待时日。一个典型的表现，是北京市石景山区某养老院通过提高福利待遇、改善员工食宿条件挽留人才虽然降低了此前居高不下的流失率，但留下的全部是外地 40 ～ 50 岁的农村妇女，迫切需要提升护理人员的职业素养。可见，如何通过提高待遇的方式留得住人才还需要未来进一步完善相关配套环节。此外，鉴于北京市民营养老机构举步维艰的运营现状，且其床位补贴目前只包括一次性建设补贴和运营补贴，因而可以采取专项补贴的方式，用于补贴养老服务人员的聘用以及职业技术培训等。

5.2.4.2 明确政府购买养老服务的责任链条，加大政府购买服务力度

（1）社区居家养老服务中心的运营模式及未来发展方向

从目前来看，我国城市现有社区居家养老服务中心的运营模式主要有政府主导型、民办公助型以及公建民营型三种（见表 5.1）。

表 5.1 社区居家养老服务中心运营模式

	服务对象	运营模式	运营特点
A	大部分为“三无”老人、贫困老人、失能失智老人	政府主导型	a. 目前由政府依托社区现有设施，直接负责养老服务中心的建设、规划与协调；未来可由政府聘请有资质的民间机构与个人委托其经营管理 b. 环境一般，服务技术含量低，服务对象以享受政府提供的无偿服务的老人为主

续表

	服务对象	运营模式	运营特点
B	以具有一定经济基础的中、高收入老年人为主	民办公助型	a. 通过引导养老院、福利设施将服务种类和范围扩大，功能延伸而建成；由企业自己负责服务中心的投资建设以及运营，政府提供一定政策支持 b. 服务产品丰富、设施设备相对齐全，具有一定规模与质量的服务人员，服务覆盖范围较广，以低偿与有偿服务为主
C		公建民营型	a. 采取政府选址新建，吸纳企业、非营利组织等社会力量进行社会化、市场化的运营以及管理，运营模式较为灵活，是未来居家养老服务中心大力发展的方向 b. 企业可与物流企业、家政服务企业、第三方物业以及各类机构、社会组织合作，提供较为丰富的服务产品，主要表现为以低偿服务与有偿服务相结合的形式

当前，随着社会对各种社会福利服务需求的不断增加，仅仅依靠政府提供会对政府的服务能力构成很大的挑战。在这种情况下，政府应逐步推进社会管理体制创新，适当将社会服务的提供逐步下放到民间组织为民间组织的发展提供空间并同时为老年人生活质量的提升搭建平台。除此之外，还应适度放开对非营利组织的管制，并给予一定的政策倾斜支持。尤其是在养老服务领域，更需要获得政府的支持与投入。

（2）进一步加大政府购买服务力度

党的十八届三中全会通过的《中共中央关于全面深化改革若干重大问题的决定》明确指出，要推广政府购买服务，凡属事务性管理服务，原则上都要引入竞争机制，通过合同、委托等方式向社会购买。北京市委、市政府在购买社会组织的服务产品方面已经走在了全国的前列，并且建立了相应的社会组织规范化建设的评估制度。不过购买服务的领域无论在项目内容上还是制度上仍然有很大的提升空间。就养老服务而言，首先，在项目内容上如何贴近一线的服务组织和服务人员，如通过服务补贴、培训补贴等多种激励用于提高养老护理人员的待遇。其次，制度上如何推进项目的持续性，在居家养老服务起步阶段的一个长时期内，对社区老年服务中心搞好专业化配置等方面需要持续性的项目设置。最后，对于质量提升和组织评估来说，要拓展购买服务的领域，一个重要的方向是购买行业协会的服务，借助行业联盟的力量提供专业规划、标准化流程和专业培训。当然，在评估制度上还应建立信用等级制度以促进服务品牌的建设。

5.2.5 依据政策理念，提升养老服务业的社会认同

人才资源是养老服务事业科学发展的第一资源，应当优先发展。这种基础性、战略性地位需要通过社会观念引导和政府具体措施落到实处。

在现阶段，以多功能社区照顾为轴心的养老模式由于供给功能单一、专业人员和养老服务组织短缺、资源整合不足等多方面因素，社区照顾服务尚难满足老年人就近获取照顾的需求。因而，公众对于社区养老的社会功能及现实意义未免心存疑虑。

不仅如此，即便是专门从事护理职业的护理员，其对于社区养老以及社区养老的相关要素也存在认知性欠缺。有调查数据显示，养老护理人员对于培训内容需求层次最低的为老年护理研究[114]。这表明，虽然养老护理人员已经具备接受继续教育的意识，但是由于绝大多数专业护理人员研究意识薄弱、认不清科研在学科发展中的重要作用，只停留于机械地进行临床护理操作。在这种情形下，一些不具备专业知识背景的护理员则普遍更加缺乏这种专业学习的主动性与积极性。应该强调的是，重视临床护理人员关于老年护理理论的学习和科研能力的培养，不仅将有益于老年护理学科的发展，还可以在一定程度上带动现阶段主要从事养老护理工作的“40、50”人员形成良好的学习氛围。

因而，如何来深化人们对于社区养老的认识，政府在此过程中扮演着重要角色。笔者试从以下几方面进行归纳总结。

5.2.5.1 提升社会大众的政策意识以及政策知晓率

受传统观念的制约，在公众视野中，养老服务与“伺候人的活”似乎相差无几。一方面，这一照护工作一般由家庭中的女性成员来完成，属于非正规、

不需要接受正规教育、不需要专门知识和技能的一种经济活动；另一方面，照顾老年人的工作被认为是“脏活”或“下等工作”的职业歧视长期存在于人们的思维观念之中，长期以来不受社会大众认可，唯恐避之不及。在调研中，据一些护理员反映，社会上一些人，甚至是老人的家属长期以来对他们缺乏基本的尊重，对他们的照料服务工作没有一定的价值认同。

对此，应该从政策层面形成一系列关于养老服务工作的理性界定。随着 2013 年 9 月《国务院关于加快发展养老服务业的若干意见》的发布，国家以及北京市又陆续出台了关于养老服务业的相关政策措施，如《养老机构设立许可办法》《养老机构管理办法》《养老服务设施用地指导意见》以及 2015 年 5 月起开始实施的《北京市居家养老服务条例》等，关于养老服务业的政策分布可谓较之以往更为密集。这从一个侧面表明，政府关于养老服务业发展的政策扶持的力度正在加大，且开始从立法的高度给予这一“朝阳产业”以重点关注，这也是养老机构尤其是一些中小微养老企业发展的良好机遇。

但是，由于多方面原因，目前从事养老服务业者尤其是家政护理人员对于相关人才政策知晓率和把握度还有待进一步提高，存在知晓率不高和了解不充分、把握不准确的问题，影响政策实施的绩效。其主要原因在于：近年来国家、北京市有关部门出台了大量的养老服务业政策，政策密集和集中程度是空前的，需要政策辅导和政策解读；同时，养老服务从业者的政策意识也有待提升，对于政策重要性的认识不足，主动获取政策信息的意识不强，对政策调整和政策创新的关注度不高，影响了其对于政策的理解、运用和把握；此外，目前的人才政策以及相关的创新创业政策还存在部门政策高度分散化、行业化以及政策发布渠道多元化的特点，缺少政策集中统一的政策发布平台，对于从事养老服务的专业人员全面及时掌握、运用各类人才政策信息带来一定的困难。

笔者认为，通过多种途径加强社会大众对于养老服务政策的认识与解读，一定程度上可以增强社会各界对于社会组织养老服务的认同感。首先，结合当前信息社会大数据语境，政府可将公益广告、社交平台互动、信息推送等新兴方式与报纸等传统方式相结合，通过跨界融合对养老服务社会组织、机构及企业的作用、活动、招聘、新闻等进行广泛宣传，提高社会公众对养老服务事业的责任感与参与度，以及对社会组织的关注度与认可度，形成有利于社会组织发展的社会环境与氛围。其次，通过纸质媒体、微信及微博平台进行适当的政策解读也是不可或缺的。政府可以借助传统媒体以及新媒体技术的力量，让大众看到多功能社区照顾的愿景和阶段化的专业化建设状况，并通过政策环境的优化让专业化养老服务组织和公司切实感受到养老政策的优惠。最后，形成以社区为传递政府新政策新理念的数字化平台，以社区为单位进行数字化、智能化建设，将政府出台的相关政策整合到社区智能化信息平台，使其潜移默化到居民的思维观念之中。

5.2.5.2 从制度层面保障从业人员的社会地位与待遇

针对前述养老服务行业人才流失率高的问题，应从政策层面制定关于职业培训体系的较为系统规范的政策法规，促进社会大众形成对于养老服务业的科学认识，在此基础上进一步促进公众对于社区养老及其构成要素从普遍认知向深度理解的延展。具体而言，根据《国家中长期人才发展规划纲要（2010—2020 年)》《国务院办公厅关于印发社会养老服务体系建设规划（2011—2015 年）的通知》《专业技术人才队伍建设中长期规划（2010—2020 年)》《全国民政人才中长期发展规划（2010—2020 年)》等文件要求，由相关部门制定“养老服务专业人才中长期发展规划”，在规划的制定过程中应当考虑到养老服务人员的职业待遇与上升空间等因素，避免“天花板效应”。

一方面，要对一线从事养老护理的组织、公司和服务人员以更大的政策支持。这包括税费优惠、服务补贴和媒体彰显。例如，广州市民政就对从事一线养老服务满 5 年、满 10 年的养老护理员，分别给予 5000 元、20000 元的艰苦岗位补贴。另一方面，养老服务组织也需搞好内部治理、加强对员工的培训，确立品牌意识以提升质量。2019 年 1 月，中央电视台社会与法频道播出了大型晚会《守护夕阳——养老护理职业荣耀盛典》(由中央电视台联合中国红十字会举办)。在现场，9 位养老护理员分享了护理服务的感人故事。主办方表示，晚会的目的是唤起全社会对养老护理职业的关注和尊重，让公众感受到养老服务从业者的职业精神和大爱情操。

5.2.5.3 借鉴国外经验

国外发达国家在养老护理方面早已建立起比较系统、成熟的管理服务体系，政府在相关领域的政策法规十分完备，既充分照顾到需要专业照护的高龄、失能失智老人，又对相关专业机构从业人员的薪酬待遇、社会地位、职业发展等有完备的考虑。例如，德国于 2003 年正式颁布《老年护理职业法》，较为详细地阐述了老年护理职业的从业条件和资质认定程序、老年护理培训入学条件与考试规定，以及相关的培训费用规定。该法鼓励德国能工作的老年人、妇女和年轻人加入到养老职业中来，学习老年护理本人一般不需交纳学费，通过“半工半读”方式学员还可获得一笔生活补贴，毕业后的职业前景也较为广泛，譬如在医院可做至病房护理主任，在养老院可做至业务主管，在培训学校可做至讲师等。近年来，德国的养老事业还呈现出养老服务机构公司化、养老费用保险化、临终关怀法制化和护理人员外籍化等新特点。

在日本，从 1971 年起就对福利机构中各类人员实行资格准入制度。1997 年颁布了《护理保险法》，将护理服务纳入社会保障的法制体系，以确保老人的护理照顾需求。文部省（教育部)、厚生省（卫生部）在同年正式将社区护理纳入教学大纲并开设了社区护理专科，从立法上保证了社区护士的培养和从业资格认定制度。1992 年，日本又制定了《福利人才确保法》，从法律层面对福利人才的培养以及人才的薪资待遇与社会地位予以立法保障；2000 年又推出政府运作的护理保险制度，为相关从业人员带来职业安全感，从而使护理成为一个受人尊敬，并能够吸收大量就业者的服务性行业。

在美国，和日本一样，由于在大学中已经开办相关专业，因此护理员按照国际标准一般将收养老人失能情况分为 7 级、失智情况分为 5 级，通过相关考试之后就能成为专业人员；同时，护理人员的分级制度非常完善；且为解决护理人员紧缺问题，美国制定实施了注册护士资格考试制度，即有志从业者经过相关专业的学习取得证书后便可上岗。

总体而言，发达国家养老服务机构的人力资源管理模式上有许多值得我们学习和借鉴的地方。

5.3 院校层面

5.3.1 建立专业联盟，设计专业教材，规范课程设置

就养老服务人才的配置而言，鉴于老年人对于护理、康复、助浴、助行、精神慰藉等方面日益增长的需求，尤其需要将各类养老服务的专业人才按照一定比例协调起来，以为老年人及时输出优质的照顾服务。这就需要相关中高职院校、本科院校要围绕老年人的现实需求进行全面考量，做好专业学科设置以及专业发展规划。

然而，在教育部的专业设置目录中，关于养老服务方面目前只有“老年服务与管理”这一专业；而一些与老年人生活照护息息相关的具体专业方向设置还有待进一步探索，例如，在老年护理培训方面应涵盖以下内容：首先是较为基础的老年护理心理学、老年营养学、人际沟通、老年康复学、老年用药护理、老年健康教育、老年精神护理学以及老年健康管理与评估等；其次是基于上述培训内容的较为系统的护理法学、社会福利、社会学、老年护理伦理学、护理保险、临终关怀等学科知识。

在上述基础上，如何进一步促进关于养老服务专业设置的规范化与专业化？鉴于前文谈到的课程设置缺乏系统性、培训流程不规范等问题，笔者认为，这在很大程度上需要一个行业组织来对此进行协调。在这方面，早在 2010 年，在高职院校的推动下我国成立了中国老年服务教育联盟，并 2012 年组织召开了老年专业人才培养方案与课程标准研讨会，通过研讨，各院校进一步明确了人才培养的目标，并开始着手制定相应的课程标准。在核心课程建设方面，臧少敏通过调研总结出本专业 16 门核心课程[115]：

①老年生活照护、疾病护理、膳食与营养指导、紧急救护等 9 门；

②生理健康服务类：老年心理健康、心理咨询 2 门；

③心理健康服务类：老年人际沟通、活动组织与策划 2 门；

④休闲娱乐、养老机构经营、居家养老服务和老年社区经营与管理 3 门。

在教材建设方面，由于老年服务教育联盟整合了各院校的优势资源，组织了教材编写并且已有多本教材出版，一定程度上缓解了我国老年服务的培训教

材缺乏的状况。这充分表明，对一门较为新生的学科专业而言，在教材设计、课程规范等方面，养老专业联盟的成立一定程度上可以为其提供科学指导，从而避免在养老服务人才的培养上走弯路。

与此同时，也要意识到，专业联盟的良好运营还需要相关细则来进行保障与协调，即在成立专业联盟的同时，在养老职业教育、职业技能鉴定、养老服务产教融合等方面的具体细节工作还有待相关部门进一步推动、深化。令人欣慰的是，基于对成立专业联盟的必要性与重要地位的认识，北京市也于2013年成立了“北京老年服务专业建设指导委员会”，即联合政府、企业、学校三方力量促进养老人才的培养。尤其是随着2014年“京津冀一体化”发展规划的出台，北京市成立了“京津冀养老专业人才培养产教协作会”，试图通过京津冀职业院校的教育资源和全国养老产业优秀企业的加入，实行工学结合、校企合作，实现京津冀职业院校、养老企业在养老人才、智力、技术、设备等方面的资源共享和优势互补——北京市作为养老人才培养标准和相关政策制定的主导方，为养老服务业产教对接提供政策保障和智力支持；天津作为养老服务业产教对接的实践方，为养老人才培养模式的运行提供现实基础；河北省作为养老服务人力资源的供给方，为养老服务业的深化发展提供重要的人力支持。

值得一提的是，为进一步推动养老与教育互联互通，在全国老龄委工作委员会、民政部中国社会福利协会以及人力资源与社会保障部职业技能中心的推动下，老年开放大学随之在国家开放大学成立。在此背景下，一方面，可以借助老年大学门户网站的线上运营进一步打通老年大学体系以及福利院体系等，大规模培养专业养老服务人才；另一方面，未来也可以通过视频课程的方式为养老从业人员提供必要的培训与帮助。

在政府一系列优惠政策的支持下，在院校层面形成具有专业指导性、课程建设性的专业联盟，能够一定程度上为未来养老服务专业人才的培养提供良好的智力支持，同时通过整合教育优质资源也利于构建养老服务产业界与职业教育界深度融合、全面合作的平台，并为养老服务人才培养和就业提供供求咨询平台，为养老服务业人才培养决策提供科学依据。

5.3.2 基于“慕课”平台创新养老服务专业的职业教育

在瞬息万变的全球化时代，由于大数据和互联网技术的推动，现代意义上的教育手段也不断发生变迁。近年来，随着“慕课”的出现和发展，高等职业教育领域的人才培养也迎来了新的发展机遇和挑战[116]。我们应该以此为契机，创新养老服务领域专业人才的培养方式，推动养老服务规模化教育的实施与开展。立足互联网新时代，如何运用“慕课”资源发挥“互联网+教育”在养老服务技能培训中的作用，对于推动养老服务教育培训事业发展具有重要意义。

5.3.2.1 何谓“慕课”

所谓“慕课”，是指2012年由美国著名大学发起并随即在全球开始传播的一种“大规模在线开放课程”，由英语单词“MOOC（Massive Open Online Courses)”音译而来[117]。目前世界上主要的MOOC平台有课程时代（Coursera），在线大学（Udacity）和哈佛大学与麻省理工学院在线课程项目（EdX）。

“慕课”具有开放性、规模性的特点，即学习者不受学历、国界、年龄等条件的限制，均可免费使用“慕课”学习资源。与传统的课堂教学和视频课程相比，在网络信息技术快速创新推动下应运而生的“慕课”有着使学习过程更具灵活性、大幅降低学习者接受高等教育时间和金钱成本等诸多优势[118]。作为在线教育延伸和拓展的一种形态，“慕课”又不同于传统的电视广播、互联网、辅导专线、函授等远程在线教育形式，它有着系统的教学体系和课程结构，包含着丰富的教学资源，融合了各种多媒体资料，能让学生更加立体地掌握知识[119]。在这里，需要再次强调的是，慕课平台的首要特征即大规模受众，这一重要表征代表着在线教育从远程教育的“1.0”时代跨入到了“2.0”时代。

5.3.2.2 借助“慕课”推动养老服务在线教育的可能性

我们看到，在线学习的重要性在当前已经成为共识：

首先，慕课平台相比其他在线学习方式的优势也正在为大众所认可。

从2003年年初教育部主持建设国家精品开放课程资源库开始，至今许多地区也在大力建设本地的课程共享平台，例如，上海已成立了专门机构并积极推动30所成员高校的优质课程教学资源开发和共享；重庆大学发起成立东西部高校课程共享联盟，目前已有 19 所高校加入；清华大学于 2013 年开展慕课建设和应用建设以来，不断创新慕课教学模式，如其最近上线的课程《e 时代的新课堂——在线教育概论》，聚集了一批来自清华、北大、华东师大等高校的具有丰富教学理论和实践经验的专家学者进行知识普及并答疑解惑。与此同时，教育部 2015 年发布的《教育部关于加强高等学校在线开放课程建设应用与管理的意见》也强调了建设在线开放课程公共服务平台的重要性，指出应“发挥我国高等教育教学传统优势，借鉴国际先进经验，采取‘高校主体、政府支持、社会参与’的方式，集聚优势力量和优质资源，构建具有中国特色在线开放课程体系和公共服务平台”。2019 年政府工作报告中也强调了“发展‘互联网 + 教育’，促进优质资源共享”的重要性，从而从政策机制、国家战略层面为如何进一步运用互联网技术促进优质教育资源的均衡共享提供了保障机制。

其次，在技术操作层面，目前国内已开发了 EduSoho 慕课系统可供选择，这一系统不仅具备融合多种媒体资料开展慕课所需的功能，而且提出基于班级的社区化学习理念，这在一定程度上为针对养老服务业者进行养老护理以及其他专业知识的规模化教育提供了良好的技术基础。此外，一项统计数据也表明，2018 年，我国逾 1100 万人次的大学生获得了慕课学分。

由此可见，由于慕课契合了互联网时代开放、共享的理念内核，可以为有需要者提供一种不同于传统教育模式的、成本较低的便捷的受教育途径。可以说，对于广大养老服务从业者而言，随时、随地学习开展专业养老服务工作所需要的介护知识，不再是天方夜谭。

5.3.2.3 运用“慕课”推动养老服务在线教育的现实性

从目前来看，“慕课”主要面向任何网络覆盖下的学习者，注册学习几乎不设门槛，学习者可灵活安排在线学习时间，按时提交作业并通过期末考核即可获得课程结业证书。

清华大学通过“学堂在线”模式，提升了学习者观看、检索课程资源的便捷性。未来还将依托“网上清华学堂”推出智能问答软件，虚拟实验室、移动客户端等，并将利用平台推进校际之间的课程合作与学分互认。还有学者将清华大学计算机专业本科层次的课程资源与慕课资源相对照之后发现，高达95%以上的课程都可以找到慕课课程去对应。随着慕课课程的不断完善，有理由相信这一趋势将会逐渐扩展到其他专业，进而依托慕课平台在高等院校、中高职院校以及一些机构中开展规模化的、专业化的养老服务培训。

具体而言，我们应从以下几方面着手进行：

第一，“取其精华、弃其糟粕”，在理念上辩证地认识、运用“慕课”资源。“教育信息化相对于整个社会信息化，相对于银行、电信、税务、医疗等各个行业，是严重滞后的，大大落后于时代的发展”[120]，面对这一“数字鸿沟”❶，“慕课”作为一种近年来才兴起的新生事物，虽然自身发展还不完善，存在一些问题，但也不能忽视其在养老服务培训过程中的优势作用，即有助于我们在一定程度上跨越上述数字鸿沟。

第二，“慕课”面向较广、涉猎学科较多，不应仅仅局限于普及型的通识课程，还应结合现阶段老年人群的养老诉求开发一些面向不同人群的课程内容。

第三，适当运用“慕课”资源可以在一定程度上推进教育信息化进程，并且促进老龄化、数字化的有机融合。那么，在养老服务专业的教学互动过程中，可加入国际慕课平台并成立国内慕课联盟，充分借鉴国外优秀课程资源，实现课程文化共享，丰富养老服务课程内容与实训模式。

第四，鉴于“慕课”主要以网络授课为主以及在人文学科知识传授过程方面存在的欠缺，因此就养老服务专业的课程设计而言，也可以围绕“孝道”这一主题建设开发具有我国特色的老年服务专业课程。

总之，目前我国“慕课”资源的发展和建设还在起步阶段，对于高校以及传统教育模式的影响也才刚刚开始。如何利用“慕课”平台促进我国养老服务专业教育的发展是值得我们在未来进一步研究的问题。

5.3.3 构建职业教育培训的系统性与层次性

5.3.3.1 确立人才培养的层级目标，形成科学的人才培养格局

2014年，教育部、民政部、国家发展改革委等九部门联合制定的《关于加

---

❶ 又称信息鸿沟，即“信息富有者和信息贫困者之间的鸿沟”。

快推进养老服务业人才培养的意见》中强调，要加快推进养老服务相关专业教育体系建设。其中指出要扩大养老服务职业教育人才培养规模并针对不同教育层次设置相关专业。例如，可加大养老服务应用型本科人才建设，设置康复治疗学、护理学、应用心理学和社会工作等养老服务相关本科专业，开设老年社会工作、老年护理、老年人保健与营养、老年医学、老年心理学、生命伦理学等课程；可适当增加社会工作等硕士专业学位授权点数量，鼓励和支持有条件的高校在社会学、老年学、人口学、康复治疗学、家庭发展等学科领域招收培养研究生等。

我们看到，一方面，高等职业教育的教育功能与中等职业教育存在一定的衔接沟通关系，这是系统内部结构有序性决定的层次进化；另一方面，高等职业教育的教育内容与中等职业教育存在深刻的量质演变关联，前者所要求的理论知识要多于后者，这是系统内部结构的差异性决定的层次进化。养老服务专业在高职教育以及更高层次的本科、研究生教育方面还极为不足，不同层次之间教育内容及形式的有序衔接亟待引起重视。

因此应建立养老服务专业人才培养体系，提升老年教育办学层次与养老专业质量。一方面，在国家政策层面形成系统规范的政策法规，教育主管部门要大力支持有关高校加快发展本科和研究生层次的养老服务政策并做好相应的统筹协调和实施指导及监督落实等工作，即早日建成以高职教育为主体，中、高职和应用型本科及研究生层次齐全、相互衔接的养老服务专业人才教育培养体系。另一方面，在做好不同层次人才培养工作的同时，还应积极拓宽养老服务人才培养投入渠道，建立多元化的社会投入及捐助机制并积极开发养老服务类就业岗位、努力提高养老服务工作者的工资及福利待遇、出台养老服务专业毕业生对口就业激励政策，从而引导更多专业人员投身到养老服务事业之中。

日本为我们提供了很好的范例，即由国家层面的中央福祉人才中心和 47 个都道府县福祉人才中心构成的政府培训机构覆盖了全国各地，形成了从中央到地方的系统的培训、职介和援助体系[121]。而中国香港地区社区养老服务的专业化程度由于受到其对于注册社工师专业考核的严格要求以及得益于后期持续性的职业技能培训，一直以来处于较高的发展阶段，例如其以社区为中心的长者中心服务，在一定程度上体现了其社区为老服务的专业化和职业化水平。

5.3.3.2　建立职业资格与人才培养接轨制度

从目前来看，职业资格证书作为衡量养老服务人员职业化、专业化水准的重要标志，养老服务职业资格证书制度的实施与完善对于促进职业养老护理员的规模化发展具有重要意义。

我国在2002年已经出台了《养老护理员国家职业标准》，并对培训时间有所规定，如初级不少于180学时、中级不少于150学时、高级不少于120学时、技师则不应少于90学时。虽然通过近些年的努力，院校系统的养老服务职业培训已经增设了三年期的专业课程，并在试点校内设立职业技能鉴定站（点）或开展院校专场职业技能鉴定，鼓励职业院校学生获取“双证书”。但在加快培养大量从事社区照顾和长期照护的专业人员方面，还有很多工作要做。由于薪资水平低、行业社会认知度不高等因素的制约，这种专业化的养老服务相比一般的家政服务、照料服务，发展还十分有限，这一现实困境反过来又导致了对人才吸引力的不足以及较高的人才流失率。此外，职业资格认证与养老服务专业教育培养、社区培训的较少关联也是导致专业化人才建设不足的部分原因。

如何建构职业资格与养老服务人才培养的衔接制度，国外一些国家为我们提供了一些值得借鉴的经验。例如，日本非常重视老年福利和相关专业人才培养，很多大学都开设老年福利专业，老人护理形式多样化、专业化。护理的种类包括家庭护理、家庭访问护理、社会专业护理。护理人才包括访问护理士、社会福祉士、护理福祉士等，老人可根据自己的要求自主选择[122]。1987年，日本实施的《社会福利士及介护福利法》规定，介护士必须经过专业知识和技能培训，到指定机构临床实践，通过国家资格认证考试。介护工作人员培训途径为高中毕业后，到介护福利士学校学习2年，或从事介护工作3年以上，通过介护福利士考试合格。

在德国，养老护理职业教育的学习期限规定为3年，要先后完成理论教学2100学时，实践教学2500学时。养老护理职业教育还开设针对老年精神病护理的在职人员短期班，以及针对专门从事修脚业务、为期两年的足疗师班。养老护理职业教育还有一年期的护理助手（又称养老护理员）的课程，毕业后可从事全职或兼职的养老护理工作，也可从事私人照护工作。由此可见，德国养老护理从业人员的职业化教育程度和专业执业水平都相当高；客户服务的期望值与从业人员的满意度已进入良性循环。

5.3.4 依托“现代学徒制”构建“产、学、研”协同机制

5.3.4.1 “现代学徒制”模式及其初步发展

学徒制作为职业教育的最初形态，具有悠久的历史传统。在传统学徒制传授技艺的基础上，随着社会的发展，“现代学徒制”更侧重于学生与劳动力就业市场之间的关系，因而成为学校与行业之间的桥梁，也使得职业教育体现出浓厚的社会性、专业性与实践性。从已有文献来看，关于“现代学徒制”的描述与界定大多从其与“传统学徒制”在教育主体、学习场所、学习内容、学徒身份的双元性等特征的异同方面来介入。一般认为，现代学徒制是一种交替式学习和培训，整个学制大概 1/3 的时间在学校学习，2/3 的时间在企业培训。在企业培训期间享受学徒工资，而且技能的进步工资也会逐步提高；学校、学生、企业三者的关系和权益由法律合同保障[123]。

在这方面，教育部于 2014 年下半年制定并发布了《关于开展现代学徒制试点工作的意见》。由此，这也意味着现代学徒制成为我国加快发展职业教育、全面深化教育改革的突破口。现代学徒制关注学生的可持续发展及职业流动需求，强化了基本素质、通用技能及基础理论的培养，因此更加具有教育属性。如德国双元制中，学徒如不具备普通中学证书，就必须参加全日制职业学校或基础职业培训年；英国每个职业的学徒制框架都要求包含能力本位要素、知识本位要素和关键技能要素；荷兰的学徒制项目也规定必须包括社会 / 文化的、普通 / 技术的以及职业的三个维度[124]。

鉴于“现代学徒制”是一种由各利益主体即政府、企业、产业指导委员会、工会、学校、企业师傅、学校教师、学徒以及第三方培训或中介机构跨部门运作的一种人才培养模式与职业教育制度，笔者认为，养老服务作为一种实践性

色彩较为浓厚的专业，可以借鉴“现代学徒制”的框架，探索建构政府、企业和职业院校三方联合的实习模式与机制。

在现有教育制度框架下，一些企业也开始尝试运用“现代学徒制”联合职业院校，投资成立实施现代学徒制的职业学校。例如，2013 年年底成立于上海的爱亲仁护理院。该校学生以准员工身份在订单班学习，学习期间开始计算工龄，毕业即到实体店工作。校方试图通过三年六个假期的循环实训，增强学生的岗位适应能力。又如，北京市普亲社区长期照护机构与北京劳动保障职业技术学院、长沙民政职业技术学院等国内多家高职院校建立了校企人才培养体系，通过“团队式培养”方式定向培养养老机构管理人才：即根据单体机构岗位配置标准，将学生以团队形式组建、分工及定向培养，整体进入机构实习，毕业后整体进入新机构开展业务。在人才培养上，普亲在总部建立了普亲学院，同时在湖南、山东、福建、江苏、北京、海南等地开设多个教学点及实训基地。学院以长期照护理念为核心，引入国内外顶级师资力量，创新养老人才培养模式，注重多学科合作的团队建设，建立起合理、规范、系统、科学的学科体系，培养适合当前国情与市场需求的各类专业技术及管理人才。

5.3.4.2　养老服务专业实训的“产、学、研”协同机制建构

（1）完善院校管理体系

加强制度建设和文化建设，需要进一步加快构建高职院校治理体系，推进养老服务专业知识的教育普及、养老服务理念传播及其与为老服务实践的无缝衔接等工作，营造养老服务专业发展的良好的教育氛围。

2019 年政府工作报告中提出“发展更加公平更有质量的教育”“加快发展现代职业教育体系”“设立中等职业教育国家奖学金。并支持企业和社会力量兴办职业教育。我们要以现代职业教育的大改革大发展，加快培养国家发展急需的各类技术技能人才，让更多青年凭借一技之长实现人生价值，让三百六十行人才荟萃、繁星璀璨。”改革完善高职院校考试招生办法，鼓励更多应届高中毕业生和退役军人、下岗职工、农民工等群体报考养老护理专业，扩大高职院校奖助学金覆盖面、提高补助标准，加快学历证书和职业技能等级证书的互通衔接是当前促进养老服务人才队伍建设的一个重要路径。

院校方面，目前我国职业院校在师资力量、课程设置、教学管理等方面存在着诸多不足，对现代学徒制的实施形成了多重障碍。例如，养老服务人才培养方案和课程设计缺乏合作企业的参与，也缺乏适合半工半读养老服务人才培养相应模式的教学大纲、教材以及实训模块；学校的教学目标及教学计划较少考虑学生在企业的实习部分，导致学生在学校的学习与企业的实践相脱节。此外，学校对学徒制条件下的学生和教师管理、课程设置、考核评价、资源统筹等都缺乏经验和研究，导致学徒制实施效果不佳。对此，作为现代学徒制的主要实施方，考虑到职业院校的管理制度和教学质量直接影响着学生的学习成效。职业院校一方面要完善组织管理体系，建立灵活的管理制度，通过相应合同与学生及企业建立起一定的责、权、利约束机制；另一方面，要根据养老服务专业要求提供丰富多样的职业技能培训项目课程，依据企业的招聘要求调整教学模式，增强师资力量，培养更多优秀人才。

（2）引导企业积极参与

除院校之外，现代学徒制的有效推行也离不开企业的积极参与，企业的规模、实力与积极性，均影响着现代学徒制的实行效果。影响企业参与积极性的主要原因是企业关注短期成本，而缺乏储备人才的战略意识。企业要为学徒安排实习岗位、提供辅导，并支付相应薪酬，增加了直接成本，而耗费人力、物力、财力培养出来的学徒，学成后的流动性却很大，增加了间接成本。正是出于这些顾虑，企业出工不出力，选派的指导教师往往不是骨干员工，且企业师傅与学校教师缺乏有效沟通，学生所受教育缺乏协调性和系统性。对此，可以由企业委派师傅对学生进行养老护理知识等方面的技术指导，学校安排教师进行理论辅导和学生管理；学生在校期间每两个月到企业“工学交替”；学业结束后，校企双方根据订单培养的要求对学生进行考核，发放一定的经济补贴，并择优安排工作岗位。

（3）发挥好行业协会中间组织的桥梁作用

一方面，行业协会具有代表、沟通、协调、监督、公证、统计、研究和狭义的服务职能[125]。另一方面，行业协会由于既是企业利益的表达者又与政府职能部门有着密切联系，在行使这些职能时可以游刃有余。根据《教育部关于充分发挥行业指导作用推进职业教育改革发展的意见》，作为规章制定者，行业协会可以根据本行业入职标准，在协商的基础上制定《企业实习生工作通则》《实习生实习协议书》等规章和文本，为接受实习生的企业提供参照。通则和协议书等可以包括对实习生的工作安排与考核要求、企业指导人员配备与要求和企业条件保障与留人优先权等。作为行动协调者，行业协会可以协助政府落实和执行相关政策与法规，发布本行业会员企业的用人意向和可接受实习生的人数与要求，协调院校安排实习生进企业，促进企业实训基地的建设与发展，向政府反馈人才供需状况和各院校人才培养基本情况，同时表达行业企业的利益诉求和意见建议并影响政府政策和院校专业建设走向等。作为全程监督者，行业协会可以发挥如下作用：通过对行业内企业用人满意度的调查，对各院校的人才培养情况进行评估；对优秀实习生作行业标准审核，并颁发行业认可的证书；跟踪实习生的实习协议书守约情况，对不诚信的实习生可采取适当的方式在行业内作通报，以确保接受实习生企业的优先用人权；对企业的实习生管理工作和实习基地建设工作进行评估，对工作优秀的企业和工作人员报政府相关部门作适当奖励和在媒体上做宣传。

在上述院校、企业以及行业协会参与管理的基础上，政府的参与尤为重要。“现代学徒制”强调“产、学、研”三方的协同作用，不同于西方发达国家更注重企业的主导作用，我国目前侧重于依赖政府的大力推动。例如，在现代学徒制运行初期，政府需要代替企业行使部分资源配置功能；积极培育企业，构建“产、学、研”三位一体的协同模式；克服市场失灵带来的企业不作为等。后期，政府则应逐步放弃代替市场行使部分资源配置的功能，减少对市场的直接干预，注重企业的主导作用。总之，“产、学、研”三位一体的协同作用，将带动我国养老服务专业职业教育体系的全面改革，进一步助推职业教育体系的国际化水平。

总之，人才培养离不开教育资源。“教育资源”不仅包括教育资产、教育设施、教育费用等物质性教学资源，还包括教育知识、教育技能、教育理念、教育制度等知识性教育资源[126]。充分认识到这一点，有助于养老护理专业教育事业的未来发展。

当前互联网社会语境中，随着人工智能、物联网、大数据技术的发展，不同行业、不同产业之间的跨界融合已经成为一个现象级问题。与之相对应，我国职业教育体系建设也应与此相适应，才能为国家经济社会发展提供复合型、创新型人才。

5.4 社区层面

作为个体的老人退休之后，其身份由"单位人"转变为"社区人"，日常生活场域也由单位转型为社区；可以说，社区养老照顾开展的主要场域在社区，而社区党委、社区居委会则成为社区养老照顾工作的主要组织实施者。社区养老服务的专业化、规范化和质量控制，不仅有赖于社区外部的养老政策优化，最终还要落地在社区，基于社区平台进行专业化资源的配置、建设及监督。除"根据本辖区老年人身心特点向政府申请专业的养老服务，通过公开招标向各种养老服务机构征集养老服务提供方案，选取最佳实施方案和具体执行者，为那些生活不便的老人直接提供床位、照护等服务"[39]之外，还要依托多层面的专业化力量进行社区养老的专业化建设。

5.4.1 依托社会组织的专业力量开展专题培训

非专业化与专业化的介入路径与效果截然不同，非专业化的介入方式缺乏来自专业系统的支持，也不具备专业的理论引导，更多的是凭借工作热情与生活经验去介入服务，如志愿者、老年互助等。反观专业化的介入方法，则不仅具备完善的知识结构与专业的理论积淀，还拥有具体、系统的工作目标模式。

从国际经验来看，英国的"社区照顾"、美国的"PACE"（The Program of All- inclusive Care for the elderly）项目、日本的居家养老服务等，社会服务组织都承担了重要的载体功能。以社会工作组织为例，在发达国家和地区，社会工作参与社会治理已经形成制度[127]。从国内发展来看，虽然随着国家政策支持力度的加大，各种社区福利服务业、便民利民服务业如护理中心、托老所、家政服务中心等社区服务机构也随之应运而生，但我国社会组织介入社区养老的专业化程度距离国际发展水平还有一定差距。不过也要看到：社会服务组织是养老服务人才发育的重要基地，社区具有桥梁中介的作用，未来应以社区为平台，借助专业社工组织资源多方位开展养老服务的职业培训。

目前，由于社区养老照顾以及养老服务业的发展都处在由起步迈向规模化发展的阶段，各种涉老服务的专业人才短缺是不争的事实。例如，前述有关北京市照顾服务供求关系的分析表明，伴随着社区养老服务迈向专业化规范化进程，未来数年需要3万多名养老护理员，并且这一数字还会不断增长。而目前高职学历教育有关养老服务的毕业生每年不过一百多名，加上初级养老护理员每年培训的1000多名❶，仍然远不能满足养老服务专业人才的巨大而迫切的需求。很明显，在社区照顾服务起步阶段，为增强其专业化、规范化建设，社区教育和短程培训的重要性（包括企业和组织内的培训）不能忽视。

社区培训或者说规模化的短期岗位培训所面向的群体，首先是养老服务业需求量最大的护理员。据民政部统计，目前中国养老护理员潜在需求为1000万人左右，但取得执业资格的不到10万人[79]。而且从护理员的年龄结构来看，多为“40、50”人员，包括下岗再就业职工和农村剩余劳动力，这些护理员缺乏系统的专业学习和训练，“文化素质低、专业技能差、年龄普遍偏大、流失严重”❷。这一群体显然更加需要加强养老服务理论与实务知识的学习，而短期的、形式灵活的社区培训则可以为其提供一个便于互动交流、提升自身的学习平台。

社区教育的一个重要功能是普及居家护理知识、更新观念和改变社会风气。其培训对象以中老年人居多，除直接涉老服务的养老护理员、社区服务人员和社区志愿者以外，还包括与服务产品相关的各类专业人员，如职能部门人员、社会组织和企业管理者、社会工作者、心理工作者、医疗系统人员以及信息技术人员。

就养老服务的专业化支持来说，除了老龄研究专家和行业协会的帮助，社

❶ 由民政系统的北京市养老服务职业技能培训学校提供的一种短程培训，实际上属于社区教育的版块。

❷ 参见北京市民政局党校“三社联动”课题组：《“三社联动”推动基层社会服务与管理创新研究》，2013。

会工作者、心理工作者和医疗系统人员的介入最为直接。而在这些专业群体中能够直接参与社区养老实务的并不多。例如，目前北京市持证社会工作者（指通过社会工作者职业水平考试的社工师和助理社工师）已达 1 万余人，每年还以 2000 人左右的速度增长，其中在社区工作的占 60%[1]；不过，在这些持证社工中能在社区参与养老服务的还十分有限。同样的现象也表现在心理学领域，尽管在北京持证的心理工作者也有近万人，能够参与社区养老服务的人员并不多。之所以如此的原因在于，他们需要通过社区培训来补充老年服务的知识和技能。即便是经过正规护理院校培训的专业护士进入居家护理领域，也需要继续教育，包括沟通技巧、慢病维护、健康管理、精神慰藉、老年保障等知识。

社区教育的另一个重要功能是普及养生健康和慢病维护的知识，这方面的培训作为社区照顾的重要内容，实际上也是一项国民健康工程。社区教育由于其不同于正规学历教育形式，具有时程短、弹性大的独特特征。也就是说，依托社区教育的形式便于集结不同领域的专家学者、整合各个层次的养老护理知识，为有需要的照顾者以及被照顾者输送、传递健康养生方面的知识内容，促进其健康理念的更新。在这方面，社区教育较之于学历教育具有很大的优势。本书在第 4 章列举了一些实例，诸如出院后的居家短期护理可以降低住院率、服务和心理疏导能够提高疗效。这些实例说明，在多功能照顾服务、专业化培训等方面的投入，可以帮助老年人获取健康管理的知识和健康的生活方式，不仅有助于老年人的身心健康，还能够推动医疗服务与养老服务合作的新模式。

5.4.1.1 专业社会组织介入社区养老服务的实践开展

所谓“社区社会组织”，主要是指以社区为活动范围，以社区居民或成员为服务对象，以满足社区居民的不同需求为目的的各种社团类组织和各种民办非企业单位。截至 2016 年年底，北京市共有 6789 个社区。其中城六区的社区数量为 2145 个，其他 4644 个社区则分布在各个郊区县。为满足社区成员日益多元化的需求，现阶段北京市全市备案的社会组织在质和量上都有所增加，目前

[1] 参见北京市民政局、北京市老龄协会、北京理工大学、中国心理卫生协会妇女健康与发展专业委员会：《北京市老年人口心理健康及需求状况调查研究报告》，2013 年 9 月 6 日。

已初步形成了“枢纽型”社会组织工作体系，即社区社会组织成为“三位一体”社区工作格局的主体，社会组织孵化器和社工事务所等专业社会组织成为“北京特色”的社会组织体系。与此同时，还有不少于登记备案数量的各种“草根”社会组织等，初步实现了社会组织的区县全覆盖和工作范围全覆盖。

一些民间心理咨询机构及社会工作中心如寸草春晖心理咨询中心、乐龄老年社会工作中心等社会组织也在探索并尝试专业化培训的不同形式。笔者在此以寸草春晖心理咨询中心为例进行说明。在政府购买服务政策的支持下，该中心为有需要的老年人提供入户心理健康服务、开设了“96156”老年心理咨询热线，由经过专业培训的心理咨询师每天12小时在线为老年人提供免费心理咨询。基于一些复杂化的心理难题，中心还聘请了一批具有专业化背景的职业心理咨询师为老人进行个案心理咨询及团体辅导等。

由此可见，依托养老服务社会组织进行养老护理员的专业化培训已经具备了可能性与现实可行性。

5.4.1.2　充分挖掘社会组织中的现有人才资源

针对前文所述目前社区中从事养老服务的现有人才没有得到有效利用的问题，在此需要从以下层面着手实现其效用最大化。

（1）依托社会工作类组织普及社会工作专业知识

近年来，北京市加大了对社会组织尤其是社会工作社会组织发展的扶持力度，一批专业性较强的社会工作机构也如雨后春笋般涌现出来，目前北京市陆续成立了东城区助人社工事务所、西城区睦友社会工作事务所、北京市海淀睿搏社会工作事务所及东城区新乐道社会工作事务所等58家社会工作机构。

以成立于2009年的西城区睦友社会工作事务所与成立于2010年的北京市海淀睿搏社会工作事务所为例，由于二者的业务开展主要依托中国青年政治学院社会工作学院、首都师范大学社会学与社会工作系的专业力量，因而可以凭借其深厚的社会工作理论基础知识以及良好的实务操作能力，充分发挥事务所专业师生“智囊团”的作用：为社区居民、社区工作者以及从事养老照顾的养老护理员进行社会工作学科知识普及型的短期培训。具体内容可涵盖社会学角色理论、结构功能理论，伦理道德、家庭治疗等以及社会工作学科特有的优势视角、焦点解决治疗方法及增权理论等。

（2）做好社会工作者的专业化介入工作

首先，逐步推进社会工作岗位的准入制度，设立资格门槛。虽然社工师和助理社工师考试已在全国推开，但是，社会工作职业化的门槛制度依然没有建立起来。应该逐步在社会工作岗位上设置准入制度，充分发挥社工师考试的作用，这样才能促进社会工作的职业化，进一步解决大学生就业的问题。鉴于对存量人员进行更新的难度较大，政府福利体系内的社会工作岗位不妨实行“新人新办法，老人老办法”的过渡制度。一方面，对于现存的工作人员，加强社会工作专业知识的培训，鼓励他们积极参加全国社工师考试，通过者可在待遇方面差别化对待；另一方面，对于准备招入体制内的社会工作人员，应明确专业准入制度，即规定需要通过社会工作师考试并且具有相关专业的本科学历以上人员才能应聘。如此，既可以提升现存的社会工作专业化的水平，又能不断为福利体系增加新鲜血液，共同推进社会工作的专业化和职业化发展。

其次，建构专业社会工作者的专业化介入模式。鉴于社会工作特别强调“人在情境中”（person-in-situation）的观点，也就是说，老年人和某些中年人的问题不是孤立产生的，老年社会工作在解决老年人和某些中年人的问题时亦需要关注他们身处的环境，以及与他们发生互动的家人或照料人员。从这个意义上说，老年人和某些中年人的家人及照料者也构成了老年社会工作的间接服务对象。因而，还应以传统文化为载体，运用个案工作、小组工作等专业方法协调老年人家庭代际关系，并协调社区内外资源，做好“尊老、敬老、爱老、孝老”的文化宣传，推进“孝”文化的全方位建设。

基于上述认识，社工应围绕以下内容进行专业介入：一要及时发现疏于照顾及虐老个案并为家庭设计辅导方案，缓解家庭照顾者与被照顾老人之间的矛盾；二要协同医疗机构医护人员为有需要的老年人提供康复服务和临终关怀服务以及老年人精神疾病的预防以及个案介入；三要定期开展护老者支持小组工作，为照顾者提供沟通互动的平台，减轻照顾者精神压力；四要不定期为老年人提供外展服务，即由社工发现老年服务对象、接触老年服务对象并与之进行沟通交流以及进行专业化的介入策略。

（3）通过专业社会组织促进公众形成关于心理健康知识的科学理念

“心理健康”是指一种正常的、动态的心理活动过程和静态的心理特征、状态。人到老年，随着生理老化和社会角色变化，心理也将产生一系列变化。因此老年心理健康有其自身特点，要关注其认知功能和适应能力。根据以往研究结果，老年人作为一个特定的社会群体，心理健康的内涵应包括五个主要方面：性格健全，开朗乐观；情绪稳定，善于调适；社会适应良好，能应对应激事件；有一定的交往能力，人际关系和谐；认知功能基本正常。这种理论构想通过因素分析效度检验，已得到证实[128]。

而如前所述，由于传统观念的束缚，很多老年人甚至社区工作者长期以来对心理健康尤其是老年心理健康这一领域并不太关注，心理咨询师作为一门职业的社会认可度并不高。因而，老年人在心理健康方面的高需求与现实生活中对心理支持的低寻求是老年心理健康服务面临的主要问题[129]。

北京市目前从事心理咨询业务的社会组织主要有大兴区朗润社会工作事务所、朝阳区望京李楠社会工作事务所等。主要针对老年人群提供心理咨询服务与健康教育的则以寸草春晖老年心理服务中心为典型。在针对社区康复人员、空巢老人及残障老人进行专业技能培训的同时，还应通过慕课、心理健康讲座等形式建构起社会大众对于心理健康知识与心理咨询的正确认知。

此外，还可以实施“社区照护者计划”，即由专业社会组织通过募集空闲的社会劳动力，进行专业化的长期照护培训，将他们培养成为专业的社区照护者，将社会化、专业化的生活照料、医疗康复、精神慰藉、心理疏导等专业服务推送成电子服务工单，让社区照护者提供居家上门服务。通过实施“社区照护者计划”，不仅可以盘活社区内空闲的人力资源，还可以为整个社区甚至周边地区社区居家老人提供更多优质、专业的居家养老服务。

5.4.2 重视涉老服务的各种行业协会的专业化介入

第一，建立社会工作、心理学、营养学、管理学、医疗护理以及信息技术等行业联盟，为政府、社区和企业提供咨询、规划、质量评估等服务；并依托行业协会建立和健全社区养老服务的第三方评估与监督体系。

第二，依托行业协会，完善养老护理员职业资格认证制度。

我国自1993年实行职业资格认证制度以来，已经过了20多年的发展，并完成了由计划经济体制形态向市场经济体制形态的过渡，正在对经济社会的发展产生深刻影响。我国职业资格认证体系由国家职业资格和民间职业资格两大块构成。前者包含用于员工职称评定的专业技术考试、政府部门及事业单位组织的统一招聘考试以及政府部门组织的执业资格考试、从业资格考试及技能鉴定考试。后者则主要为民间行业协会或企业组织实施的职业资格考试。从目前来看，我国行业协会参与职业资格考试的范围仅限于民间资格考试，与发达国家相比还存在一定差距，我国行业协会在推行职业资格证书制度中发挥的作用还没有得到充分挖掘。

随着老龄化进程的加快以及对于养老护理员职业化发展的诉求日益强烈，我国在《社会养老服务体系建设规划（2011—2015年）》中明确提出“推行养老护理员职业资格考试认证制度，五年内全面实现持证上岗”。

要实现这一目标，未来首先需要明晰相关行业协会自身的职能界定，并建立健全行业协会参与职业资格证书考试的法律规范。其次，形成一套由下而上的与养老服务行业相关的职业标准制定框架。即各行业协会建立相应机构，通过这一专门机构制定职业标准，并应做好对职业标准的研究和内容更新。最后，在职业资格认证质量监管方面，关于养老服务的各行业协会应积极参与对认证机构的质量监督和资格评估。以养老护理员职业为例，目前养老护理员的“无证就业”现象十分普遍，就业准入制度执行效果不理想。行业协会作为政府与企业的桥梁和纽带，在对行业协会成员（企业）执行国家就业准入制度的情况进行督查方面，有着无可替代的优势与作用。

5.4.3 促进社区工作者职业化体系的形成

5.4.3.1 完善社区工作者队伍的政策体系建设

一是明确各级政府对社区工作者管理的具体职责和权限，在此基础上细化社区工作者招录政策的权限范围。

二是根据年度街道及社区实际情况，制定具有弹性的招录政策，提高灵活度，以便于社区日常工作的开展。例如，一年内可以按照具体实际情况分批次招录社工而不是仅局限于按年度招录社工。又如，可以突破年龄限制，在满足一定条件下留用一批具有高度责任心、乐于奉献的退休返聘人员等。

三是制定分层制度，落实退休人员保障需求。政策应制定分层制度，按照老人老办法、新人新办法适当调整退休社工的退休待遇，并能够协调解决此类人员退休后取暖补贴等相关待遇。

四是制定相关细则，促进社区工作者待遇提升政策的落地实施：①建立健全社区工作者待遇的自然增长机制，每年按一定幅度上涨，在此基础上优化社区工作者工资结构并充分保障社区工作者正常范围内应该享受的福利待遇；②做好社区党委书记、站长以及主任退休后的专门补贴以及收入保障等问题；③鼓励社区优秀社工到先进社区、品牌社区进行学习、挂职交流，壮大社区社工队伍的后备力量；④立足人力资源发展观的视角将社区党务人才、居委会干部等纳入基层人才工作范畴，进一步完善人才培养、引进、使用、评价、激励等配套措施，形成具备良好素质的基层社区治理人力资源力量。

5.4.3.2 强化工作举措，切实增强社区工作者的身份认同

从意识和能力两方面着手加强自身建设，提升社区工作者服务能力。在思想意识层面：①形成对于社区社会工作的理性认识，在此基础上掌握专业技能知识并能在实践工作中熟练运用。②纠正思想意识偏差，重新审视自身的角色定位，明晰新时期首都社区工作者的责任和职能要求，充分行使好社区工作者的职责，引导居民参与社区活动，促进社区健康、和谐发展。与此同时，在能力层面，新时期对于社区工作者的要求更为具体多样：①鉴于“社区工作者是秉承助人自助的价值理念，倡导‘以人为本’的服务理念为居民开展服务工作”[130]，那么社区工作者在道德素质层面应具有并保持高度的社会责任感、平民意识和良好的沟通能力；②要加强决策能力、组织能力以及应对突发事件能力的培养；③在专业理念和知识构成上需要有定期的职业技能培训来促进其储备知识的更新，等等。

5.4.3.3 丰富培训内容与形式，拓宽社区工作者职业发展路径

社区工作者是城市建设、社会治理的重要力量，要推动社区工作者队伍职

业化、专业化，应注重其培训内容的挖掘以及培训形式的多元化，最终让社区工作者真正成为让人羡慕的职业。

一是丰富培训内容，主要涉及社区治理案例分享讲解、社工专业知识与技巧、人际沟通方法与技巧心理咨询和调节等不同层面。可以借助新媒体技术力量以视频讲座、慕课资源等线上形式的讲解与专家讲授、课堂分享等线下形式相结合的方式来将专业知识与技巧传递给社区工作者。

二是创新培训路径及方式。一方面，促进社区工作者的专业能力培训。可以组织不同街道、社区或同一街道不同社区之间的交流学习，以实地参访、沙龙专题讨论、模拟创作与训练以及分组工作坊等形式促进社区工作者同仁之间的互动碰撞。例如，以分小组讨论、不同角色扮演的形式，让社区工作者以角色置换的形式进入情境之中，在实地模拟演练中使得社区工作者掌握社会工作专业的理念和专业方法，学会用专业方法和技巧去协调处理各方关系、化解问题。另一方面，强化社区工作者的专项培训。例如，针对调研中发现的专项业务培训少的情况，可以针对社区党组织开展基层党建特色项目、基层社会治理创新研讨等专题班，针对居委会、社区服务站负责不同岗位的居干进行实务操作以及技能方面的培训。

5.4.3.4 明确社区工作者的专业定位

社区工作者的服务对象主要是社区和社区居民，以社区的具体问题解决以及满足居民的需求为其具体工作目标，并促进居民社区参与意识的形成，从而增强社区凝聚力。

一是帮助社区工作者不断保持一个高素质和高意愿的工作状态，促进其职业生涯发展。一是畅通社区工作者流动和选拔渠道。明确各级党政机关、事业单位招录、招聘社会服务相关职位工作人员时，定向招录或优先录用具有丰富基层实践经验的社区工作者，适当打破身份和职业限制，构建社区工作者成长“立交桥”。二是积极打通不合格社区工作者的“出口”，在合同中明确规定消极怠工、长期休假等情况出现时的处理措施。

二是畅通社区工作者队伍的职业发展渠道。一是建立激励机制。现阶段，除居民测评、社区工作者互评之外，北京市针对社区工作者的考评，还有街道层面的主要从工作绩效、政治素养以及业务能力等方面的考评，还缺乏相应的激励机制。对于一些表现优秀的社区工作者，需要制定行之有效的激励措施来提升其积极性，打通其职业晋升渠道，避免“天花板效应”。二是建立淘汰机制。鉴于当前社区工作者队伍中存在的职业懈怠情况并不少见，因而有必要在完善激励机制的同时建立社区工作者的淘汰机制，避免社区工作者队伍负面情绪的积累，从而提升其工作积极性。

三是还应切实提高社区工作者的职业荣誉感、心理归属感。一是加强宣传引导。拍摄以社区工作者日常工作为内容的微电影，充分利用微博、微信等新媒体在广大社区居民中营造社区工作者无私奉献的良好氛围。二是树立典型示范。结合社会主义核心价值观宣传工作，以街道道德模范人物评选的方式，积极培育和宣传社区工作者先进典型。

5.5 企业层面

搞好养老服务业人力资源在养老服务组织中配置的优化，主要依赖于个人价值观与组织目标的高度统一以及个人价值、效能的最大程度展现。这不仅需要从事养老服务业的相关人员具备与组织服务理念、价值目标高度契合的价值观；长远来看，还需要养老服务组织为养老服务人员提供优质的人力资源发展环境，从职业发展的层面保障这些专业人才的持续发展以各尽其才。也就是说，社区养老服务的质量提升，与养老组织的发育及其专业化素质的改善密切相关，而这又涉及到人力资源培训、激励制度和质量评估等多方面因素。因此，从优化企业的治理结构来看，除了构建责权明确的管理体系，包括理事会、议事规则、各类设施的管理规章、财物管理等环节，还可从以下三个层面进行养老服务人力资源的优化管理，提升服务质量。

5.5.1 加强企业人力资源培训，提供“喘息服务”

当前，随着我国社会经济发展速度的不断加快，教育培训行业从整体上呈现出良好的发展态势，教育培训为广大社会大众所认可并接受。然而，“由于我国的政策法规中尚无对‘社会培训机构’的统一界定,《中国教育年鉴》中也没有与之直接相关的统计资料”[131]，关于养老照顾服务方面的社会培训机构更是微乎其微。“在 2009 年 4 月到 2014 年 1 月期间，共有 37 个民办非企业社会组织被批准成立，而其中专门针对老年人养老服务的只有 5 家。”[1] 在此情形下，从企业内部着手重视养老服务的专业培训，对于形成良好的人才资源配置格局显然具有重要意义。

5.5.1.1 建立对员工的持续培训体系

持续的员工培训是企业发展必不可少的重要因素。这包括入职前的初步筛选、培训和考试。在员工入职后，还应根据实际情况形成持续的培训，为养老服务提供优质的人力储备。

在入职培训和继续教育方面，前述北京慈爱嘉养老服务公司的做法值得借鉴。该公司员工在进入公司前都需要进行 3 个月的入职前培训，内容共涵盖 40 个科目，员工入职后仍然有每周 3 小时的继续教育，另外还提供每周 1 小时的喘息服务。

相比之下，国内养老服务公司的员工培训制度还有待改善。例如，如前文所述，在北京的一些养老服务组织和服务公司，尽管在与社区的合作方面取得了初步进展，但是企业员工的专业化素质偏低，一方面，“40、50 后”人员占据团队成员大多数，入职前的培训时间不足；另一方面，由于待遇偏低、职场激励的制度缺乏等因素，企业员工的流动性相当大，入职后的继续教育也难以实现。这些都是需要改进之处。

5.5.1.2 完善职场的激励制度

老年社区照顾的实施和运营主体是各类社会组织、企业包括养老行业的一线服务人员。在服务活动中，护理人员的专业素质、精神面貌以及心态等会直接影响到老人的生活质量和幸福感。然而不应否认的是，和人打交道的工作本来就不容易，和老年人沟通互动的照护工作自然更不容易，再加上许多护理员、社工等一线服务人员经常处在工作时间长、风险较高而待遇偏低的境遇，导致养老服务的岗位流失率很高，这显然不利于照顾服务质量的提升。那么，如何

[1] 参见北京华安峰兴软件科技有限公司课件《服务零距离管理系统》。

激发员工的工作热情与积极性就很重要。

职业流动性一定程度上既包括同一职业岗位纵向的职业提升，也包括不同行业之间的岗位流动。就养老服务行业的职业空间分布而言，也应是一个不断变换的动态系统，即既可以从一线服务的岗位提升到基层管理的岗位，也可以流动到其他的行业或岗位。这样一来，就可以促使从业者注重在现有岗位上的经验和技能积累，并能够持续性地从事这一行业，从而实现人才队伍的合理流动。

首先，应为养老服务人才提供纵向的岗位提升机会。养老服务专业人才应当以技术的提升为自身职业发展目标，这一方面既有赖于政府制定的保障机制，即政府应当完善养老服务专业技术职务任职评价办法，将养老服务专业人才技术等级晋升与工资待遇水平挂钩，鼓励并引导养老服务专业人才主动学习；另一方面，还需要养老服务机构在工资待遇水平上给予养老服务者以一定激励并改善管理机制，为养老专业技术人才岗位提升提供更多的空间和渠道，培养“管理人员来自服务技术人员”的岗位人员选拔理念，为养老服务专业人才提供“光明”的职业发展前景。

其次，还应为养老服务专业人才提供横向的岗位迁移空间。养老服务岗位专业技术性较强，又是专门和老年人“打交道”的工作，这在一定程度上影响了这些人员的横向岗位迁移。相较于老年康复工作岗位、老年社会工作岗位，养老护理员的职业迁移程度更低，很难凭借其工作技能和工作经验转移到其他工作岗位，一般只能流动到家政工作岗位。针对这种情况，企业、机构应当继续强化对养老护理员职业技能的培养，改变单凭照料经验开展工作的现状，突出岗位的专业技能性。除此之外，还应鼓励养老护理员通过继续教育或培训在心理咨询、食品营养、养生保健等专业领域获得新的技能提升，为岗位迁移奠定基础。

再次，规范养老服务的职业发展，员工制的运作方式是选项之一。员工制的运作方式包括与员工签订劳动合同，在保证员工收入的基础上公司为其提供社会保险、带薪休假等福利。这是企业形成专业化和可持续发展的制度保障。例如，北京慈爱嘉养老服务公司通过培训、心理关怀和奖励等多种途径提升员工的积极性与工作效率。公司内部不管是一线服务人员还是二线运营人员，都有着相应的职场上升渠道：一线服务人员可通过技术线升职，由照护员、培训员、照护技师发展到专家研究团队成员；二线支持也即管理层可以通过运营线发展，由照护员、培训员、协调员、营业所经理发展到总部管理者。

最后，鉴于老年人群与养老护理工作的特殊性，对于照护人员——无论是在社区老年服务中心还是在服务组织和公司——还应提供免费的喘息服务，这是养老服务人员能够自尊、可持续地工作的必要条件。

5.5.2 促进福利资源与市场资源的融合

5.5.2.1 为老年人研发和生产多样化的服务产品

鉴于在居家养老过程中，老年人对生活照料、养生健康、慢病维护以及紧急救助等的多样化需求，养老服务不仅具有劳力密集型产业的特点，而且具有知识密集型产业的特点。因而，除了围绕上门护理和托养服务所展开的助餐、助浴、助医和陪伴等轻护理的活动，社区养老服务的专业化支持和资源协调还表现在计算机网络支持的信息化服务层面，包括呼叫平台、云平台、物流网以及老龄健康电子档案等。因而老年手机、呼救器、老年电子保姆、社区托老管理软件的开发与应用也会成为一些企业关注的领域。

就社区养老的信息化服务而言，一方面可以通过管理系统与手机终端信息的快速传递以及物联网等，及时满足老年人的多样化需求。另一方面，企业还可以通过分析老年群体的需求信息和服务绩效，逐步形成服务资源与服务群体需求的紧密对接，为社区内养老资源的进一步整合提供技术基础[132]。

5.5.2.2 与社区合作，促进老年照顾服务与市场开发的互动

搞好社区养老照顾，中国企业在开发服务流程和培育规范的养老消费市场方面可以大有作为。借鉴国外照顾服务连锁经营的经验，国内社区与企业的合作也开始了有成效的探索。例如，北京已有社区开办爱老家园，委托养老服务公司经营，其服务内容包括：为社区高龄、特困、失能老年人提供托老服务；提供老年饭桌和送餐服务；为卧床在家的老年人提供上门护理和养生服务；围绕照顾服务，对有行动能力的老年人提供郊游以及候鸟式旅游服务。尽管进一

步的发展仍需要解决场地限制和专业人员短缺等问题，但该服务公司已开发了规范化的服务流程和日志，展开了连锁经营的探索，延伸了养老服务的产业链。值得一提的是，爱老家园用于护理失能老人的床位数达到60%，远高于一般养老院的护理床位比例，可见就近入托服务切实满足了老年人的居家养老需求，社区和养老服务公司在合作中实现了双赢。

此外，还应看到社区养老服务为拉动内需、转变经济增长方式所带来的机遇。例如，有调查显示，现阶段国内约有40%的城镇家庭需要家政服务（其中约六成涉及为老服务），而家政服务从业者仅1500万人，而需要服务的至少有5000万户左右，行业发展潜力巨大。❶北京作为首都城市，对于家政服务业的需求尤其供不应求，其中一多半的需求集中在家务料理、养老保健方面[133]。又如，围绕着社区养老服务所展开的康复工程、健康和养生教育、老年饭桌、心理治疗、护理员培训、相关专业的教育、中介服务等，蕴含着巨大的养老消费市场和老龄产业链，随着市场培育和养老消费能量的逐渐释放，其上下游产业如教育、医药、养生保健、建筑、食品、旅游服务等行业都会有经济带动效应。

5.5.3 构建准入和退出机制，实施多层面质量监管

笔者认为，在加快培育养老服务组织和实施人力资源培训的同时，搞好养老服务的质量控制不可或缺。在对养老服务的关注度正在升温的今天，需要出台一系列规范措施与标准要求来进行监管与规制，与此同时，对于养老服务质量的规制与控制不能要求过高。

5.5.3.1 在政府和行业协会帮助下建立准入和退出机制

如前所述，发展社区养老如果缺乏行业协会的评估、监管和专业人员的支持，既缺乏规范也有风险。这样一来，当一些养老服务组织和公司进入社区，所提供的服务种类与品质能否契合社区老人的需求、能否在达到一定标准后——包括硬件设施、服务流程、合格的护理床位等——持续地提供服务？

❶ 参见：《城市高端家政服务需求量大》，http://www.xinhuanet.com/2018-08/08/c_1123238322.html。

例如，已有报道，一些经营者看到开办社区托老所是个赚钱手段，认为只要找几间空房，有几个闲人照看，保证老人的一日三餐就行。这些游离在监管之外的老年托管机构隐患很多，一旦发生火灾等意外，老人行动不便，极易发生伤亡事故[134]。又如，在调研中发现，尽管在一些街道和社区为老服务的资金较为充裕，但是如何运用多功能的照顾服务来满足社区中老人的需要，就需要通过社区老年服务中心的协调，借助专家团队提供咨询、规划、质量评估等多种专业支持，在其帮助下运用准入和退出制度实施质量控制。

5.5.3.2 做好内部治理工作以提升护理质量，树立品牌意识

从养老机构的服务内容和服务能力上看，当前机构养老服务的内容还较为单调，大多数机构的服务仅限于较为基础的配餐、住宿、一般性的娱乐活动和简单的日常护理方面，而在必要的医疗、护理、康复、保健服务等方面的供给能力还有待提升。除了在行业协会的帮助下形成专业规范和标准的服务流程，机构在拓展服务业务的同时还应不断改善护理质量。这就需要树立品牌意识，搞好内部的治理，包括服务流程以及人才的培训、激励和评估等，这在前面已经论及。

5.5.3.3 通过行业联盟与政府的合作对养老机构实施适度质量控制

基于现阶段的实践运营来看，“相关的政府部门及授权的社会组织对民办养老服务机构进行着松散的、形式化的监管，监管内容侧重于‘安全’而非服务‘质量’和机构‘非营利性’，基本上体现出一种低度的规制，不利于机构福利性的维持和服务质量的保证”[135]。

从建立研究、规划和培训的互动平台到政府购买行业协会的服务，本书已经多次讨论政府与行业联盟的合作问题。早在 2006 年，《国务院办公厅转发全国老龄委办公室和发展改革委等部门关于加快发展养老服务业意见的通知》中提出“要鼓励建立养老服务行业中介组织，发挥其在行业自律、沟通企业与政府联系等方面的积极作用”。党的十八届三中全会《中共中央关于全面深化改革若干重大问题的决定》明确指出，要推广政府购买服务，凡属事务性管理服务，原则上都要引入竞争机制，通过合同、委托等方式向社会购买。实际上，持续的和多层面的质量控制、包括不断升级规范化的服务，主要还是依赖行业协会

和专业人员的介入。与此同时，也要看到，在养老服务主体的转换过程中，政府作为公共资源的支配者和社会中最强大的组织力量，对于构建一种全新的、均衡的养老服务供给体系的作用较为关键。

当然，在现阶段，对于行业准入以及关于服务的硬件要求并非越严越好，而要注意宽严相济。这是由于，针对市场化运作的养老服务机构的监管如果过于严格，反而不利于其发育与生长，从而会影响养老服务质量的保障与提升。例如，对一些小型养老组织和服务公司，由于在人力、物力等方面存在的困难，其房屋和硬件设施有时难以达到相关部门规定。因此，在强调服务质量控制的同时，也要注意过渡阶段的条件，让一些受老人欢迎的小型托老所和服务组织得到发展空间。

在这方面，我国台湾地区的经验值得注意，即养老服务发展有一个从大量的半专业人员到主要是专业人员的过渡期。20 世纪 90 年代，在中国台湾地区养老护理院工作的护理员有许多是半专业的、学历不高的服务人员。而随着接受职业培训的人员增多，现阶段必须持有护理本科的证书才能在护理院从事照护工作。

就现阶段而言，应再次强调的是，我国还应借鉴国外的成熟经验和做法，明确和细化有关养老护理的职业教育和继续培训等一系列法规和制度，使入住养老机构的老年人的权益有所保障、老年人与养老机构以及养老机构的专业养老护理员、专业社工等之间的关系切实有法可循、有法可依。在这方面，许多发达国家根据自身国情制定了成套的养老护理行业规范、培训制度、监督机制、评估制度、执业人群保护等，关于养老护理员的责、权、利进行了详细规定。如澳大利亚专门设立卫生老年部，负责管理和监督各个养老机构的服务与质量情况，包括接受各种投诉；其国家护理标准和评估公司负责对养老机构进行每年至少 1 次非预先通知的评审，并对养老机构的资质情况进行评估[136]。英国立法设立了规范的培训制度，要求养老机构护理助手需达到 NVQ2 级水平，并规定只有具有 NVQ3 级的护理助手才能进行护理教学和有机会成为医生助理；在一些大学里设立培训轨道，给具有 NVQ3 级的护理助手提供加速护士教育的机会[137]。

现代养老服务产业的竞争，归根结底是人才资源的竞争，这就要求推动公共服务一体化，实现人才的自由流动和优化配置。《加快推进教育与现代化实施方案（2018—2022年）》中强调指出要深化职业教育产教融合，构建产业人才培养培训新体系，完善学历教育与培训并重的现代化职业教育体系，推动教育教学改革与产业转型升级衔接配套。《中国教育现代化2035》明确提出，“要加快信息化时代教育变革，统筹建设一体化智能化教学、管理与服务平台。利用现代技术加快推动人才培养模式改革，实现规模化教育与个性化培养的有机结合。创新教育服务，建立数字教育资源共建共享机制……推进教育治理方式变革”[138]。

第6章　老有所养的社区示范与展望

“十三五”时期（2016—2020年）是全面建成小康社会的关键时期，也是我们积极应对老龄化的重要战略期。现阶段，我国正处于经济社会发展的转型期，如何应对在未富先老形势下急速老龄化的现实正在成为一个迫切而艰巨的时代任务。党的十九大报告中指出，人民健康是民族昌盛和国家富强的重要标志，要完善国民健康政策，为人民群众提供全方位全周期健康服务；积极应对人口老龄化，构建养老、孝老、敬老政策体系和社会环境，推进医养结合，加快老龄事业和产业发展。而无论是居家养老，还是社区养老与机构养老，人力资源是支撑其长远发展的重要因素。社会化养老服务体系的发展完善不仅有赖于国家政策的不断完善、社会经济的不断发展以及养老市场的充分发育，更有赖于老龄服务队伍专业性的不断提升。

2019年政府工作报告中强调指出，要实施职业技能提升行动，从失业保险基金结余中拿出1000亿元，用于1500万人次以上的职工技能提升和转岗转业培训；并提出要支持企业和社会力量兴办职业教育。这也意味着，养老服务职业技能培训迎来了良好的政策发展机遇。在当前急速老龄化的语境中，分析北京市社区养老照顾专业人才数量、结构、素质、效能、培训和人才流失等情况，一方面可以为政府制定养老服务行业人才规划提供一个较为科学、全面、系统的依据；另一方面对于完善养老服务的劳动力市场、促进社会经济增长以及维护社会稳定也具有长远的战略意义。正是在此推动下，本书展开了关于社区照顾专业化配置的相关研究。

正如斐迪南·滕尼斯所说，社区就是一种共同体，在此共同体当中人们之间的交往相较于外界更为友善与亲密，人们互助、互帮，相互之间形成了介于亲人与朋友之间的关系，极富人情味和帮扶情感。我们看到，社区这一共同体作为城市的基本单元构成，也是老年人生存与发展的主要地理空间。社区居家养老由于具有不同于家庭养老、机构养老的优势，其重要性也日益凸显并将在未来老龄化社会承载越来越重要的社会功能。当前，北京市在推进社区养老方面已有共识并开始呈现出规模化发展的趋势；但是与此同时，社区照顾供给仍显不足，其突出表现是服务单一、专业化人才短缺等，专业化配置不足成为开展社区照顾的主要障碍。

基于上述问题，本书首先从宏观层面指出，搞好照顾资源的专业化配置有赖于相关认识理念的深化以及包括协调整合社区养老资源、搞好社区与外部环境的协同等内容的后台机制的搭建等。其次，在此基础上，提出具体应从以下路径着手进行：政府层面需加大政策优惠力度，积极扶持养老服务业发展并加大购买服务力度；院校层面应不断优化课程设置与教材设计，分层培养人才；社区层面通过老年综合服务中心协调福利、教育与行政资源，借助专业力量推动养老服务的社区教育及其评估；企业层面一方面要进行自身品牌建设，另一方面要从组织内部对护理人员进行定期培训。

需要再次强调的是，上述社区养老专业化资源配置的策略归根结底还需要落实在社区一级平台（见图 6.1）。这是由于，社区养老这一服务模式的良好运转不仅有赖于社区不同阶层、不同职业、不同代际与年龄之间居民的和谐共处，也涉及居民与街道、社区居委会之间的良好互动以及作为主体的人与信息系统客体之间的有序联结与稳定维护，这也是本书反复强调的重要内容。也就是说，搞好社区养老照顾的专业化配置，需要从以下几方面着手。

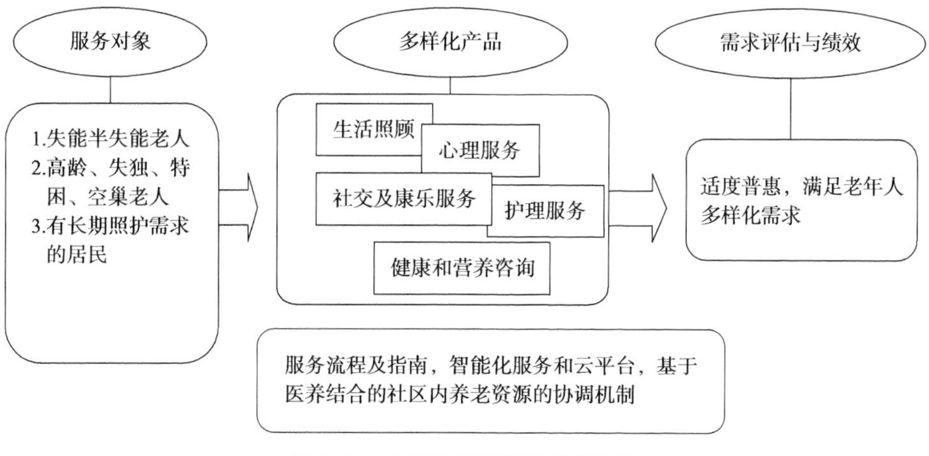

图 6.1 社区养老照顾的供求结构

6.1 基于社区照顾服务指南，展现专业化内容

为实现愿景所做出的社区内部和外部政策环境的努力，其综合绩效还表现在：搞好社区养老是一项能够拉动内需的国民健康工程。如果从政府到公众都能认识到在老龄健康链条的前端投资可以有效降低链条后端的医疗费用，认识到老年人是国家健康和财富的源泉，能够帮助扩大就业并减轻养老财政的压力，那么推进养老服务业并使其成为令人羡慕的行业，将会比较顺畅。以上种种，也让我们看到了社区照顾作为应对“未富先老”的战略工程所展现的多层面内容。

当然，上述努力以及养老公共政策的协调，其最终归宿还是要落地在社区，通过愿景的实现来展示上门护理、日间照料、社区托老、志愿者互助以及智能信息等多功能服务，营造一个让老年人能够自立并增进其尊严的生活环境，以及让一线的养老服务人员和志愿者能够有尊严的工作环境。

透过上述多功能照顾和相互尊重的氛围，我们可以实实在在地看到老有所养的实现路径，这也在社区照顾的服务流程中体现出来：

一是评估照顾需求：由专业人员对需求者进行访谈以了解居家护理可以提供哪些帮助，并进行照护需求的评估；

二是制订照顾计划：评估后会为老人量身制订照顾计划，包括咨询相关专家以满足实际需求；

三是选派合适的护理员以实施照顾计划；

四是服务督导与跟进：服务组织或公司会在社区老年服务中心的帮助下，跟进护理员的工作，定期对被照护者进行家访以确保服务质量；

五是保持与被照护者家人的沟通，跟进照顾计划并视情况做出调整以满足老人的需求。

值得强调的是，上述专业化的养老服务作为老有所养的核心要素，也应在照顾服务的指南（在未来应由社区老年服务中心提供）中实实在在地体现出来。

6.1.1 照顾诉求

在作家周大新的长篇著作《天黑得很慢》中，以“拟纪实”的方式关注当代老龄群体，用万寿公园的黄昏纳凉活动安排结构全书：周一到周四，是养老

机构、医疗保健机构、养老服务机构、健康专家的推介活动；周五到周日，是陪护员用亲身经历讲述陪护老人的故事。周大新以形象而细腻的笔触描绘了老年人晚年的生活景象：“一是陪伴身边的人越来越少，老人要学会独自生活和品尝孤独；二是社会关注度越来越小，得学会安静地待在一角，欣赏后来者的热闹和风光；三是前行路上险情不断，得学会与疾病共处，带病生活，不要幻想身无一点疾病；四是准备在床上生活，重新返回幼年状态，去接受别人照料并准备骑鹤远遁……”。作品的主体部分通过陪护员对一个家庭生活的近距离观察和亲身参与，反映了中国当下社会的种种问题，涉及养老理念及选择、就医环境、家庭亲子关系、老年黄昏恋等，形象地写出了人到中年、人到老年之后身体、心理层面经历的衰老过程以及慢慢接近死亡的过程，也从侧面折射出老年人在逐渐衰老的过程中精神心理层面的种种诉求。

正如长期深耕社区养老照顾领域的缪青教授反复强调的那样，“在当下的中国家庭，一旦家中出现需要长期照顾的人，如失能、半失能的老年人或病人，这种照顾如果单纯依靠传统的家庭支持，通常会使照顾者感到不堪重负。而现有的社区服务所能提供的帮助十分有限，因为它缺乏社区照顾的专业基础和制度安排”。专业化的居家照护服务适用于什么样的老年人？老年人通过什么方式才可以享受到专业化的照顾服务？例如，对于刚刚经历过手术或留医后正在康复期间的老人，也许在家中只要借助个性化、专业化的护理服务即可康复；对于生理功能衰退、慢性病缠身、行动不便的老年人，或许可以在专业化照护人员的协助下安享晚年；对于没有自理能力的失能老人、失智老人而言，专业化的居家养护或许可以帮助其过上一种有自尊的晚年生活；对于空巢老人尤其是失独家庭的空巢老人而言，通过专业化的精神心理慰藉服务或许能够帮助其克服心理危机。社区老年服务中心的任务就是借助各类服务组织为社区居民提供各种专业化的照顾服务与帮助，有照顾需求的老年人可以到社区老年服务中心寻求上述专业化的照护服务。

6.1.2 申请流程

一旦察知上述照顾诉求，人们可以随时打电话到老年服务中心，申请专业化的、多功能的照顾服务，包括从生活照料、养生健康、法律援助、日常护理到专业护理等服务。在接到申请后，专业人员如心理咨询师、护理师以及营养师等会到老人家里进行初步评估，涉及老年人躯体功能、老年人精神心理、老年人生活质量以及老年营养等方面的评估内容，并协助老人填写一份内容详尽的表格。其内容包括：申请者的健康信息、经济能力、生活环境以及心理调适能力等。评估在经过审核和认定的程序之后，具体提供照顾服务的服务供应商会与老年服务中心协调，派出经过培训的服务人员到老年人家中为老年人提供可供选择的、个性化的照顾服务。

6.1.3 服务框架及内容

目前，“以居家养老为基础、以社区养老为依托并以机构养老为支撑”的养老服务体系已经成为众所周知的养老服务的内容表述，然而具体来说，还需要进一步进行细致分层与详细解读。鉴于目前北京市 60 岁及以上老年人、慢性病人持续增多的现实状况，“居家养老”的完整表述应该是“针对有生活自理能力的、身心健康老人的社区养老支持下的养老服务”；“社区养老”则应具体解读为由专业社会组织与机构为一些需要照料的老年人提供服务的养老模式；而作为居家养老与社区养老有效补充的机构养老，则应面向更多的没有生活自理能力的失能失智老年人为其提供入住、照顾服务。

在社区养老的照顾内容，未来几年将日益有赖于物联网、新媒体等先进技术手段。

（1）为老年人免费发放无线救助终端

以利用信息化技术为老年人提供紧急救援服务，一方面老年人可以及时发出求救信号，另一方面亲属可以通过救助指挥平台确定老年人的详细地理位置。

（2）为老年人提供政务咨询以及全方位的照顾服务

包括医疗护理、心理咨询、陪送老人、法律援助、咨询（如老年人餐饮制作方法及营养管理等）和转介服务（如转介到护理养老院）等。在老年医疗康复方面，鉴于协调老年人身心健康、提供心理支援与社会支持以及提供其他医护康复服务涉及包括患者、家属、医疗团队及社会资源等，医务社会工作者通过个案工作、小组工作以及社区工作等灵活多变的工作方式介入老年人医护康复服务。

在此仅以老年心理关爱支持系统的构建为例来说明。首先，建立科学的服务标准体系。在政府及行业人士指导下建立科学的服务标准体系，是为老人提供更加优质的精神关怀服务的有力保障。建议政府层面不断完善《养老精神关怀服务机构规范化建设的基本标准》，其内容包括：借助中国科协的会员管理系统发布老年人精神关怀专业人才的招聘办法、培训办法、管理办法；形成有关培训的标准课程；建立有关管理制度和资金保障等体系等，并参照社工督导部分建立工作督导机制等。其次，开发心理健康培训课程，完善专业指导体系。针对老年人接受再教育的迫切需求，应该继续扩展老年电视大学、老年空中课堂、老年网上课堂等多种形式的老年社区教育体系，借助多种资源形成老年人精神关怀的专业指导体系。最后，在专业社会组织的协助下建立心理障碍、疾病预防及疏导机制。针对老年人群的特殊性，有必要依靠专业性的社会组织力量为其及时提供心理支持与疏导，防止悲观、抑郁情绪的滋生，提高老年人的生命质量。

（3）推进“医养结合”养老模式

推进“医院—社区—家庭”的医养结合模式可以视为社区外部政策环境优化的一个具体落实。所谓“医养结合”养老模式，即指将医疗资源与养老资源统筹结合起来的一种养老模式。其中，“医”包括医疗康复保健服务，具体有医疗服务、健康咨询服务、健康检查服务、疾病诊治和护理服务、大病康复服务以及临终关怀服务等；“养”包括生活照护服务、精神心理服务、文化活动服务。它是利用“医养一体化”的发展模式，集医疗、康复、养生、养老等于一体，把老年人健康医疗服务放在首要位置，将养老机构和医院的功能相结合，把生活照料和康复关怀融为一体的新型养老服务模式[139]。

由于日常生活起居能力、移动能力、家务能力以及社交活动能力受限，老年人需要得到一种专业的、持续的、长期的、系统的照护服务。从初步调研的情况来看，绝大多数大型医院缺乏与社区服务中心、养老机构及其他养老服务组织之间的资源对接与有效互动合作，没有将医院的医疗护理功能延展到老年人居住的社区。需要强调的是，探索“治疗+康复+护理+养老=医养结合”的一站式养老服务模式，其优势在于可以使老人在社区乃至家中便可以接受医院的优质资源享受护理服务。第一，由医院、社区卫生服务中心与养老机构及相关企业建立合作机制，按照规划形成养老服务网络，建立双向转诊机制；第二，依托原有社区医疗卫生资源拓展社区养老护理资源，如北京的八里庄社区卫生服务中心在原有医疗机构基础上申请了护理院资质；第三，由医院内社区护理中心与社区服务中心建立联盟，形成医养结合进社区、进家庭，推进家庭医生的上门服务。利用医院医疗护理资源优势，对养老护理员进行相关培训。

此外，在社区老年服务中心与医院、养老服务组织通过居家养老服务平台形成良好互动的条件下，高水平的居家照护是可以这样来运行的：24 小时运转的上门医疗护理服务，部分医疗检查和治疗可以在家中进行。对于病人一些较为复杂的医疗要求，也可视情况提供连续的数小时医疗服务。如在德国，其老年住宅模式大致分作社会住宅体系和养老院体系两种，这两种体系通常毗邻建设，以共享服务设施和医疗设施。老年人的居住模式根据其身体健康状况大致作如下划分：社会住宅、老年公寓、养老院、护理院及将老年公寓、养老院和护理院的功能组成一体综合运作的机构，能够使老年人随着年龄的增长、身体状况的弱化，仍得到连贯的生活照料服务[140]。

6.1.4　服务保障

在澳大利亚，指导和规范老年人保健项目和服务的法律主要有两部——《老年人保健法》和《家庭和社区保健法》。《老年人保健法》主要对养老院保健、灵活保健（flexible care）和社区老年人保健做出规范，规定了服务提供者和被保险人范围、费用的支付方式以及服务提供者的责任。《家庭和社区保健法》对家庭和社区保健项目提供了行动框架，规定了家庭和社区保健计划进入联邦政府、州政府和地区时的原始协议，其协议内容包括计划的目标、筹资类型等内容。

值得关注的是，除以必要的法律规范对养老服务者予以约束之外，前文提及的喘息服务也是必不可少的。与此同时，鉴于“一个充实、完整的社区照顾，人员配置应该是非正规照顾人员与正规照顾人员的合理搭配，应该是在专业人员指导下的综合福利服务”[141]，考虑到除专业化的养老护理员之外，照顾者也指为体弱的老年人或者残疾人的日常活动提供支持的无支付费用的家庭成员和朋友。因而，在此意义上而言，对来自家庭以及其他非专业人士的非专业化的照顾也应从政府或专业人士层面给予一定的支持与资助。

在一个社区生活共同体中，这部分非专业化照顾人员在社区养老中的参与一定程度上也是社区照顾的有机构成，同时也是社区照顾专业化资源体系之外不可抹杀的一种重要辅助力量。老年人能够继续在家庭生活而非进入养老院，照看者发挥着很大的作用。大多数的照看者需要援助：可能是外出购物，以获得几个小时的短暂休息；也可能是为了缓解身心压力而需要休息几个星期或更长时间，以使身体得到恢复。在这方面，国外的经验与做法为我们提供了参照与借鉴。

在位于英国中部的诺丁汉郡，对于社区“照顾者”与“被照顾者”二者的权利进行了详细的界定与划分，将家庭成员对于老人的照顾提升为“政府和社会分享承担的责任与义务”，政府机构还会给相关家庭发放补助金并可以要求社会工作者提供上门服务。此外，每个社区都设置了为老人提供专门服务的机构及专业的工作人员。澳大利亚政府为照看者提供了一系列的支持政策，包括暂缓性服务和经济支持。暂缓性服务是由住宿护理服务机构和社区日间护理服务中心提供的。这些机构在集中配置的设施内提供半日或全日的暂缓性服务。另外还有上门的暂缓性服务，包括留宿过夜的护理以及各种活动安排。同样，在接受暂缓性服务之前也要通过老年护理评估小组的评审，以确定其是否有必要获得该项服务。除此之外，澳大利亚政府还对照看者提供一定的经济支持，即由政府对照看者发放一定数额的津贴。照看者领取该津贴时不需要缴付税项，且对其收入也没有相关要求。

6.1.5 服务费用

服务费用视养护需求和家庭收入状况，部分由政府福利项目承担——如长期护理保险，部分由个人承担。值得指出的是，对于政府购买的服务项目，可以依托养老一卡通信息管理系统，形成完善的发送、消费、结算流程，并可通过一卡通随时查询消费记录。

6.2 依托智能信息技术，创新社区养老服务

“十三五”时期（2016—2020年）是全面建成小康社会的关键时期，也是我们积极应对老龄化的重要战略期。

如前文所述，前台专业化照顾服务的背后需有两个系列的要素来支撑：一是社区内养老资源的整合，二是社区外部的政策和市场环境，包括多方参与的格局并落地到行业协会和市一级的政策协调等。重要的是，无论是社区内养老资源的整合还是社区外部政策和市场环境的优化，归根结底还有赖于社区内外多层面要素的相互关联与整合。而随着当前由工业社会向信息社会的转型与发展，以及现代信息技术、通信技术与智能控制技术的不断广泛应用，社区的物联网、云计算以及数据存储与处理能力之于社区养老服务资本、技术与人力资源的配置的重要性也日益彰显。那么，如何在社区养老照顾服务中依托信息技术优势提供专业化养老服务，便成为一个重要议题。

6.2.1 完善社区智能化养老系统的构成

一定程度上，社区养老平台也即智能化养老服务平台是社区养老的重要载体，社区养老有赖于这一平台的要素与功能才能运转起来。那么，我们首先有必要了解何谓智能化养老。

“人工智能”（Artificial Intelligence）由20世纪50年代发展至今，与人类社会生活的关联越来越紧密。由2016年“VR元年”到2017年“人工智能元年”再到2018年“人工智能爆发元年”，人工智能在概念和技术上的发展正在深刻地影响着我们的日常生活。与此同时，信息化社会，人工智能在一国的社会经济发展过程中扮演的角色越来越重要。当前，世界各国高度重视人工智能发展，“人工智能养老”最早由英国生命信托基金会提出，致力于帮助老人不受时空约束过上高质量、高享受的居家生活。2016年国家发展改革委、科技部、工业

和信息化部、中央网信办制定印发《“互联网＋”人工智能三年行动实施方案》，针对我国未来三年人工智能的发展规划进行了部署。在此基础上，2017年8月，国务院发布了《新一代人工智能发展规划》，明确指出要在2020年实现人工智能产业成为重要的经济增长点，以及人工智能技术应用成为改善民生的重要途径。这既为人工智能在社会领域应用的进一步细化指明了方向，也是当前社会治理技术路线的路径创新。

那么，何谓智能化养老？关于这一新生事物的定义，至今没有一个统一的界定。一般认为，“智能化养老是利用物联网技术，整合智能感知技术、识别技术和计算技术，让人们最大限度地实现各类传感器和计算机网络的完整连接，让老年人的日常生活（特别是健康状况和出行安全）能被子女等远程查看”[82]，其优势在于通过传感网络、App、云计算以及移动互联网集合各种资源，针对老年人需求为其提供基本信息管理、安全与健康监护以及其他各种便捷的服务，从而减少人力、物力资源的浪费。

就目前社区智能化养老服务设备和终端的配备而言，由于我国养老服务领域整体上科技创新力度与程度不高，因而社区养老服务设施的硬件质量和信息技术水平还有待提升。目前，北京市除为社区内老年人配备“电子保姆”等智能化服务之外，还形成了中关村街道智慧养老创新示范基地，基地的宗旨在于为辖区内有需要的老年人提供物联化、智能化的多元养老服务。但是，从智能化养老服务平台的理想构成来看，北京市社区智能化养老服务平台显然还有待从多方面进行改进与完善。具体而言，未来可从技术支持层（应用支撑、网络支撑及硬件支撑）、资源层（基础数据库、业务数据库及地理信息技术库）、应用层（安全、服务、健康以及外出看护管理子系统）以及由社区监控中心、亲属门户构成的访问层等几个层面为老年人提供独立、健康的居家养老优质环境，建构老年人与家庭成员、社区乃至社会之间的长效沟通机制。在做好上述工作的基础上，进一步将此服务在有条件的社区进行推广。

6.2.2 社区智能化养老平台的运营和维护

智慧城市治理离不开智慧社区的建设与发展，智慧社区养老服务系统作为当前老龄化语境中智慧社区建设的重要内容，需要从以下几方面着手进行社区智能养老平台的建设与维护。

6.2.2.1　整合智能化养老平台的多重功能

智能化养老平台不仅对外承载着社区与城市的信息互联，为政府提供理论研究、政策制定的科学依据，为企业提供运营发展的市场需求数据，为有需求的老年人提供较为系统的服务菜单；与此同时，还对内承担着感知层信息的搜集、整合、转换与分析，并与互联层融合共存。因此，其运行与维护还有赖于各种信息系统要素之间的有机联结与整合。基于此，平台的运营需要将一部分物流企业、商贸企业、家政服务企业、养老服务企业、第三方物业、信息传媒企业以及医疗卫生机构等纳入智慧社区服务平台之中。日本自 1963 年形成老年社区服务体系以来，目前已经通过社区电子商务信息系统、社区电子政务信息系统、社区物流信息系统、社区医疗卫生信息系统使得针对老年人的社区服务功能日益完善。

目前，北京市海淀区北新桥智慧社区养老平台通过 5 个子平台如早晨起床后的医疗保健平台、上午买菜的家庭服务平台、下午的健康监测平台以及晚上的精神慰藉服务平台、针对突发状况的紧急救助平台的服务，将老年人的需求数据整合到一个综合信息平台之中，并将数据信息传送给老年人子女与社区。其中，家庭服务平台与一家大型家政服务机构实现了服务预订、服务受理、服务派单、服务过程跟踪与回访的闭环式服务流程。充分依托社区信息技术设备的优势进行治理，不仅有利于促进人力、物力资源在社区层面的整合从而减小政府部门的负担，也有利于老年人与照顾人员之间进行良性互动，并进一步实现老年人、养老护理员以及社区工作人员与信息系统之间的系统交互，提升养老服务质量。

6.2.2.2　建立、完善智能社区平台运营的法律法规体系

在社区生活数字化、信息化的现代化社会，社区智能化养老服务平台作为一种新生事物，需要形成相关立法保障，从而才能推进社区管理与服务的不断创新。例如，如何对于社区民政、社保、文教等事务进行分类与梳理，如何协调智慧社区不同信息系统之间的分工与职能等方面，需要更为细致具体的规范

约束以确保信息技术在社区中物与物之间、物与人之间、人与人之间的全面互联。此外，企业作为智慧养老平台运作的主体，如何对其进行监督与管理，也亟待出台相关法律规范。在知识产权的使用方面，鉴于如“长者通呼援中心”等多种技术和产品需要从中国香港地区全盘引进，老年人很可能会由于相对昂贵的支付费用而享受不到这些服务。因而，一些企业会通过借鉴中国香港地区的相关技术，在内地自己生产服务终端和移动终端来减少产品成本。如何运用法律规范对此进行规制与约束，从而避免不必要的纠纷与争端，也需要得到应有的重视。

6.2.3 开发老年 App 应用的社交文化功能

近年来，随着 4G 技术的成熟、5G 技术的初露锋芒，通信流量资费的降低，大多数老年网民接受智能服务产品形式的终端也在发生变化，即逐渐从电子设备端向移动端转移。各大广场舞 App、一些直播软件和短视频 App 的应用，已经验证了互联网“银发经济”的消费潜能。一方面，大量老年医药信息类 App 陆续进入公众视野，成为老年人不可或缺的“互联网 +”生活小帮手；另一方面，在全民娱乐化的时代，“抖音”“爱奇艺”“哔哩哔哩”等网络平台主要面向年轻群体，目前仅有个别 App 专门面向老年人群提供服务，以老年人为服务对象的垂直平台还较少。为此，未来还需要面向急速增长的老年群体，运用互联网技术创新老年人线上社交方式，满足老年人日益多样化的文化娱乐、社会交往等精神需求，促进新时期互联网社会健康老龄化、积极老龄化的发展。

6.2.4 创新机构层面的“虚拟养老”服务方式

基于移动互联、智能传感、GPS 定位等技术，创新老年护理、健康管理等医养管理方式，在养老机构进行人工智能服务的升级改造。涉及老龄用户、亲属、社区服务机构、医疗机构、第三方养老机构以及政府等多元主体，目标在于能够使各主体通过机构的信息服务平台进行方便快捷的交流，形成高效运行的智慧养老服务体系。

总之，在全球化趋势愈演愈烈的信息化社会，随着全球科技创新技术的不断演进与更新，养老服务事业的发展也将越来越有赖于新媒体技术、现代通信技术以及智能控制技术的创新。进一步讲，受目前北京市老年人群养老意愿选择倾向影响以及老年人网民人数有增无减的影响，有必要在社区引进先进服务装备和终端，为老年人进行智能养老的规划与设计。

6.3 依托社区平台，推进老年宜居家园的构建

在我国，尊老、敬老、爱老的“孝”文化传统由来已久，“孝道”是我国传统文化观念中最基本的人伦道德内容。文化典籍中关于“孝”的解读层出不穷：《礼记・礼运篇》云：“故人不独亲其亲，不独子其子。使老有所终、壮有所用，幼有所长，鳏寡孤独废疾者，皆有所养。”《孟子・梁惠王》中也云：“老吾老以及人之老”。《说文解字》解释篆体孝字云：“善事父母者。从老省，从子，子承老也”；《尔雅・释训》谓“善父母为孝”；几千年来，儒家“孝”文化作为中华民族传统文化的精髓已经深入人心。“孝，乃百行之本，众善之初也。”“孝悌为仁之本”“身体发肤，受之父母，不敢毁伤，孝之始也”等这些传统孝文化在我国的发展可谓源远流长，是中华民族优秀传统文化的构成内容，涵盖了子女对父母的经济供养、精神陪伴、尊敬和顺从以及父母逝去之后的祭奠等内容。

随着社会历史生活的不断变迁，“孝”的内涵也被赋予新的时代特质并开始具有现代意义的表征内容，逐步积淀和内化为中华民族的心理情感，成为一种永恒的人文精神、普遍的伦理道德，熔铸于儒家伦理道德思想体系及传统文化之中。与此同时，我们也应对“孝道”的内容进行发展扬弃。我们看到，在个体化趋势越来越强的现代社会，养老需求的满足不应仅仅局限于经济收入的提升、医疗保障的到位，老年人应该获得更多来自家庭、邻里之间的情感支持认可，以及社会的关注。这一变化趋势充分体现在近年来播出的优秀电视剧作品之中。例如，电视剧《情满四合院》聚焦老北京四合院几个不同类型家庭的养老问题，并针对基于胡同四合院地理优势的社区托老机构运营进行了探讨，由此引发观众热议。又如，电视剧《远方的家》之所以能够热播，其主要因素就

在于其首次聚焦城市老漂族，关注其心理归属及情感诉求并与其相契合，成功刻画了城市老年群体的电视媒介形象；通过塑造如“北京大爷”式的典型代表富伯恒，赴京投奔儿子的宋明媚，心甘情愿被啃老的宋明亮夫妇，追求个人情感幸福的毕雪华、陈宝山等形象丰满的角色人物，谱写了一部颇接地气的以老年人为核心角色的文艺作品。

从理论层面来看，按照亚伯拉罕·马斯洛的需求理论，现代人关于“孝道”的理解也细分为经济层面的供养老人、生活层面的照料老人、精神层面的陪伴、尊重等元素。与此同时，值得关注的是，随着新媒体的发展，互联网信息技术与我们的现实生活开始紧密关联起来，以此为背景下的智慧养老关涉到老年人的自我服务、自我管理、自我实现以及新媒体语境中传统孝文化的落地实践等问题。也就是说，对于老年人而言，马斯洛需求理论的最后一个层级内容如何进行现实延展的议题。社会认知理论认为，彼此交往的个体之间会相互影响，这一结论同样适用于虚拟社区中的老年人。一项调查表明，家人、朋友及社区友邻使用互联网网络的老年人使用互联网网络的频率及对网络的依赖要比那些家人、朋友等较少使用或不使用网络的老年人要高。那么，由此可见，互联网信息社会，如何借助新媒体手段，构筑社区养老的安全网，即促进老有所养、老有所乐的实现，社区作为老年人日常居住生活的活动场所，是开展“互联网+养老”不可或缺的一个空间要素，也是“孝”文化理念在现代社会的一种现实展现。换言之，在当前“银发浪潮”与家庭养老式微的双重夹击下，社区也是建构新时期老年宜居家园的重要载体。

因而，一定程度上通过依托社区为老年人构建宜居家园，就成为构成社会安全工程的一个子系统，也即本书所探讨的主要议题——社区养老照顾专业化资源配置所指向的终极目标即在于“老年人的社区照顾是一个全方位的、连续性的过程，它涉及老年人生活的方方面面，因此，服务的提供应该是发展性、预防性、补救性的综合性服务”[39]。

那么，这一社会安全工程的构建与维护需要围绕老年人的实际需要，从生活照顾、精神文化慰藉以及医疗护理等方面为其打造一个可以安享晚年的生态社区，更需要从社会学意义上不断拓深“孝”的历史内涵。笔者认为，这一社会安全工程的建设归根结底还有赖于基于社区平台所形成的专业化服务网络。这是由于专业化的照顾服务不仅能够为老年人提供高品质的养老照顾产品，有利于老年人自身的身心健康，还有利于老年人在维护自身健康的基础上进行广泛的社会参与。尤其是通过高质量的、专业化的居家照护方案，可以大量减少医疗资源的浪费，有利于福利资源、市场资源的进一步有效融合，从而促进社会经济有序发展。

老年宜居家园的构建并非一蹴而就，需要以社区为据点，盘活社区及其周边的生活照顾资源、精神文化资源以及医疗公共卫生资源，形成一个集不同层次照护资源于一体的智慧社区。这一理想愿景涉及养生、护理与就医等方面，涵盖专业化的上门护理、日间照料、社区托老、志愿者互助以及计算机云平台多种服务产品集群。这就对服务产品的协调、养老资源的整合以及优质的专业化服务提出了高水准的要求，这是“多功能的社区照顾”模式有序运行的重要保障。

党的十八大以来，尤其是“十三五”规划纲要以及党的十九大都针对养老服务体系建设等提出了明确要求及具体发展规划。党的十九大报告中强调了要完善公共服务体系，保障群众基本生活，不断满足人民日益增长的美好生活需要。在幼有所育、学有所教、劳有所得、病有所医、老有所养、住有所居、弱有所扶上不断取得新进展。

很明显，只要认识到位、政策跟进，“老有所养”作为中国梦的重要构成以及创新社会治理的重要目标，在很大程度上可以通过社区养老照顾的社会创新来一步一步地实现。党的十八届四中全会对加快和保障民生、推进社会治理体制机制创新提出了要求。围绕党的十八届四中全会的核心精神，基于专业化、产业化是未来社区居家养老的发展方向，北京市于 2015 年 5 月发布了国内第一部聚焦居家养老服务的地方性法规《北京市居家养老服务条例》，力求在居家养老服务方面创新社会治理方式，探索出一条政府主导下的社会合作型的居家养老服务的发展道路。党的十九大召开之后，北京市陆续出台《北京市社区养老服务驿站运营扶持办法》《北京市养老服务机构监管办法》等管理办法，进一步推进完善养老公共服务供给侧改革。

正如有学者指出的那样，“养老服务资源区隔每打通一层，养老服务内容和质量就提高一层；养老服务资源配置每下降一个层级，资源利用效率就上升一个层级；养老服务提供与服务对象的距离缩小几倍，养老服务效果就扩大几倍”[142]。支撑在专业化服务流程和服务指南背后的正是本书深入讨论的养老照顾专业化的配置以及协调其运作的社区内的养老资源的整合与社区外部的政策和市场环境，包括多方参与的格局并落地到行业协会和市一级的政策协调等。而要将这些要素很好地协调起来，又离不开一系列观念的变革，如行业联盟和政策协调的重要性、搞好社区照顾是一项拉动内需的国民健康工程等，特别是认识到老年人是国家健康和财富的源泉这一核心价值。

总之，一个地区较为专业化的养老照顾服务，既是推进养老服务业走向发达的条件，也是治理能力现代化和发达都市的重要表现。本书从社区照顾专业化的愿景出发讨论了支撑其后的多种要素与核心价值，进而又落地到社区养老的专业化服务流程和指南、社区养老智能平台以及老年宜居家园的建构上来谈论老有所养，较为清晰地展现了社区照顾专业化配置的路线图。与此同时，对于拥有已逾2亿老年人口的中国来说，站在全球化的视野与高度来讨论专业化的养老护理作为社区福利的重心和公共服务的要件，以此作为中国社区照顾新理论和新经验的有机构成，对世界来说也是十分重要的参考。目前，正是我国“十三五”规划的攻坚时期，也是走向世界、面向全球的发展机遇期，梳理北京市养老照顾服务的经验做法与不足，也有利于我们理性把握未来养老服务事业发展的方向。

参考文献

[1] 国家人口发展战略研究所课题组. 国家人口发展战略思路和目标 [J]. 人口研究，2007（1）.

[2] 胡申生. 社区词典 [M]. 上海：上海古籍出版社，2006.

[3] M. Bayley. Mental Handicapped and Community Care[M]. London ：Rontledge & Kegan Paul，1977.

[4] Kinney Jennifer M. Home care and caregiving. In James E. Birren（Editor–in–chief）. Encyclopedia of Gerontology，vol（667–678）. San Diego：Academic Press，1996.

[5] PAvey，A. &D. Pstsios，Formal and informal Community Care to Older Adults：Comparative Analysis of the United States[J]. Journal of Family and Economic Issues，1999（3）.

[6] 席晶，程杨. 北京市养老机构布局的时空演变及政策影响 [J]. 地理科学进展，2015（9）.

[7] 梁新颖. 家庭养老社会化问题探路 [J]. 社会科学辑刊，2000（4）.

[8] 谭克俭. 中国高龄老年人口问题初探 [J]. 经济问题，2001（12）.

[9] 文洁. 人口老龄化背景下我国养老模式综述 [J]. 财政监督，2013（6）.

[10] 史柏年. 老人社区照顾的发展与策略 [J]. 中国青年政治学院学报，1997（1）.

[11] 秦仕娟. 构建依托社区服务的新型养老模式 [J]. 南京人口管理干部学院学报，2001（4）.

[12] 陈军. 居家养老：城市养老模式的选择 [J]. 社会，2001（9）.

[13] 洪国栋. 中国的人口老龄化问题与对策思考 [J]. 人口研究，1997（8）.

[14] Victoria E. Bumagin. Helping the Aging Family ：A GuideforProfessionals[M]. Glenview IL：Scot t Foreman Cor–poration，1990：3.

[15] Enid O. Cox. Empowerment–Oriented SocialWork Prac–tice with the Elderly [M]. Pacific Grove，CA：Addison Wesley Longman，1993：196.

[16] [美] 格诺德·兰德斯伯格. 纽约市老年人社区服务问题 [A]. // 国外社区发展的理论与实践 [C]. 北京：中国经济出版社，2008.

[17] 卡佳. 美国退休社区与居家援助养老 [J]. 社区，2004（23）.

[18] 伊密. 社区——接过家庭照顾功能的第一棒 [J]. 人口与经济，2000（5）.

[19] 肖云. 我国城市家庭养老与社区养老服务 [J]. 渝州大学学报（社会科学版），2002（12）.

[20] 刘飞燕. 居家养老模式探讨 [J]. 江苏商论，2006（12）.

[21] 丁美方. 城市老年人的赡养方式新选择 [J]. 安徽农业大学学报（社会科学版），2003（12）.

[22] 缪青. 社区养老照顾势在必行 [J]. 求是，2013（4）.

[23] 穆光宗. 中国都市社会的养老问题：以北京为个案 [J]. 社会学，2002（10）.

[24] 陈卫民. 城市高龄老人的照护资源与招呼供给分析 [J]. 中国人口科学，2004 年增刊.

[25] 张文范. 打造中国式家庭服务业发展体系 [J]. 中国人力资源社会保障，2012（2）.

[26] 李学斌. 我国社区养老服务研究综述 [J]. 宁夏社会科学，2008（1）.

[27] 于燕燕. 社区自治与政府职能转变 [M]. 北京：中国社会出版社，2005.

[28] 秦燕燕，邬沧萍. 我国城市社区居家养老服务体系中政府职能分析 [J]. 兰州学刊，2012（1）.

[29] 史薇. 城市老年人健康对居家养老服务需求的影响 [J]. 老龄科学研究，2014（8）.

[30] 李兵. 社区居家养老服务的政策体系研究——以北京市月坛街道为例 [J]. 人口与发展，2008（2）.

[31] 林宝. 人口老龄化对养老保障制度带来的挑战及改革方向 [J]. 中国党政干部论坛，2012（11）.

[32] 包国宪. 政府购买居家养老服务的绩效评价研究 [J]. 广东社会科学，2012（3）.

[33] 史薇，李伟旭. 城市失能老年人照料资源分布及照料满意度的实证研究——以北京市西城区为例 [J]. 北京社会科学，2014（11）.

[34] 李杰，武强. 海淀区社会化养老服务体系研究 [A]. // 2012 学术前沿论丛——科学发展：深化改革与改善民生（上）[C]. 北京：北京师范大学出版社，2012.

[35] 赵聪锐，周玉萍. 城市社区养老模式探讨——城市社区老年照顾有关问题分析 [J]. 山西高等学校社会科学学报，2011（2）.

[36] 李红武，赵华夏. 养老服务专业培养人才对策分析 [A]. // 北京社会发展报告 [C]. 北京：社会科学文献出版社，2014.

[37] 缪青，李金娟. 以社会创新来解决老有所养：社区照顾的愿景和实现路径 [A]. // 北京社会发展报告（2013—2014）[C]. 北京：社会科学文献出版社，2014.

[38] 何伟，孙丽燕. 北京市养老机构发展现状及对策分析 [A]. // 北京公共服务发展报告（2016—2017）[C]. 北京：社会科学文献出版社，2016.

[39] 景天魁. 创建和发展社区综合养老服务体系 [J]. 苏州大学学报（哲学社会科学版），2015（1）.

[40] 缪青. 以“社区照顾”实现老有所养 [N]. 光明日报，2013-11-20.

[41] Claire Storey，Jackie Ford，Francine Cheater，et al. Nurses Working in Primary and Community Care Settings in England. Problems and Challenges in Identifying Numbers [J]. Journal of Nursing Management, 2007（15）.

[42] Chappell，N. L. Aging and Social Care. In Handbook of Aging and the Social Science[M]（3rd Ed.）Robert H. B. & Linda，K. G. New York. Academic Press，2007.

[43] Yong Deug Kin，Ross Liz Yong. Developing Service User In-volvement in the South

Korean Disability Services. Lessons from the Experience of Community Care Policy and Practice in UK[J]. Health and Social Care in the Community，2008（2）.
[44] 姜向群. 社会化养老制度的发展及其基本模式 [J]. 人口学刊，1999（2）.
[45] 高建，班晓娜. 日本社会福利人才培养：经验与启示 [J]. 经济研究导刊，2014（23）.
[46] 桂世勋. 未来中国老年人的家庭与社会照顾模式研究 [J]. 南方人口，1995（6）.
[47] 穆光宗. 精神赡养论 [A]. // 中国老年学学会 2006 年老年学学术高峰论坛论文集 [C]. 中国老年学学会 2006 年老年学学术高峰论坛，2006.
[48] 殷实. 社会工作视角下机构养老服务专业化问题研究——以 C 市 Z-A 社会福利院为例 [D]. 长春：吉林大学硕士论文，2014.
[49] 喻银春. 加强城市社区养老能力建设的思考 [J]. 商情（财经研究），2007（12）.
[50] 宋岩，黄丹. 广州城市居家养老及女性护理人才培养的研究 [J]. 白城师范学院学报，2010（5）.
[51] 黄菲. 国内外养老护理人员培训的研究进展 [J]. 护理研究，2011（1）.
[52] 刘梦清. 养老护理员职业培训教学模块的设计与研究 [J]. 护理研究，2013（9）.
[53] 谢倩. 养老护理员专业化程度研究——基于南京市的实证调查 [D]. 南京：南京大学硕士论文，2013.
[54] 李绍明. 养老护理员的素质现状及培养对策研究 [J]. 探求，2013（7）.
[55] 文军. 中国社会组织发展的角色困境及其出路 [J]. 江苏行政学院学报，2012（1）.
[56] 孙莹，吴骏. 社区社会工作的十年探索 [J]. 中国民政，2016（12）.
[57] 蔡晶晶. 新公共服务：新公共管理的一种替代模式 [J]. 广东行政学院学报，2004（6）.
[58] 李国，黄仕强. 老人“独死家中”拷问中国养老模式 [N]. 工人日报，2013-11-23.
[59] 阎萍，李传祥. 北京城市老年人卫生服务及医疗保障的现状与问题——基于东城区的调查 [J]. 老龄科学研究，2014（2）.
[60] 孙颖. 市政协议政会把脉北京养老：近半失能老人急需照料 [N]. 北京晚报，2013-05-09.
[61] 邱锋. 老年学向导 [M]. 北京：科学普及出版社，1993.
[62] 李晶，罗晓辉，张秋霞. 中国老年教育研究 [J]. 老龄科学研究，2015（10）.
[63] 范素钦. 老年教育纳入社区建设的实践与思考 [J]. 石油政工研究，2013（1）.
[64] 王英. 中国老年社区教育研究 [D]. 天津：南开大学博士论文，2010.
[65] 老年教育该如何破局 [N]. 光明日报，2016-11-16.
[66] [英] 苏珊・特斯特. 老人社区照顾的跨国比较 [M]. 周向红. 张小明译. 北京：中国社会出版社，2001.
[67] 缪青. 中国社会化养老的战略选择：家居养老和家居护理 [J]. 城市问题，2000（4）.
[68] Carr-Saunders，M. The Professions in Modem Society，as Abstracted in Readings in the

Social Aspects of Education，Danville；Interstate Printers & Bishers，Inc.，1951.
[69] Hoyle E Professionalisation and deprofessionalization in education. In ric Hoyle & Jacquetta Megarry（Eds），World yearbook of education 1980. Professional development of teachers. London. Kogan Page，1980.
[70] 赵康. 专业化运动理论——人类社会中专业性职业发展历程的理论假设 [J]. 社会学研究，2001（9）.
[71] 褚宏启. 走向校长专业化 [M]. 上海：上海教育出版社，2009.
[72] 肖鸣政. 试论人力资源配置及其作用与模式 [J]. 中国地质大学学报，2002（4）.
[73] 王新. 论企业人力资源配置 [D]. 哈尔滨：哈尔滨工程大学硕士论文，2003.
[74] 辞海（缩印本）[M]. 上海：上海辞书出版社，1980.
[75] 严妍. 人力资源配置模型研究 [J]. 当代经济，2008（3）.
[76] 赵晓征. 养老设施以及老年居住建筑——国内外老年居住建筑导论 [M]. 北京：中国建筑工业出版社，2010.
[77] 王红. 老年人社会服务需求、供给及利用情况分析——以北京市西城区为例 [J]. 北京交通大学学报（社会科学版），2015（1）.
[78] 赵树海，王喜云，邢林和. 北京市家政服务业从业人员状况的研究分析 [J]. 北京行政学院学报，2011（1）.
[79] 吴玉韶. 中国老龄事业发展报告（2013）[M]. 北京：社会科学文献出版社，2013.
[80] 阎青春. 老龄工作的创想 [A]. // 全国养老服务人才培养与就业协作研讨会论文集 [C]. 2010.
[81] 丁盛清，张妙方. 江苏养老护理业现状及其对策研究 [J]. 江南论坛，2004（4）.
[82] 朱勇. 智能养老 [M]. 北京：社会科学文献出版社，2014.
[83] 廖晨霞. 呵护夕阳——养老护工成职场新锐 [N]. 天津日报，2009-08-27.
[84] 肖云，杨光辉. 我国社区居家养老服务人员队伍结构优化研究——以 564 名社区居家养老服务人员为例 [J]. 西北人口，2013（6）.
[85] 白利民，白婧文. 江苏省养老护理人员现状调查分析 [J]. 中华护理教育，2011（7）.
[86] 王天鑫，韩俊江. 我国养老服务人才培养的现状、问题与对策 [J]. 税务与经济，2018（6）.
[87] 王世忠，杨向东，朱秀琳. 老年抑郁症及相关问题 [J]. 中国误诊学杂志，2001（1）.
[88] Jane N Kogan，Barry A Edelsteun，Deborah R McKee. Assessment of anxiety in older adults. current status [J]. Journals of Anxiety Disorders，2000，14（2）：109-132.
[89] 韩振燕，郑娜娜. 空巢老人心理需求与老年社会服务发展探析——基于南京市鼓楼区的调查研究 [J]. 西北人口，2011（2）.
[90] 蒋玉芝，丁海燕，舒华，等. 湖南省老年人心理健康水平及心理健康服务需求状况 [J]. 中国老年学杂志，2013（3）.

[91] 梅陈玉婵. 老年社会工作（第 2 版）[M]. 北京：格致出版社，2017.

[92] 姜向群，丁志宏. 我国建立长期照料社会保险制度的意义及基本构想 [J]. 中州学刊，2011（11）.

[93] 姜海燕. 社会工作的困境及对策建议 [A]. // 北京社会发展报告（2013—2014）[C]. 北京：社会科学文献出版社，2014.

[94] 钟莹，赖丰茹，麦富兴. 专业社会工作者的职业状况及其启示 [J]. 江西师范大学学报（哲学社会科学版），2010（2）– 43（1）.

[95] 鲁春霞. 论我国社会工作从业人员的专业化建设 [J]. 北京科技大学学报（社会科学版），2004（9）.

[96] 杨文霞. 区域成人高校发展老年继续教育的实践与思考——以北京市石景山区业余大学为例 [J]. 北京宣武红旗业余大学学报，2016（1）.

[97] 刘梦婕，吴友凤，赵继军. 对临床护士进行老年护理继续教育的概况及建议 [J]. 护理研究，2010，24（9）下.

[98] 李绍明，黄嘉丽，黄丹. 养老护理员的素质现状及培养对策研究 [J]. 探求，2013（4）.

[99] 刘满成，左美云，李秋迪. 基于社区服务的居家养老信息化需求研究 [J]. 信息系统学报，2012（2）.

[100] 郭娟娟. 院长经理说：民营资本参与社区养老有点难 [N]. 中国老年报，2013–03–13.

[101] 李红，汪梅朵，黄华玲，等. 对老年慢性病患者照顾者家庭负担的调查分析 [J]. 中华护理杂志，2009（6）.

[102] 柴悦颖. “携手”结肠癌患者支持项目启动 [N]. 青年时报，2013–10–30.

[103] 樊云芳. 施杞：行医 50 年他让千万个脊梁重新挺立 [N]. 光明日报，2013–09–26.

[104] 田雅婷. 我国脑卒中死亡率高于欧美 4 至 5 倍 [N]. 光明日报，2013–10–28.

[105] 缪青. 资源整合和社区建设 [A]. // 社区体制创新 [C]. 北京：中国青年出版社，2003.

[106] 当你老了，如何养老？ [N]. 光明日报，2019–04–11.

[107] 季尚尚. 北京地区老年网民网络媒体接触研究 [J]. 广告大观（理论版），2009（3）.

[108] 杨伟伟. 行业协会人力资源管理的现状、问题及对策——基于重庆市渝中区行业协会的考察 [J]. 重庆行政，2014（5）.

[109] 吕津. 中国城市老年人口居家养老服务管理体系的研究 [D]. 沈阳：吉林大学博士论文，2010.

[110] 彭善民. 由外及里：社会工作行业协会的认同发展探微——以浦东新区为例 [J]. 福建论坛（人文社会科学版），2011（12）.

[111] 缪青. 社区养老须形成多方格局 [N]. 光明日报，2012–08–28.

[112] 张景华. “老人意外险”：能否解老人后顾之忧 [N]. 光明日报，2013–12–11.

[113] Doty P，Liu K，Wiener J. An Overview of Long–term Care[J]. Health Care Finance Rev.

1985 Spring，6（3）.
[114] 养老机构陷人员流失困境 [N]. 中国房地产报，2014-12-15（B06）.
[115] 臧少敏. 高职老年服务与管理专业核心课程体系研究 [J]. 北京劳动保障职业学院学报，2013（1）.
[116] 贺斌. 慕课：本质、现状及其展望 [J]. 江苏教育研究，2014（1）.
[117] 卫志民. “慕课”本土化开发面临的问题及对策 [J]. 西北师范大学学报，2015（1）.
[118] 王左利. 一场教育的风暴要来了吗 [J]. 中国教育网络，2013（4）.
[119] 祝新宇. 技术与教育：深度融合不是简单叠加 [N]. 光明日报，2019-04-19.
[120] 余胜泉. 技术何以革新教育——在第三届佛山教育博览会“智能教育与学习的革命”论坛上的演讲 [J]. 中国电化教育，2011（7）.
[121] 康越. 日本养老人才队伍建设简析 [J]. 中央民族大学学报，2013（3）.
[122] 张艳萍. 日本社会的老龄化及老年福利政策 [J]. 新西部（下半月），2007（9）.
[123] 孙晓燕. 试论现代学徒制对我国职业教育的意义 [J]. 职教论坛，2008（2）.
[124] 关晶. 西方学徒制研究——兼论对我国职业教育的借鉴 [D]. 上海：华东师范大学硕士论文，2010.
[125] 朱仁宏，钟煜维，曾楚宏. 企业如何破解实习生管理难题 [J]. 中国人力资源开发，2007（7）.
[126] 刘利君. 养老服务专业人才队伍建设策略研究 [J]. 社会福利，2012（4）.
[127] 王思斌. 社会工作在创新社会治理体系中的地位和作用——一种基础—服务型社会治理 [J]. 社会工作，2014（1）.
[128] 陈卓颐，陈伟然. 我国养老护理员队伍建设现状与对策 [J]. 长沙民政职业技术学院学报，2009（4）.
[129] 王大华，肖红蕊，祝赫. 老年人心理健康服务模式探讨——社区层面的实践及解析 [J]. 老龄科学研究，2014（12）.
[130] 邱璟，白新睿. 试论社区工作者的素质结构 [J]. 北京宣武红旗业余大学学报，2013（1）.
[131] 陈辉映. 成人学习工作者专业化建设研究——基于欧洲案例的视角 [D]. 上海：华东师范大学博士论文，2014.
[132] 邓汉慧，涂田，熊雅辉. 社会企业缺位于社区居家养老服务的思考 [J]. 武汉大学学报，2015（1）.
[133] 凡之. “一员难求”待价而沽，家政服务难题怎么破 [N]. 光明日报，2013-03-29.
[134] 张丽娜，余靖静，沈洋. 托老所“僧多粥少”埋隐患 [N]. 新民晚报，2009-05-19.
[135] 赵婷婷. 我国城镇养老服务机构的问题研究 [D]. 天津：南开大学博士论文，2013.
[136] 姚莉. 澳大利亚养老护理事业面面观 [J]. 中国卫生人才，2012（3）.
[137] 宁素荣，张会君，尹娇，等. 英国养老护理人员培训对我国的借鉴与启示 [J]. 临床決

策与管理，2011，32（7）.
［138］ 中国教育现代化 2035[N]. 光明日报，2019-02-24（03）.
［139］［德］斐迪南·滕尼斯. 社区与社会 [M]. 林荣远译. 北京：商务印书馆，1999.
［140］ 靳磊，滕召学，李达，等. 养老行业投资分析报告 [A]. // 投资蓝皮书 [C]. 北京：社会科学文献出版社，2014.
［141］ 殷妙仲，高鉴国. 社区社会工作——中外视野中的交流 [M]. 北京：中国社会科学出版社，2006.
［142］ 叶忠海. 上海社区教育的历程和趋势 [J]. 东亚社会教育，1998（3）.

后记

本书是在我博士后研究报告的基础上修改完成的。感谢北京市社会科学院良好的学术氛围和科研环境，让我能够安心写作，一心向学；感谢我的老师北京市社会科学院缪青研究员，他多年来长期关注民生领域，带领我们深入一线调研，有着开阔的理论视野及丰富的研究成果。在我的博士后报告选题、研究框架的拟定以及内容撰写、修改方面，老师提出了很多宝贵的建议，对于本书的写作以及我今后的学术研究都有一定启发。

感谢我的博士导师杨生平教授，多年前他对我们“认认真真做人、踏踏实实做事”的教诲犹在耳畔，在我为学之路上也一直鞭策我不断前行；感谢中国人民大学于显洋教授为本书的写作提出的修改意见和有益思路；感谢我的诸位同事，我们在田野调查的探讨碰撞中迸发的思想火花不时启发着我。

本书的写作，也参考了许多相关研究文献，在文中也尽可能一一标注，在此一并致谢，如有不妥及遗漏之处，恳请读者、专家学者们批评指正。

李金娟

2019 年 9 月 10 日